SOYEZ NÉGATIF !

TODD B. KASHDAN
et ROBERT BISWAS-DIENER

Soyez négatif !

Vos défauts sont vos alliés

TRADUIT DE L'ANGLAIS (ÉTATS-UNIS) PAR THIERRY PIÉLAT

JC LATTÈS

Titre original :

THE UPSIDE OF YOUR DARK SIDE
Publié par Hudson Street Press, an imprint of Penguin Random House.

Cette édition a été publiée avec l'accord de Avery,
une division de Penguin Publishing Group,
une division de Penguin Random House LLC.

ISBN : 978-2-253-23836-2 – 1re publication LGF

INTRODUCTION

La promesse de l'entièreté

Lors du recrutement des troupes d'élite, l'épreuve la plus ardue n'est pas celle du tir ni le combat au corps-à-corps, mais un simple jogging sur une route écartée. Les jeunes gens doivent revêtir leur tenue complète et se retrouver au point de départ au petit matin, souvent à court de sommeil et le ventre vide. Ce qui rend cette course particulièrement éprouvante, c'est qu'aucun d'entre eux ne connaît la longueur du parcours. Trois cents mètres ? Trois kilomètres ? Trente kilomètres ?

Les enjeux sont de taille, car les nouvelles recrues commencent à courir dans l'inconnu. Certains sprintent dans l'espoir d'arriver les premiers si le parcours est bref. D'autres ménagent leurs forces au cas où il s'agirait d'un marathon. Certains font bande à part, confiants dans leur détermination. D'autres encore restent groupés en peloton et s'encouragent de la voix. Courir avec un paquetage de trente kilos est éprouvant, mais bien moins que la tension mentale. La pression induite par l'ignorance de la distance à couvrir épuise nerveusement beaucoup de concurrents.

Les tâches ambiguës permettent d'observer efficacement comment les divers traits de la personnalité font surface. Même si nous ne sommes pas des soldats d'élite, nous connaissons tous ce genre d'anxiété : gérer le flou des attentes, se motiver, trouver le juste milieu entre le soutien procuré par les autres et sa propre réflexion. Ces questions sont récurrentes, non seulement au travail, mais dans le rapport à autrui, en matière de santé et dans la vie en général. Sans surprise, la principale qualité qui permet d'augurer le succès dans les programmes d'entraînement des soldats d'élite est aussi celle que possèdent les personnes les plus aptes à résoudre les conflits conjugaux, négocier un contrat ou éduquer leurs enfants de façon épanouissante : la capacité de tolérer un mal-être psychologique.

C'est ce que les psychologues appellent la *tolérance à la détresse*, aptitude que l'on trouve chez les personnes capables de supporter l'équivalent émotionnel du camping (pas de shampoing, de WC ni de cloisons pour se protéger des voisins), qui manifestent ouvertement leur colère, leur culpabilité ou leur ennui. Ils supportent l'inconfort suscité par ces émotions réputées négatives et en tirent même parti. Pourquoi désirer ce genre de choses ? vous demanderez-vous peut-être. Pourquoi souffrir ? Je préfère vivre heureux. Nous ne pouvons qu'approuver. Nous voulons tous être heureux. La tolérance à la souffrance a son importance, pas seulement parce qu'elle fait de nous un meilleur campeur ou un meilleur soldat, mais parce qu'elle nous permet de devenir plus solide, plus avisé, plus agile mentalement et, surtout, plus heureux, car

de manière plus résiliente, et donc plus durable. Après avoir travaillé plus de dix ans avec des patients, des clients, des étudiants, des PME et des organisations aussi importantes que l'armée et les cent premières sociétés du palmarès du magazine *Fortune*, nous, les auteurs, proposons une nouvelle manière de rechercher ce qui fait le sel de la vie ; ce n'est pas exactement le bonheur, bien qu'il rende plus heureux de surcroît. Nous qualifions cet état d'entièreté (*wholeness*).

Au-delà du bonheur, devenir entier

Il y aura toujours des spécialistes – surtout en psychologie – pour affirmer qu'une certaine manière d'être – heureux, passionné ou optimiste – est la panacée. Dans ce livre, nous adoptons une vision différente. Au lieu de laisser entendre que tel ou tel état mental est le meilleur, nous disons qu'ils sont tous bons. Nous soutenons – et les recherches récentes nous donnent raison – l'idée que toutes les émotions sont utiles. Même celles que nous jugeons négatives, y compris les émotions douloureuses. La colère en est un bon exemple. Les recherches montrent qu'elle dégénère rarement en rage, source de violence. Elle a tendance à se manifester lorsque nous ressentons un empiétement sur nos plates-bandes. Elle incite à se défendre, soi-même ou nos proches. De même, l'embarras nous avertit parfois à l'avance d'une humiliation à venir. Le plus souvent, il indique que nous avons commis une maladresse qu'il est nécessaire de corriger. Même la culpabilité n'est pas aussi terrible qu'on pourrait le croire. Elle est le signe que nous transgressons nos valeurs morales et devons revoir notre façon d'agir… ou nos valeurs.

Les divers états psychologiques ont tous leur avantage adaptatif. Au lieu de vous cantonner à une unique catégorie d'émotions, nous vous invitons donc à en déployer tout l'éventail – y compris les émotions que l'on évite – et à développer l'aptitude à naviguer au milieu de toutes. Pour certaines personnes, il est difficile de voir le bon côté des choses ; d'autres se sentent rarement tristes. Nous ne vous proposons pas une dose supplémentaire de bonheur ni un doigt de négativité, mais les deux à la fois. Passer de l'un à l'autre pour obtenir un sentiment de plénitude, équilibré et stabilisant. Pour le dire simplement, les personnes capables de jouer sur toute la gamme des nuances psychologiques – ceux qui se sentent aussi bien positifs que négatifs, et peuvent jongler avec la palette complète des émotions – sont les plus à même de réussir leur vie.

Cependant, on ne parvient pas aisément à devenir entier. Nous sommes plus à l'aise avec certaines émotions. Nous nous sentons bien grâce à elles. Difficile de se passer de l'exaltation du moment – par exemple la douceur d'un baiser ou les hourras de vos collègues quand ils apprennent que vous avez remporté un prix. En revanche, d'autres émotions, comme la colère et la culpabilité, sont si pénibles que nous les évitons ou les refoulons. Pourtant l'incertitude, la frustration ou un brin de culpabilité dus à un chagrin d'amour, à un panier manqué à la dernière seconde lors d'un match de basket ou à un entretien d'embauche raté permettent de grandir et d'approfondir notre compréhension. Ces sentiments négatifs, souvent indésirables, engendrent fréquemment les expériences les plus mémorables et fécondes de notre vie. Apprendre à accueillir et utiliser les émotions négatives aussi bien que les positives nous ouvre la voie de la réussite.

Deux auteurs, une seule quête

Qui sommes-nous donc, nous les auteurs à qui vous accordez votre temps et votre confiance ? Nous avons tous les deux abordé le domaine de la psychologie positive il y a plus de dix ans, lorsque ce mouvement scientifique en était encore à ses balbutiements. Nous étions curieux de découvrir une discipline nouvelle qui traitait de manière neuve de problèmes anciens. Dans un secteur dominé par la recherche sur l'anxiété et la dépression, nous trouvions passionnant l'objet de la psychologie positive.

Par exemple, la sexualité. Depuis la percée opérée par Sigmund Freud, celle-ci a été quelque peu mise sur la touche en psychologie. Pudibonderie de scientifiques, sans doute. À voir le temps que nous passons à penser au sexe, à avoir envie de sexe, à avoir des rapports sexuels et, plus simplement, à lire des romans où on parle de sexe comme *Cinquante nuances de Grey*, on pourrait croire que c'est à la sexualité humaine qu'est consacré le plus grand nombre de recherches ; nous devrions en savoir plus sur le sujet que sur la vitesse de la lumière ou le génie génétique. Cependant, lorsque nous entrons les termes « sexe » et « dépression » sur la principale base professionnelle de données psychologique, nous ne trouvons guère plus de deux mille résultats pour le premier, contre deux cent mille pour le deuxième.

Nous avons enquêté pour voir si le sexe pouvait faire office de thérapie libératoire et ludique contre l'anxiété. Nous étions particulièrement intéressés par les anxieux qui évitent les relations sociales de peur d'être rejetés. Dans notre étude, nous avons réuni les rapports de plus de cent participants sur des centaines de relations sexuelles intervenues sur une période de deux semaines. Ils devaient évaluer le degré d'intimité ressenti, le plaisir éprouvé et la mesure dans laquelle ils avaient atteint l'orgasme. Il s'avéra que les personnes que les relations sociales rendaient anxieuses tiraient un bénéfice des relations sexuelles, pendant vingt-quatre heures pour certaines, après un accès d'angoisse. Les rapports sexuels qui donnaient le sentiment d'une grande intimité réduisaient de 10 % le degré d'anxiété le lendemain. Mieux, les aventures particulièrement torrides abaissaient le niveau d'anxiété de 25 % !

Nous en avons déduit qu'il est possible de concilier des expériences positives avec des expériences dites négatives, comme l'anxiété et la dépression, et ce avec un effet curatif. Mais alors même que nous défrichions le champ de la psychologie positive, nous étions tous les deux de plus en plus déconcertés par l'enthousiasme naïf dont était l'objet l'« art d'être heureux ». Au cours des quinze dernières années, la psychologie positive, initialement fondée sur le simple rappel de l'importance des expériences positives, s'était muée en une sorte de totalitarisme souriant.

Nulle part cette tyrannie culturelle du positif n'est plus évidente que dans le monde des affaires. Il y a trois décennies seulement que Jack Welch a pris les commandes de General Electric et fait découvrir la notion des « objectifs élastiques ». L'idée est la suivante : placer les gens dans des positions inconfortables et astreignantes peut accélérer leur développement personnel et, en fin de compte, améliorer leurs performances. Revenons maintenant à l'époque actuelle où la dernière marotte en matière de gestion est l'idée que la bonne humeur se traduit par la réussite en affaires. Le « bonheur » représenterait un avantage. Certaines données le confirment même : les employés heureux obtiennent de meilleures évaluations des clients, sont plus enclins à venir en aide à leurs collègues et gagnent plus d'argent. Il y a assez de témoignages dans ce sens pour que les prosélytes de l'attitude positive se sentent fondés à la vanter comme la panacée sur le lieu de travail. On parle cependant moins des résultats de recherche démontrant que les personnes les plus satisfaites gagnent en fait moins d'argent, et sont moins consciencieuses dans leur travail.

Dans certaines entreprises, qui ont surfé sur la vague du bonheur menant à la réussite, on s'est demandé comment gérer les malaises légitimes qui surgissent parmi les employés. Chez Ruby Receptionists, par exemple – une petite société classée par *Fortune* « meilleure entreprise où travailler en Amérique » –, les employés sont à juste titre fiers de leur attitude positive au travail. Ils s'épaulent mutuellement.

Leur bureau est gai et ludique. Les réceptionnistes ont droit à des années sabbatiques rémunérées, à des séances de remise en forme sur place, à des voyages offerts à Hawaï et à plein d'autres avantages. Les employés sont souriants 90 % du temps. Mais l'entreprise a rencontré des difficultés avec les 10 % restants. La direction et les employés ne savent pas comment gérer les plaintes, les frustrations, les coups bas et autres expériences négatives qui font inévitablement partie de la vie professionnelle.

Tout cela nous a incités à approfondir notre recherche sur la complémentarité entre le positif et le négatif.

Tirer parti du côté obscur

En 1972, alors que le monde entier avait les yeux braqués sur les jeux Olympiques de Munich, le coureur de fond américain Frank Shorter se préparait mentalement au défi le plus important de sa carrière athlétique : sa participation au marathon et au 10 000 mètres. Ce fut un moment incongru de l'histoire des jeux. Le matin du 10 septembre, Shorter avait du mal à se concentrer intérieurement pour diverses raisons. Il avait fini le 10 000 mètres à une cinquième place décevante ; son coéquipier, le fameux Steve Prefontaine, avait flanché dans le dernier tour du 5 000 mètres, n'obtenant que la quatrième place et manquant la médaille de bronze ; et évidemment on était encore sous le choc du massacre d'athlètes israéliens par des militants palestiniens.

Pendant le marathon, Shorter traversa alternativement des périodes de confiance et de doute : confiance quand il jetait un coup d'œil par-dessus son épaule pour mesurer son avance, doute quand, à son entrée dans le stade pour la dernière partie de la course, il se retrouva inexplicablement à la deuxième place. Alors qu'il courait vers le stade, il ignorait qu'un étudiant allemand du nom de Norbert Sudhaus s'était faufilé entre les rangs des vigiles pour se glisser sur le parcours en se faisant passer pour un athlète en tête de la course. Pour ne rien arranger, juste avant l'entrée de Shorter dans le stade, un tonnerre d'acclamations salua l'imposteur, et il dut redoubler d'efforts au milieu des huées quand les spectateurs s'aperçurent qu'ils avaient été dupés. Après ces multiples épreuves mentales, émotionnelles et physiques, il remporta finalement la médaille d'or.

Le cas exceptionnel de Frank Shorter prouve que dans le domaine de la course à pied, comme dans tant d'autres aspects de l'existence, l'expérience vécue est double. Bien qu'une course de fond semble être un exploit purement physique, pour lequel il s'agit avant tout de mettre un pied devant l'autre, c'est en réalité en grande partie une affaire de mental. Nous avons interrogé des dizaines d'athlètes, surtout des coureurs, et cette constatation ressurgit de manière récurrente. On nous a souvent dit qu'« il n'y avait pas qu'une seule course » le jour de la compétition. Beaucoup d'athlètes font une nette distinction entre le début, le milieu et la fin de la course. Le début est marqué par une intense concentration ; le milieu se caractérise par un retour sur soi-même ; et la fin par un débordement d'énergie primaire (« on met le paquet »). Cette dernière phase, surtout, se rapporte à notre sujet. C'est à ce stade que les athlètes ont le plus tendance à recourir à la colère, à l'autoflagellation, au désir agressif d'écraser leurs adversaires et à d'autres états émotionnels dits négatifs pour s'éperonner et tirer le meilleur d'eux-mêmes. Si un état d'esprit positif et optimiste[1] explique 80 % du succès, tirer parti de toute la gamme émotionnelle est le secret pour mobiliser les 20 % restants.

Nous ne sommes pas différents de vous, cher lecteur. Nous nous défaussons précipitamment, nous aussi, de nos sentiments, pensées et impulsions négatifs sans leur laisser leur chance. Séduits par les effets bénéfiques évidents de la gentillesse, de la compassion, de la pleine conscience, de l'optimisme et de la positivité sur notre santé, nos relations sociales et notre travail, nous perdons souvent de vue la valeur des états pénibles. Nous avons cependant changé d'avis sur la question lorsque nous avons pris

1. Le rapport 80/20 n'est qu'une approximation féconde proposée dans un ouvrage de vulgarisation et non un fait scientifiquement exact. Ce rapport se retrouve dans des études très diverses et, selon nous, on devrait y voir une généralisation utile de la proportion dans laquelle les personnes sont – ou « devraient être » – dans des états mentaux positifs, par rapport aux négatifs. Nous y avons recouru comme métaphore d'une course à pied, dont le début, le milieu et la fin nécessitent des états d'esprit différents si l'on veut obtenir le meilleur résultat possible. Le lecteur à tournure d'esprit mathématique aura sans doute remarqué que le rapport 80/20 représente des cinquièmes alors que notre course se divise en 3. Mais nous ne voulons pas dire que les trois parties sont égales et la dernière peut donc très bien en constituer seulement 20 %.

connaissance des résultats d'études prouvant cette vérité contre-intuitive : le bonheur a parfois des ratés et, au contraire, les états mentaux déplaisants peuvent parfois être féconds.

Qui plus est, nous sommes attirés par la notion d'entièreté parce qu'elle cadre avec tout ce que nous savons de la science et de la vie. Elle est à l'honneur dans toutes les mythologies et, par conséquent, dans la structure archétypale de la psyché humaine. Ne serait-il pas merveilleux d'avoir à notre disposition l'ensemble de nos énergies créatrices, au lieu de nous limiter aux seuls états positif, enjoué, bienveillant, aimant ou altruiste ? Nous n'aurons pas la liberté de nous élever vers ce potentiel infini tant que nous nous acharnerons à éluder les zones obscures de notre Moi, ces facettes que nous ne savons pas apprécier à leur juste valeur.

Voici un livre anti-bonheur qui, paradoxalement, vous permet d'accéder à une joie de vivre bien plus grande que celle que vous pourriez obtenir par une approche plus linéaire. En fait, les études les plus récentes montrent qu'*il n'existe pas de voie directe vers le bonheur*. Nous n'avons rien contre lui ni contre la positivité, la gentillesse ou la pleine conscience. Nous les appelons même de nos vœux. Mais nous voulons aussi vous poser une question : êtes-vous prêt à aller plus loin ? Vous joindrez-vous à nous pour atteindre le bonheur à un niveau supérieur ? Vous devrez alors utiliser toute la panoplie des outils psychologiques, ce qui veut dire intégrer des parties de vous-même jusqu'alors ignorées et insuffisamment appréciées. Dans les pages qui suivent, vous apprendrez à devenir plus agile émotionnellement, mentalement et socialement. Relevez le défi en tirant le meilleur de votre côté obscur au bon moment, et l'entièreté sera à votre portée, peut-être pour la première fois de votre vie.

CHAPITRE 1

Le faux nez du bonheur

Dans le Danemark du XVIe siècle, Tycho Brahe était aussi célèbre pour son extravagance que pour son génie scientifique. Il eut le nez tranché au cours d'un duel (et le remplaça par un nez en métal). Il se rendait à des fêtes en compagnie de son élan apprivoisé (qui avait un goût prononcé pour l'alcool), mais il n'en reste pas moins que la raison la plus durable de sa renommée tient à sa contribution à l'astronomie. Au lieu de s'en tenir aux conceptions philosophiques ou religieuses anciennes quant à la nature des cieux, Brahe observa et cartographia avec précision tous les astres qu'il pouvait observer sur la voûte céleste. Ces notes permirent des découvertes étonnantes, notamment celle de la naissance et de la mort des étoiles, phénomène qui contredisait l'idée admise selon laquelle tous les corps célestes étaient fixes. Faux nez et ivresse mis à part, les travaux de Brahe lui valurent une place dans l'Histoire, celle de pionnier de l'astronomie moderne qui posa les fondations sur lesquelles son assistant, Johannes Kepler, et tous les astronomes modernes bâtirent leur science.

La psychologie connaît aujourd'hui une révolution semblable. Jusqu'à maintenant, on a assez bien réussi à imaginer des méthodes intuitives pour améliorer la qualité de la vie. Ainsi Abraham Maslow a élaboré sa théorie de la hiérarchie des besoins selon laquelle il faut d'abord satisfaire les exigences primaires, comme la nourriture et la sécurité, avant de s'atteler aux besoins secondaires, tels que l'estime et l'accomplissement de soi. Les conseils de bon sens ne manquent pas quant à la manière d'atteindre le bonheur : se montrer bienveillant, prendre conscience de ses avantages, limiter ses déplacements, passer du temps avec ses amis et sa famille, pratiquer frugalité et modération en toute chose. Très bien, mais ces préceptes sont-ils universellement applicables et toujours vrais ?

Nous vivons heureusement une époque remarquable dans le domaine de la psychologie grâce à la sophistication des neurosciences, aux progrès des statistiques, aux ordinateurs portables qui permettent un meilleur échantillonnage des expériences quotidiennes et à d'autres avancées méthodologiques et techniques. Les changements dans la compréhension de la qualité de la vie sont aussi révolutionnaires que l'ont été les travaux de Tycho Brahe. En psychologie en général, et spécifiquement sur la question du bonheur, ces nouveaux outils ont abouti à deux découvertes essentielles : un, nous faisons complètement fausse route dans notre quête du bonheur ; deux, il n'est pas trop tard pour corriger le tir.

Pourquoi la manière dont nous recherchons le bonheur est vouée à l'échec

L'humanité a parcouru un long chemin depuis l'époque des sociétés de chasseurs-cueilleurs. Comme nous passons moins de temps à chercher un abri et notre nourriture ou à affronter la sécheresse, il est naturel de se tourner vers la quête du bonheur. De fait, selon une étude à laquelle ont participé plus de dix mille personnes de quarante-huit pays, les psychologues Ed Diener, de l'université de l'Illinois, et Shigehiro Oishi, de l'université de Virginie, ont établi que dans toutes les régions du globe, on place le bonheur au-dessus d'autres aspirations telles qu'une vie pleine de sens, la richesse ou l'accès au paradis.

La poursuite du bonheur est aiguillonnée, en partie au moins, par un corpus croissant de recherches qui laissent supposer que non seulement la félicité consiste à se sentir bien, mais qu'elle nous *fait* du bien. Les chercheurs ont associé les sentiments positifs à une multitude de bienfaits[1], qu'il s'agisse de revenus plus élevés, d'un meilleur fonctionnement du système immunitaire ou d'une plus grande gentillesse. Barbara Fredrickson notamment, chercheuse à l'université de Caroline du Nord, soutient que le bonheur est un droit de l'être

1. Les bienfaits potentiels du bonheur sont, à notre avis, un des domaines les plus passionnants de ce secteur de la psychologie. Pendant des millénaires, on s'est demandé ce qui rend heureux. C'est-à-dire qu'on s'est en grande partie focalisé sur les causes du bonheur. Ce n'est que depuis peu qu'on a pu passer, de manière scientifique, à ses conséquences. Un ensemble de faits croissant montre que la félicité est bienfaisante pour les individus aussi bien que pour la société.

humain. Il l'aide à constituer des ressources personnelles et sociales essentielles à la réussite de sa vie et, d'un point de vue évolutif, à sa survie même.

Toutefois une question passablement épineuse surgit sans cesse : si le bonheur procure un avantage évolutif, si nous lui accordons tant de prix et avons accumulé pendant des millénaires des conseils pour l'atteindre, comment se fait-il qu'il ne soit pas plus répandu ? Pourquoi la fréquence des cas de dépression et d'anxiété atteint-elle des sommets et n'assiste-t-on pas plutôt à un raz-de-marée de bonheur ? Corey Keyes, chercheur à l'université Emory, a examiné un échantillon diversifié de trois mille adultes américains, tous âges confondus, et a constaté de façon alarmante que seuls 17 % d'entre eux étaient psychologiquement épanouis[1].

Échelle de l'épanouissement

Voici huit propositions avec lesquelles vous pouvez être d'accord ou non. Attribuez à chacune une note de 1 à 7 selon l'échelle suivante :

---

1. Keyes, C.L. (2002), « The mental health continuum : From languishing to flourishing in life », *Journal of Health and Social Behavior*, 43 (2), p. 207-222. Il est difficile d'évaluer le nombre de personnes épanouies, en partie parce que la réponse à cette question est compliquée. Un ensemble de recherches donne à penser que la majorité des gens sont modérément, et non parfaitement, heureux la plupart du temps, ce qui va de soi, mais se sentent assez bien et satisfaits. En revanche, d'autres études donnent à penser qu'un nombre record de personnes sont en proie à l'anxiété et à la dépression et que, probablement, trop peu de gens estiment que la vie est vraiment exceptionnelle.

7 – Tout à fait d'accord
6 – D'accord
5 – D'accord avec réserve
4 – Ni pour ni contre
3 – Plutôt contre
2 – Pas d'accord
1 – Pas du tout d'accord

- Je mène une vie ayant un sens et un but.
- Mes relations sociales sont d'un grand soutien et gratifiantes.
- Je me consacre et m'intéresse à mes activités quotidiennes.
- Je contribue activement au bonheur et au bien-être d'autrui.
- Je suis compétent dans les activités qui m'importent.
- Je suis bon et mène une bonne vie.
- Je suis optimiste quant à l'avenir.
- Les gens me respectent.

Résultats :
Additionnez les notes, de 1 à 7, pour les huit propositions. Les résultats s'échelonnent entre 8 (le plus bas) et 56 (le plus haut). Un résultat élevé dénote une personne dotée d'abondantes ressources et forces psychologiques.

Comment est-ce possible ? Il apparaît qu'en dépit de toute l'attention portée à la question, la plupart des gens ne s'entendent guère à faire les bons choix, en matière de bonheur. Nous n'avons rien contre vos séances de gym, vos vacances au soleil, votre pratique de la méditation ni les activités extrascolaires auxquelles se livrent vos enfants. Nous ne réussissons pas mieux que vous à atteindre le bonheur. En fait, comme le prouvent diverses recherches récentes, tout le monde est plus ou moins à côté de la plaque.

Commençons par les recherches effectuées par Barbara Mellers, de l'université de Pennsylvanie, et ses collègues Tim Wilson et Daniel Gilbert, ce dernier auteur du best-seller *Et si le bonheur vous tombait dessus*. Tous trois ont mené une série d'études sur ce que l'on peut appeler les erreurs d'évaluation dans le temps émotionnel. On sait que des météorologistes chevronnés peuvent commettre des petites erreurs dont l'impact sera important sur les prévisions de la semaine, il s'avère que l'on fait de même quand on prévoit les effets de tel ou tel événement sur notre moral. Nous surestimons, par exemple, le contentement que nous procurera la victoire de notre candidat préféré aux élections ou de notre équipe favorite aux championnats. En revanche, nous avons tendance à sous-estimer la difficulté qu'il y a, par exemple, à déménager dans une autre ville.

Mellers et ses collègues ont réalisé une enquête sur des femmes qui passaient un test de grossesse dans un centre de planning familial – il importe de noter qu'aucune d'entre elles ne cherchait à être enceinte depuis longtemps. Elles se divisaient, grosso modo, en deux groupes : celles qui craignaient d'avoir un enfant et espéraient un résultat négatif, et celles qui espéraient un résultat positif. Les chercheurs demandaient à ces femmes quel serait leur ressenti si elles obtenaient le résultat espéré. Celles qui souhaitaient un résultat négatif pensaient éprouver un sentiment d'allégresse si elles apprenaient qu'elles n'étaient pas enceintes. Celles qui voulaient l'être estimaient qu'elles ressentiraient de la joie.

À la fin du test, les chercheurs, surpris, constatèrent qu'aucune n'était catastrophée ou euphorique. Seule une infime variation fut observée dans l'équilibre affectif des femmes testées. Celles qui voulaient avoir un enfant n'étaient pas abattues quand le test était négatif ; elles n'étaient que légèrement déçues et retrouvaient aisément leur humeur habituelle (des résultats différents auraient sans doute été obtenus si les femmes testées avaient essayé en vain d'être enceintes depuis des mois ou des années). Quant à celles qui ne voulaient pas d'enfant et se découvraient enceintes, elles n'étaient pas du tout consternées comme elles s'y attendaient, mais avaient une réaction moins marquée (un petit nombre d'entre elles éprouvaient même un plaisir inattendu). Si nous nous trompons ainsi dans nos prévisions, c'est que nous ne tenons pas compte de notre capacité de tolérance, voire d'adaptation aux désagréments. Pour prendre un autre exemple, un nouvel emploi peut être intimidant la première semaine, mais très vite nous prenons nos marques dans ce milieu de travail inhabituel comme si nous étions là depuis des années.

La plupart des décisions que nous prenons sont fondées sur notre hypothétique état affectif futur, entaché d'erreurs d'appréciation. Vous achetez en banlieue la maison de vos rêves – cinq chambres, entourée d'une grande pelouse – et vous vous voyez déjà en train de siroter votre café sur la vaste véranda, mais vous minimisez la demi-heure supplémentaire de voiture nécessaire pour rendre visite à vos amis et aller au bureau. Vous renoncez à passer du temps avec votre famille car vous visez une importante promotion. Vous choisissez votre compagne ou votre compagnon, décidez quand avoir un enfant et élisez votre lieu de résidence, mais ces grandes décisions sont souvent compromises par manque de lucidité sur votre propre univers affectif. Vous n'êtes pas le seul. Nous avons tous tendance à exagérer le plaisir que nous éprouverons face à des événements favorables et à sous-estimer notre aptitude à tolérer les difficultés. S'agissant de nos prédictions quant à notre futur état émotionnel, nous nous trompons le plus souvent.

Les informations les plus accablantes concernant notre quête du bonheur proviennent d'un ensemble d'études récemment menées par Iris Mauss, de l'université de Californie (Berkeley). À l'instar de Tycho Brahe, au lieu de tenir pour acquis les présupposés habituels tels que « Nous pouvons atteindre le bonheur », elle préfère cartographier le ciel des émotions. Elle pose même des questions embarrassantes comme « Faut-il chercher le bonheur ? ». Une étude a permis à Mauss et ses collègues de révéler que les personnes qui attachaient une grande importance à la quête du bonheur se sentaient en fait beaucoup plus seules que les autres. Les chercheurs ont recouru à un artifice en faisant lire à la moitié des participants un article factice vantant les multiples bienfaits du contentement. Ceux qui l'avaient lu affirmaient se sentir plus seuls que ceux qui ne lisaient pas l'article, et ils présentaient même des taux inférieurs de progestérone (l'hormone qui donne un coup de fouet lorsque nous nous sentons en lien avec les autres). Faire trop grand cas du bonheur pourrait donc avoir des conséquences sur notre santé !

Bref, nous autres humains sommes incapables d'anticiper avec justesse si nous nous sentirons heureux ou non demain, et pourtant nous fondons d'importantes décisions sur ces prévisions erronées. Nous achetons des téléviseurs, souscrivons à des plans de retraite et acceptons des invitations à dîner parce que nous prévoyons, à tort, que tout cela contribuera à notre bonheur. Pas étonnant que nos résultats soient si médiocres dans ce domaine et que les activités de conseils et de coaching en la matière soient si florissantes. Chercher le bonheur en suivant des recettes préétablies n'aboutit à rien. Tout comme le faux nez de Tycho Brahe n'améliorait en rien son odorat. De nouvelles approches et une compréhension plus pertinente et complète de ce qui est en jeu sont nécessaires.

Dans un monde où les refus, les échecs, le doute de soi, l'hypocrisie, les pertes, l'ennui et les rencontres avec des personnes désagréables ou ennuyeuses sont inévitables, nous rejetons l'idée que les réponses résident uniquement dans une attitude positive. Nous rejetons la croyance voulant que la santé soit synonyme d'une vie aussi préservée de la souffrance que possible. En fait, c'est quand nous ne sommes pas disposés à accepter les peines inévitables de la vie – que ce soit la mort d'un parent, un divorce ou un échec professionnel – que nous ressentons de la souffrance. Cette dernière apparaît lorsque nous refusons de nous confronter à un malaise affectif, physique ou social.

Au lieu de rechercher un surcroît de bonheur, nous pouvons tirer parti de l'accès à toute une palette d'états psychologiques, tant positifs que négatifs, afin de profiter pleinement de ce que la vie a à offrir. C'est là le vrai sens de l'entièreté. Lorsque nous affrontons les défis inévitables lancés par la vie, nous nous en sortons bien mieux si nous renonçons à juguler nos sentiments et pensées négatifs. Une personne entière entre en action pour défendre ce qu'elle juge important et cela l'oblige parfois à exploiter le côté obscur de sa gamme d'émotions.

La recherche scientifique étaye l'idée que les sentiments que nous considérons d'ordinaire comme négatifs peuvent être plus bénéfiques que les positifs. Des études ont montré, par exemple, que :

- les élèves désorientés par une leçon qui parviennent à dépasser leur confusion initiale obtiennent de meilleurs résultats aux interrogations écrites suivantes que ceux qui ont compris tout de suite ;
- les centenaires constatent que les sentiments négatifs, et non les positifs, engendrent un meilleur état de santé et une activité physique plus intense ;
- les inspecteurs de police qui ont été eux-mêmes victimes d'actes criminels montrent plus de cran et de motivation lorsqu'ils ont affaire à des victimes de tels actes ;

– les femmes mariées qui pardonnent les agressions physiques ou verbales risquent davantage d'en subir, alors que celles qui ne les excusent pas en constatent une baisse rapide;
– les travailleurs de mauvaise humeur le matin puis de bonne humeur l'après-midi sont plus concentrés au travail que ceux qui sont contents toute la journée.

Les chercheurs ont découvert que les idées proposées par les personnes qui passent alternativement par des humeurs négatives et positives sont jugées 9 % plus créatives que celles suggérées par les personnes toujours de bonne humeur; au travail, la tension liée aux difficultés rencontrées semble être un facteur de motivation. Ronald Bedlow et ses collègues, qui ont mené cette étude sur la motivation des travailleurs, en décrivent ainsi le résultat:

> La capacité de passer par des phases d'affect négatif puis positif de manière équilibrée est un facteur d'adaptation. La minimisation des expériences négatives et la suppression des affects négatifs ne favorisent ni la motivation au travail, ni le développement personnel.

L'équipe de recherche de Bedlow souligne par ailleurs un point essentiel et souvent négligé relatif aux états psychologiques: leur caractère temporaire. Lorsqu'on parle de bonheur, ou en l'occurrence de dépression, on suppose que ces états sont relativement stables. Pour la psychologie positive, il est à la mode de parler de *bonheur durable*, comme si l'effet était permanent une fois enclenché le bouton « sourire ». La vérité est que nous passons d'un état à l'autre, du positif au négatif. Les personnes qui sont capables de tirer parti du bon et du mauvais côté d'une situation donnée sont en meilleure santé, réussissent et apprennent mieux, et éprouvent un bien-être plus profond. On peut appeler cela *l'avantage des 20 %*, car l'entièreté caractérise les personnes éprouvant des sentiments positifs environ 80 % du temps, tout en sachant profiter également des bienfaits des états négatifs pendant les 20 % restants. Nous ne prétendons pas que ces pourcentages sont des chiffres exacts, mais plutôt que la proportion 80/20 fait office de règle empirique pour comprendre ce qu'est l'entièreté.

La marée montante de l'anxiété

L'anxiété est l'un des sujets qui font la une depuis une dizaine d'années. Guerres, terrorisme, blocages politiques, crise du logement, obésité infantile, autant de problèmes majeurs ou préoccupants. Toutefois, l'insidieuse progression de l'anxiété est tout aussi préoccupante. Le stress prend des allures épidémiques, tel un virus, il touche sans distinction de classe sociale, de QI ou de profession. D'après l'Institut national de la santé mentale, sur n'importe quelle période de douze mois, un Américain sur cinq est affligé d'un trouble anxieux. Le chiffre est plus élevé chez les adolescents : 25 % souffrent d'un tel trouble, cliniquement significatif. Lorsqu'on envisage la vie adulte dans son ensemble, la proportion augmente encore :

un Américain sur trois en est victime. Et ces statistiques ne mettent en lumière que les souffrances de ceux qui subissent des formes d'anxiété diagnostiquables. Si l'on y ajoutait les tensions quotidiennes dues à l'appréhension de prendre l'avion, de parler en public, ou aux soucis financiers, on approcherait des 100 %.

Si nous sommes de plus en plus stressés, c'est paradoxalement parce que nous accordons trop d'importance à notre confort. Nous disposons de purificateurs d'air, de sièges de voiture chauffants, de lunettes de soleil polarisées, de bain moussant, de vestes imperméables, de couvertures chauffantes et de matelas à mémoire de forme. On ne saurait trop insister sur ce point : alors qu'on a historiquement préféré le plaisir à la souffrance – qui ne l'aurait fait ? –, l'époque moderne est une aberration dans l'histoire humaine. Nous ne jouissons pas seulement de notre confort, nous en sommes devenus dépendants.

Pourquoi le confort est-il révélateur d'un problème ? Les taux élevés d'anxiété suivent une courbe parallèle à la tendance actuelle à se servir de savons antibactériens. Leur effet est de réduire l'exposition aux bactéries et donc la capacité de leur résister. Oui, la vie autrefois était plus rude et brutale, mais, effet positif, elle rendait plus solide. Pour preuve, le sentiment exprimé dans l'annonce classique des services publics britanniques en temps de guerre (1939) : « Restez calmes et continuez ». Autrement dit, des bombes risquent de tomber sur la ville, mais ne paniquez pas et vaquez à vos occupations comme si de rien n'était. De nos jours, nous faisons exactement l'inverse. Considérez la consigne répétée inlassablement par le chantre du mouvement pour la protection de l'environnement aux États-Unis: « Soyez sympa, arrêtez de polluer ». L'idée que nous avons trop de produits de consommation courante et de produits de luxe et qu'on devrait cesser de les jeter à la poubelle est au cœur de cette injonction. Lorsque le gaspillage devient un sujet brûlant, on sait que la société concernée a atteint un niveau élevé de confort matériel.

Tant de commodités sont aujourd'hui à notre disposition que nous fuyons l'inconfort. Nous avons le Smartphone à l'oreille dès que nous nous retrouvons seuls – victoire sur l'ennui ! Nous slalomons sur l'autoroute – pas d'attente frustrante ! Nous allumons la télé dès que nous rentrons chez nous après le travail – rien de mieux pour se détendre ! Ce dont la plupart des gens n'ont pas conscience, c'est que cette attirance apparemment naturelle pour une vie plus facile a pour origine l'évitement de l'inconfort. Les personnes qui craignent d'être rejetées évitent de rencontrer les autres; ceux qui redoutent l'échec ne prennent pas de risques, et ceux qui ont peur de l'intimité se rabattent sur la télé et internet quand ils rentrent chez eux. L'évitement est une question majeure de notre temps.

Deux types d'évitement posent problème: celui du plaisir et celui de la douleur. Au premier abord, il est difficile à croire que nous cherchions à fuir le plaisir, mais nous connaissons tous des gens incapables de s'amuser parce qu'ils estiment qu'il y a de meilleures façons d'employer leur temps – peut-être même en faisons-nous partie. Dans la même veine, nous pouvons aussi craindre de porter malheur au bonheur en le célébrant, ou encore de nous accorder trop d'attention à nous-mêmes et de rebuter les autres en fêtant un heureux événement – un anniversaire, une promotion, un test cardiovasculaire réussi. Les psychologues appellent ça « disqualifier le positif ». Malheureusement, en disqualifiant le positif, nous ne profitons pas de ces moments précieux qui font partie d'une vie bien vécue. En privant les autres de la possibilité de partager nos émotions positives, nous rendons moins authentiques nos relations sociales. À ne pas savourer par le menu les événements positifs, il devient plus difficile d'en retrouver le souvenir pour se remonter le moral les jours gris.

L'autre forme d'évitement, de loin la plus courante, consiste à esquiver les états psychologiques réputés négatifs. Cette attitude reflète la philosophie des hédonistes de la Grèce ancienne – les rivaux des stoïciens – selon laquelle le meilleur de la vie est à rechercher dans le plaisir. L'ennui avec l'hédonisme, c'est qu'il amène à se défier à l'excès de tout ce qui est négatif. C'est particulièrement vrai de nos jours, où nous enjoignons à nos proches de voir le côté positif des choses, de défroncer le sourcil, de se ressaisir, etc. Sans parler de la célèbre étude de Fritz Strack montrant que les participants à une recherche qui tenaient leur stylo entre les dents (sans savoir que cela activait les muscles du sourire) énonçaient plus clairement et plus positivement leurs réflexions sur eux-mêmes que les autres participants. De manière fallacieuse, des psychologues ont avancé cette étude comme preuve que l'on devrait « faire comme si jusqu'à ce que ça marche ». Fondamentalement, toutes ces stratégies cherchent à nous persuader de sortir des états négatifs. Éluder les problèmes signifie aussi, hélas, éluder les solutions à ces problèmes.

Imaginez-vous les luttes historiques pour l'égalité raciale sans une dose de colère ? Pouvez-vous imaginer un monde où personne n'éprouverait de remords ? Pouvez-vous imaginer un voyage dans un pays lointain au cours duquel tout se passe comme prévu ? Ou une vie dans laquelle vous ne vous colletez jamais avec la difficile décision de renoncer à un objectif, et continuez péniblement à le poursuivre malgré les faibles chances de succès ? Il existe un préjugé presque avoué contre les états négatifs, mais les éviter a pour conséquence de freiner notre développement, notre maturité, d'éliminer toute aventure et de retirer son sens à la vie.

À quoi ressemble l'entièreté ?

Le moment est venu de montrer ce que signifie l'entièreté dans la réalité. Pour ce faire, nous nous tournons vers des scientifiques aux yeux desquels les témoignages personnels en disent aussi long que les mesures de bonheur en laboratoire, prédominantes dans tant de recherches. S'il existe quelque chose qui se rapproche un tant soit peu d'une analyse de sang ou d'une radiographie, en matière de qualité de vie, ce sont bien les récits vivants de nos expériences quotidiennes. Les histoires que nous racontons à propos des événements de la journée – un pneu crevé, un retard à un rendez-vous, une rencontre particulièrement intéressante, la contemplation d'un superbe coucher de soleil – sont révélatrices de nos succès, de nos échecs, de nos attitudes, désirs et ambitions ; elles donnent corps à notre identité et illustrent dans le détail ce que nous aspirons à être et à faire. Dans cet esprit, nous allons brosser le portrait de trois personnes que nous avons rencontrées, qui incarnent certains aspects de cette qualité que nous appelons entièreté.

Par-delà le syndrome de l'imposteur

Jennifer, alors en troisième année à l'école supérieure de psychologie à l'université du Pacifique, n'en continuait pas moins de regarder dans sa boîte aux lettres pour voir si elle n'avait pas reçu un courrier sur papier à en-tête de l'université. Dans son imagination, cette lettre disait : « Jennifer, nous sommes désolés, mais nous avons commis une grossière erreur en vous acceptant dans notre école. Votre demande d'inscription aurait dû être rejetée. » Comme beaucoup de gens, Jennifer éprouvait le sentiment d'occuper illégitimement sa place, dit « syndrome de l'imposteur », particulièrement répandu lorsqu'on passe brusquement à un échelon supérieur à la suite d'une promotion, d'un changement de carrière ou au commencement d'études supérieures. Ces doutes quant à sa propre valeur sont gênants, voire douloureux. Dans les cas les plus extrêmes, ils sont suffisamment pénibles pour amener quelqu'un à laisser passer sa chance.

Le doute, s'il reste modéré, remplit cependant une saine fonction. C'est un état psychologique qui nous incite à prendre la mesure de nos capacités et à tenter de nous améliorer là où elles nous semblent insuffisantes. Karl Wheatley, chercheur à l'université d'État de Cleveland, affirme que le doute peut être bénéfique. Il souligne le fait que lorsque des enseignants ne sont pas sûrs de la qualité de leur prestation, cela les incite à collaborer avec des collègues et à réfléchir sur eux-mêmes, motive leur développement personnel et les prépare à accepter le changement.

Dans le cas de Jennifer, thérapeute sans expérience, ses doutes l'aidaient à décider avec pertinence quels patients adresser à des collègues plus expérimentés et lesquels traiter elle-même. Lorsqu'elle devint plus compétente, ses doutes l'incitèrent à continuer à se perfectionner et à suivre ses patients pour progresser. En considérant le doute comme un outil parmi d'autres (au lieu de l'éluder ou de le rejeter), Jennifer est devenue une excellente thérapeute et elle continue de progresser.

Jeter l'éponge a du bon

En 1995, un aventurier suédois du nom de Göran Kropp établit une nouvelle norme de l'extrême parmi les conquérants de l'inutile, en l'occurrence les vainqueurs de l'Everest. Contrairement à ses collègues, il voulait effectuer l'ascension sans l'aide d'oxygène supplémentaire, de cordes et d'échelles fixes, de sherpas, de porteurs et de transport motorisé pour se rendre sur place. Il se lança donc dans un voyage à bicyclette de plus de treize mille kilomètres entre la Suède et Katmandou. De là, il transporta sur son dos le matériel nécessaire jusqu'au camp de base de l'Everest. Puis il ouvrit une nouvelle voie à travers la roche, la glace et la neige. Pourtant, le jour où il devait atteindre le sommet, Kropp prit la décision difficile de rebrousser chemin à cent mètres du but, décision fondée sur les conditions météorologiques en fin d'après-midi et la perspective probable de devoir redescendre frigorifié, fatigué et dans l'obscurité.

Ce remarquable auto-contrôle, la décision de faire demi-tour si près du sommet après tant d'efforts, se révéla prémonitoire. Une semaine plus tard, les membres de plusieurs expéditions souffrirent de ce que l'on ne peut qu'appeler la fièvre des sommets et se retrouvèrent coincés, par mauvais temps, sur les flancs de la montagne après avoir manqué de redescendre au moment adéquat. Les jours suivants, la montagne fit huit victimes, la période la plus meurtrière de son histoire, qualifiée de désastre de l'Everest de 1996. Dans ce contexte, la décision de Kropp de faire demi-tour lui a peut-être sauvé la vie. Elle éclaire aussi d'un jour nouveau le présupposé communément admis qu'il est bon de persévérer et mauvais de renoncer.

Avoir un but est très valorisant. Les personnes qui ont des buts spécifiques disposent d'un critère pour évaluer le succès, d'orientations générales pour adhérer à leurs valeurs, d'un objectif clair pour les motiver et d'une boussole pour prendre des décisions. Les entreprises s'en servent pour améliorer le rendement et les équipes sportives, celles de football en particulier, pour mesurer la réussite (nombre de buts marqués dans l'année). Aux yeux de beaucoup de gens, avoir un but est synonyme de détermination, et la détermination à atteindre un but est presque synonyme de succès. Mohammed Ali, le boxeur légendaire, a lancé un jour avec esprit : « Je détestais m'entraîner, mais je me disais "Ne renonce pas. Tu en baves maintenant mais tu seras un champion le restant de tes jours." » Et c'est tout à fait ça : la conviction qu'en mettant les bouchées doubles, on a plus de chances de réussir. Renoncer serait au contraire le fait des faibles, au moral comme au physique.

Comme vous vous en doutez, nous contestons qu'il soit si mauvais de renoncer (malgré le malaise psychologique que cela provoque indubitablement). La poursuite aveugle d'un objectif a conduit, entre autres choses, à la « fièvre de l'or », le plus souvent associée à la ruée vers l'or californien de 1859, au cours de laquelle les mineurs ont gaspillé un énorme capital physique, affectif et financier dans leur vaine quête de richesse. Selon la chercheuse Eva Pomerantz[1], de l'université de l'Illinois, s'investir à fond dans un but risque d'éroder, sur le plan psychologique, la qualité de vie de l'individu en déclenchant une poussée

1. Pomerantz, E.M., Saxon, J.L., & Oishi, S. (2000), « The psychological trade-offs of goal investment », *Journal of Personality and Social Psychology*, 79 (4), p. 617-630.

Comme le démontrent Eva Pomerantz et ses collègues, lorsque quelqu'un s'engage à corps perdu dans la poursuite d'un but, cela peut le rendre heureux ou anxieux. Il apparaît que les personnes qui se sentent bien ont tendance à se focaliser sur leurs progrès vers leur but. Les inquiets, au contraire, pensent surtout aux conséquences négatives d'un éventuel échec.

d'anxiété. C'est particulièrement vrai quand on s'aiguillonne en se représentant les conséquences négatives potentielles qu'aurait le fait de manquer son but.

L'un des principaux mérites des humeurs sombres – celles qui sont inconfortables et que l'on s'efforce souvent d'éviter – tient à ce qu'elles nous distraient de nos buts. Tristesse, frustration, doute, confusion et même sentiment de culpabilité ont tous la même fonction : ils nous somment de freiner, de nous retirer en nous-mêmes pour réfléchir et de ménager notre énergie et nos réserves. C'est particulièrement important pour limiter notre tendance à investir obstinément dans des causes perdues, ou à accepter des pertes irrécupérables au lieu de prendre la décision de limiter les coûts, lorsque le résultat escompté semble de moins en moins probable. L'entièreté donne de la souplesse dans la poursuite de ses objectifs, permettant de continuer à s'investir lorsqu'on progresse à un rythme acceptable, et de remplacer les objectifs anciens par des nouveaux lorsque l'échec devient quasi patent.

Les vertus de l'imagination

Depuis l'enfance, Mélanie Baumgartner rêvait de devenir juge. Mais à l'université, elle tomba amoureuse et sa vie prit un tour inattendu. Au lieu de continuer ses études de droit, elle s'investit dans son existence de mère au foyer. En conduisant ses enfants à l'école, elle se prenait parfois à rêver de l'autre vie qu'elle aurait pu avoir, celle où elle aurait manié le marteau pour réclamer le silence dans la salle d'audience.

En psychologie, on constate fréquemment que le regret lié au fait d'avoir raté le coche ou manqué son but peut amener à s'imaginer dans la situation contraire. La *Sehnsucht* (aspiration, nostalgie) joue le rôle important de baume psychologique pour atténuer l'effet cuisant de l'occasion manquée: les participants à une étude internationale qui éprouvaient de la *Sehnsucht* étaient capables de faire fonctionner leur imagination et d'en tirer un bénéfice émotionnel. La seule exception concernait les Américains. Contrairement aux Européens, ils sont beaucoup plus enclins à penser que leurs rêves sont réalisables et rechignent donc plus souvent à les reléguer dans l'imaginaire, qu'ils ont tendance à juger négativement. Pourtant, l'imagination peut être une ressource précieuse.

Les enfants de Mélanie sont grands maintenant et elle pourrait reprendre ses études de droit. Cependant, son désir de devenir juge s'est émoussé, en partie parce qu'elle a récolté les bénéfices affectifs de ses rêves. La *Sehnsucht* est l'une des multiples stratégies utilisées par les personnes entières pour les aider à gérer les répercussions psychologiques des occasions manquées, à rendre le renoncement acceptable quand il est fondé, et à supporter les déceptions.

L'approche adoptée dans ce livre

La souffrance dévore l'énergie. Nous tenons donc à déclarer clairement que nous ne voulons pas vous voir accablés par les échecs ou l'infidélité de votre conjoint. Nous ne vous encourageons pas non plus à vous plonger sans broncher dans l'eau glacée. Nous affirmons seulement que rechercher les émotions agréables tout en fuyant les plus déplaisantes n'est pas le meilleur moyen de bien vivre. Nous proposons de prendre en compte toute la gamme des émotions au lieu de tenter de profiter seulement des émotions positives. Trait essentiel d'une personne qui vit de cette manière, elle témoigne d'une grande habileté à exploiter tout ce qu'offre la vie. Elle fait preuve d'« agilité émotionnelle ». Pourquoi ? Parce qu'elle est capable de tirer le meilleur parti d'une situation donnée en adaptant son comportement aux difficultés rencontrées, passant du côté lumineux au côté obscur et vice versa. Elle peut utiliser alternativement les deux facettes de chaque aspect de sa personnalité : se montrer sérieuse et joueuse, passionnée et objective, extravertie et introvertie, désintéressée et égoïste. Elle est bienveillante mais choisit soigneusement ceux à qui elle consacre son temps et son énergie. Elle n'est pas disposée à refuser certains traits de caractère uniquement parce que la société les juge moins valables. Nous allons préciser ce que nous entendons par émotionnellement, socialement et mentalement agile afin que vous compreniez la portée, la beauté et les avantages de cette entièreté.

Agilité émotionnelle

L'astuce en la matière consiste à ne pas éviter les émotions négatives, mais à éliminer leur négativité. C'est ce qui se produit dans les psychothérapies couronnées de succès. Les psychologues Jonathan Adler, du collège d'ingénierie Franklin W. Olin, et Hal Hershfield, de l'université de New York, ont soumis à l'épreuve des faits la conception dominante selon laquelle la thérapie agit en débarrassant les gens de leurs problèmes, tels que la dépression, puis en les aidant à mettre en œuvre de nouvelles stratégies qui stimulent leur positivité. Ils ont suivi quarante-sept adultes traités en thérapie pour anxiété et dépression, et pour la gestion d'épisodes stressants tels que la naissance d'enfants. Adler et Hershfield cherchaient à savoir ce qui se passe avant la résolution des problèmes des patients, avant l'amélioration de leur qualité de vie, et avant qu'ils ne commencent à s'estimer vraiment.

Vous serez certainement étonné d'apprendre, comme l'ont été les deux chercheurs, que non seulement les personnes en cours de thérapie connaissent moins de sentiments négatifs et plus de positifs, mais aussi qu'elles s'estiment plus heureuses. Ce qui se produit en fait, c'est que la réussite de la thérapie débute lorsque les patients commencent à se sentir à l'aise en éprouvant des émotions mêlées (aussi bien heureuses que tristes) à l'égard de leur travail, de leurs relations personnelles et de toute situation nouvelle. En témoigne cette description donnée par un patient après plusieurs séances :

> Notre couple a traversé des difficultés pendant des semaines. Ma femme et moi avons fêté la bonne nouvelle apportée par un examen de grossesse positif à neuf semaines (moment auquel elle avait fait une fausse couche en janvier dernier). Mais par ailleurs,

je suis triste de n'avoir pas encore trouvé de travail et aussi pour ma femme, dont la grand-mère est mourante. Je me demande ce qui peut bien encore m'arriver. Pourtant, je suis assez confiant et heureux. Non pas que je ne me sente pas déprimé, mais je suis aussi reconnaissant pour les bons côtés de ma vie, en particulier mon mariage.

L'essentiel ici est que le bien-être de cette personne, et d'autres se montrant capables d'éprouver des émotions tant négatives que positives concernant leur vie, connaît les plus grandes améliorations par ailleurs. Ce qui n'est pas vrai dans le cas contraire : éprouver des sentiments positifs n'augmente pas l'agilité émotionnelle. Cette étude laisse supposer que ce n'est pas le bonheur qui est le plus avantageux, mais l'entièreté, la pleine capacité, celle de tolérer le bon et le mauvais à mesure qu'ils se manifestent.

Agilité sociale

Les humains sont des primates et, par conséquent, des créatures sociales. À l'instar de nos cousins chimpanzés, nous possédons un cerveau extrêmement développé pour les interactions sociales ; nous pouvons, par exemple, interpréter aisément de subtiles expressions faciales, ce dont sont incapables les chiens, les cochons et les rapaces. Nous avons également des centres de langage très évolués pour nous aider à exprimer quantité d'informations complexes, y compris toute la gamme des intentions et des désirs. Notre caractère social est si manifeste que des chercheurs soutiennent que seule l'interdépendance permet la survie. Selon Dacher Keltner, un psychologue de Berkeley, la générosité, l'hospitalité, la bienveillance nous sont naturelles. Bien qu'il soit facile de citer des exemples d'égoïsme, de tromperie, de cupidité et d'autres travers, nous croyons les gens capables de faire beaucoup de bien. En fait, nous apprenons à nos enfants que la bonté est la vertu suprême.

Les bénéfices de la bonté sont nombreux : les êtres bienveillants vivent plus longtemps, gagnent mieux leur vie, sont de meilleurs citoyens et les relations intimes chaleureuses qu'ils cultivent peuvent réparer en grande partie les dommages subis durant leur enfance. Mais si nous regardons de plus près l'univers social, nous faisons une constatation dérangeante : qu'il s'agisse de travail, de relations amoureuses ou de jeu, la gentillesse est certes nécessaire, mais il faut aussi faire preuve de discernement. On ne peut pas se payer le luxe de se donner entièrement à tout le monde. Le temps et l'énergie sont des ressources limitées qu'il convient d'employer avec sagesse.

Il est même parfois nécessaire de recourir à des sentiments opposés à la gentillesse. Ceux qui y ont recours disposent d'un avantage, que ce soit comme parents, sportifs, militaires, enseignants ou entrepreneurs. Et voilà le point qui peut être difficile à saisir : c'est mieux ainsi, pour tout le monde. Les meilleurs parents délaisseront parfois leurs enfants ; le parentage, comme tout autre travail, exige des pauses de temps en temps. C'est lorsque les parents ne prennent pas soin d'eux-mêmes que les enfants souffrent de manière inattendue et inutile.

Avant que vous ne jetiez ce livre par la fenêtre, nous tenons à vous présenter l'une des héroïnes du monde scientifique, Esther Kim, sociologue à Yale. Elle se démarque de ses collègues universitaires en ceci qu'elle sort de son laboratoire pour se confronter au monde extérieur. Afin d'observer comment se comportent entre eux des gens qui ne se connaissent pas, elle a parcouru des milliers de kilomètres en bus. Elle était particulièrement fascinée par la façon dont les gens signalent subtilement aux nouveaux passagers de ne pas s'asseoir sur le siège libre à côté d'eux.

Nous avons tous réagi de même, nous répétant intérieurement : « Pas à côté de moi, pas à côté de moi » en voyant un passager arriver dans l'allée centrale d'un car, d'un train ou d'un avion. Kim a observé un étonnant éventail de tactiques créatives d'évitement : les gens occupent le siège côté couloir et mettent leur casque afin de pouvoir faire semblant de ne pas entendre le nouveau passager demander si le siège côté hublot est libre ; ils posent un sac sur le siège libre ; ils prennent l'air renfrogné, s'étalent sur les deux sièges, font mine de dormir, etc. Ces voyageurs ne sont pas grossiers, ils sont humains. Ils se préoccupent de leur sécurité, de l'énergie qu'il faut dépenser pour interagir avec un inconnu et de leur confort lors d'un long trajet. L'étude de Kim illustre, dans ce cas précis, notre propension à dévier de la norme en ne respectant pas l'injonction « Soyez gentil ».

L'agilité sociale est la capacité de reconnaître en quoi une situation diffère d'une autre et d'ajuster son comportement de manière à répondre aux exigences du moment. Les personnes socialement agiles sont dynamiques, sélectives et capables d'influer sur les situations qu'elles rencontrent. En fonction des caractères spécifiques de ces situations, elles peuvent à la fois être chaleureuses, dire de petits mensonges, exercer des pressions, faire étalage de leurs relations, flirter, complimenter et proposer leur aide. Elles peuvent dire en passant qu'elles viennent de nettoyer le réfrigérateur pour se faire bien voir de leur conjoint. Ces personnes ne sont pas machiavéliques, elles obéissent à un ensemble de règles sociales plus souple et plus large que le « Soyez gentil » de base. Chose intéressante, quand nous contournons les règles, dans bien des cas, ce n'est pas en vue d'un avantage personnel, mais pour aider autrui à se sentir bien, pour consolider nos relations ou atteindre des buts importants.

Agilité mentale

La notion psychologique de pleine conscience, enracinée dans les pratiques bouddhistes, est très à la mode. Les personnes pleinement conscientes s'attachent à vivre dans le moment présent et à « observer sans juger » ce qui se passe. Elles sont censées être plus attentives et mieux apprécier la vie que les autres. Vous trouverez chez votre libraire des étagères entières de volumes consacrés à l'alimentation consciente, au parentage conscient, au leadership conscient et même au poker conscient. Les spécialistes prétendent que cet état hyperconscient est peut-être le summum de l'accomplissement humain, état dans lequel il est souhaitable d'entrer, et de demeurer indéfiniment. Dans le droit fil de la tendance iconoclaste de ce livre, soyons les premiers à dire qu'il est impossible de rester constamment dans un tel état. Que ce soit en se brossant les dents ou en conduisant ses enfants à l'école, le cerveau permet heureusement de trouver des raccourcis qui libèrent l'énergie mentale pour d'autres entreprises plus captivantes et importantes. Il est essentiel de disposer d'un système subconscient qui traite automatiquement l'information sans effort intentionnel ni conscience de soi.

Un des domaines les plus passionnants de la psychologie traite spécifiquement de notre degré de sensibilité à des signaux subtils reçus en deçà de la conscience. Dans une étude, le psychologue néerlandais Ap Dijksterhuis a demandé à des étudiants de faire un devoir écrit avant de passer un test. Une partie d'entre eux devaient expliquer l'effet que cela fait d'être dans la peau d'un enseignant. Ceux qui étaient engagés dans ce processus se montrèrent capables de répondre correctement à 60 % des questions ordinaires – contre 50 % seulement des étudiants du groupe témoin.

Faire appel au subconscient est un moyen privilégié pour modifier son comportement, souvent en mieux, sans l'effort normalement requis. Ainsi, au cours d'une étude, les chercheurs ont subtilement préparé certains participants – mais pas les autres – avec l'odeur d'un produit d'entretien (caché dans un seau dans un coin du laboratoire). Lorsqu'ils leur demandèrent ensuite de manger une barre de céréales, ce sont ceux qui avaient senti le produit nettoyant qui mangèrent le plus proprement et essuyèrent ensuite les miettes. Le subconscient aide également à traiter l'information complexe. De même que la nuit porte conseil, les personnes distraites, et donc pas attentives, sont plus à même de prendre de bonnes décisions d'achat que celles qui les prennent par un effort conscient.

Bien que vivre dans le moment présent, comme le préconise le mouvement de la pleine conscience, ait ses avantages, il est erroné de croire que c'est le seul état mental désirable. Lorsque nous mettons à contribution le Moi complet, notre personnalité tout entière, nous pouvons passer de la pleine conscience à la suspension du mental en fonction de ce qu'exigent les circonstances. Cela aide à économiser les ressources mentales et à se concentrer sur les questions que nous jugeons les plus importantes.

CHAPITRE 2

La hantise du confort

Pour les spécialistes des sciences sociales, Google n'est pas qu'un moteur de recherche. C'est un véritable thermomètre qui permet de prendre la température de la société. Prenez l'exemple d'une simple recherche d'images pour les mots « inconfort » et « confort ». Pour le premier, on obtient des photos de personnes qui froncent le sourcil, se massent les tempes, ménagent une articulation endolorie ou se tiennent le ventre. Au contraire, une recherche du mot « confort » procure des images de lits moelleux, de fauteuils confortables et de jets luxueux. L'implication nous semble évidente : l'inconfort est assimilé à un malaise interne alors que son contraire, le confort, est à rechercher à l'extérieur, dans l'environnement matériel.

Cette conception populaire de l'inconfort en tant qu'état interne, déplaisant et souvent ingérable, est au cœur de ce livre. Si l'entièreté renvoie à l'aptitude à connaître et utiliser tout le spectre des états psychologiques – émotionnels, cognitifs et sociaux –, le sentiment de malaise suscité par l'inconfort doit être corrélé au rétrécissement de notre expérience. Escamoter les états mentaux déplaisants mais utiles nous empêche de réaliser notre plein potentiel. Il est intéressant de remarquer que cette volonté d'écarter tout inconfort est en grande partie le propre des Occidentaux – et plus particulièrement des Américains. Ces derniers ont de multiples qualités : ils sont créatifs, confiants, industrieux et connus pour être imperturbablement optimistes. Et plus que tout, ils aiment leur confort. Malgré les poches de grande pauvreté et les écarts obscènes de revenu, les États-Unis se caractérisent par une certaine harmonie, un certain niveau de confort et de pragmatisme. Les feux de circulation fonctionnent, les cinémas ont l'air conditionné, il y a autant de baignoires que de tuyaux d'arrosage, tout le monde dispose de shampoing et nous choisissons nos matelas en fonction de leur taille, de leur matériau et de leur souplesse.

Aussi lentement qu'augmente la richesse à travers le monde, les Américains ne sont plus les seuls à vivre plus confortablement. Plus la société dans laquelle vous vivez est proche de la société états-unienne – l'Australie, le Canada, le Royaume-Uni viennent à l'esprit –, plus il est probable que votre attitude à l'égard du confort soit similaire (quoique pas identique). Au contraire, plus votre culture est éloignée de la culture américaine – songez au Zimbabwe, à la Chine, au Pakistan –, plus il y a de chances que l'inconfort ne vous incommode pas. Pourtant, même dans de nombreuses parties du monde en voie de développement, on assiste à l'émergence d'une classe moyenne qui se distingue tant par son confort que par son niveau de revenu.

Si l'on veut mesurer à quel point le penchant pour le confort conjoint à une attitude positive est profondément enraciné chez les Américains, il convient de demander si Jésus était heureux. C'est précisément la question que posèrent le psychologue Shigehiro Oishi et ses collègues de l'université de Virginie. Ces chercheurs se souciaient moins d'obtenir une réponse factuelle que de s'en servir pour évaluer l'attitude des personnes interrogées. Du fait que Jésus est unique et qu'il n'existe qu'un récit biblique, ils estimaient que toute différence importante d'opinions fournirait une sorte de test de Rorschach dans lequel les gens projettent leurs préjugés. Pour vérifier cette hypothèse, ils ont demandé à des dizaines d'Américains et de Sud-Coréens d'exprimer ouvertement par écrit les pensées que leur inspirait Jésus. (Le nombre de chrétiens était en gros le même dans les deux groupes, environ 60 %.)

Il apparut que les Américains étaient beaucoup plus enclins que les Coréens à croire Jésus heureux. Ils étaient aussi plus nombreux que les Coréens à estimer que Jésus était extraverti, ouvert et sympathique. Plus intéressant encore, il y avait beaucoup plus de chances que les Coréens parlent de malaise à propos de Jésus. Ils étaient plus nombreux – cinq fois plus dans certains cas – à évoquer la souffrance, le sacrifice, la crucifixion et le sang. Bien que des épisodes dramatiques tels que la persécution et la crucifixion aient une place centrale dans la vie de Jésus, les Américains étaient passablement plus nombreux à affirmer avant tout qu'il était génial, aimable et bon.

Le fait que les Américains aient tendance à être positifs signifie-t-il nécessairement qu'ils éludent les difficultés ? Christie Napa Scollon, chercheuse à l'institut de gestion de Singapour, et sa collègue Laura King, de l'université du Missouri, ont mené une série d'études originales. Au lieu d'adopter la méthode habituelle consistant à établir des modèles statistiques complexes du bonheur et à déterminer où les participants se situent sur l'échelle, elles se sont simplement adressées à des personnes ordinaires et leur ont demandé d'estimer dans quelles proportions la richesse, le bonheur et le travail entraient dans leur conception de la « bonne vie », qui doit à la fois inclure le bien-être et être chargée de sens. Les Américains valorisaient avant tout le bonheur et préféraient une vie facile à une vie laborieuse, surtout quand le travail était quantifié en nombre d'heures. Ils avaient également tendance à juger les relations affables et cordiales plus essentielles à la bonne vie qu'un travail satisfaisant. Les participants auraient même jugé sévèrement les personnes plus intéressées par un travail hautement valorisant que par des relations cordiales ; ils les trouvaient immorales, voire condamnées à l'enfer !

Le goût des Occidentaux pour une vie heureuse et confortable ne présente pas seulement un intérêt abstrait pour les recherches académiques. Il transparaît clairement dans leur comportement, leur comportement consumériste en particulier. Depuis la Seconde Guerre mondiale, les Américains jouissent d'une richesse sans précédent. Même dans le contexte économique actuel, où ils subissent les conséquences de l'effondrement du marché immobilier, d'un taux de chômage élevé et de faillites bancaires de grande envergure, la grande majorité d'entre eux s'en sortent mieux, sur le plan matériel, qu'à aucune autre période précédente. Un nombre impressionnant de gens sont propriétaires de leur logement aux États-Unis et possèdent tout ce qui existe en électronique grand public, des automobiles et la climatisation. Ils se ruent vers le confort et les commodités[1]. Selon Juliet Schor, autrice de *The Overspent American*, les Américains actuels fantasment à propos de vacances luxueuses, de maisons plus belles et de confort accru. Elle cite une étude au long cours, menée par l'université du Connecticut, dans laquelle on demandait aux gens quels articles ils estimaient être de première nécessité. Dans les années 1970, ils étaient 13 % à indiquer l'air conditionné en voiture et 25 % l'air conditionné à la maison. Au milieu des années 1990, les attitudes avaient changé et un confort matériel accru était plus souvent mentionné. Ainsi, 41 % des personnes interrogées jugeaient la climatisation nécessaire en voiture et 50 % la jugeaient indispensable à leur domicile.

Ce désir soudain d'air conditionné présente un intérêt particulier[2] si on le relie à la hiérarchie des

1. « Commodité » est un concept voisin de « confort ». La commodité, définie comme la possibilité d'agir sans effort ni difficulté, est simplement un aspect mental plutôt que physique du confort.

2. Maslow, A. (1954), *Motivation and Personality*, New York, Harper & Row.

La théorie de Maslow est l'une des mieux connues de la psychologie. Les profanes acceptent généralement la notion de besoins primaires sans la critiquer. Il est cependant très difficile

besoins de Maslow. En 1954, celui-ci déclarait que les gens satisfaisaient d'abord leurs besoins primaires, tels que l'alimentation et le logement, avant de se tourner vers les besoins sociaux, et c'est seulement lorsque ces derniers étaient satisfaits qu'ils commençaient à se préoccuper d'eux-mêmes et de créativité. La plupart des gens commettent l'erreur de penser que Maslow donnait une recette de vie agréable. Il tentait simplement de décrire les mécanismes de base des motivations humaines.

Nous sommes donc à présent dépendants du confort. Mais qu'entend-on exactement par « besoins primaires » ? Il est évident que l'accès à l'eau potable en est un. On peut même estimer que la thermorégulation – conserver sa chaleur ou sa fraîcheur – est un besoin de base. Mais s'il est clair que l'être humain a besoin de vêtements pour rester au chaud et au sec et se protéger des dangers de l'hypothermie, il est plus difficile de considérer l'air conditionné dans sa voiture comme un besoin fondamental, d'autant plus que l'automobile elle-même est déjà un luxe.

À ce train-là, en voiture, la climatisation ne tardera pas à ne plus suffire. Il faudra bientôt des sièges chauffants, et des contrôles de la température séparés pour

---

de déterminer ce qu'ils sont. Ainsi, le besoin de thermorégulation – de conserver la chaleur du corps – est fondamental, mais il peut être satisfait par le feu, l'habillement, le soleil, le chauffage central ou le partage de la chaleur corporelle. Dans le pire des cas, s'il ne l'est pas, on risque l'hypothermie et la mort. Mais, sans parler de ce froid mortel, nous recherchons tous une température agréable. C'est pourquoi un thermostat est désormais considéré par certains comme un besoin primaire.

le conducteur et chaque passager. C'est d'ailleurs ce qui commence à faire figure d'équipement standard dans les derniers modèles d'automobiles. Il serait intéressant de voir combien de gens jugent maintenant indispensable de disposer d'un écran vidéo dans leur voiture.

Nous en arrivons à la thèse de ce chapitre. Plus on satisfait son désir de confort, plus on réduit le champ de ses expériences, et la pratique manque pour surmonter les difficultés de l'existence. L'enchaînement est le suivant : (1) le confort et les commodités matériels suscitent (2) le besoin de recourir à des adjuvants extérieurs pour se sentir à l'aise, ce qui conduit à (3) une baisse d'immunité psychologique à des situations moins confortables, plus gênantes. Le confort matériel nuit à notre capacité à nous adapter à notre milieu et à affronter les difficultés. Le confort procuré par l'air conditionné, par exemple, aboutit à une situation dans laquelle les états tels que la colère, le doute, le renoncement, l'incertitude et la distraction prennent progressivement une importance démesurée ou sont jugés immoraux. C'est cette dépendance typiquement américaine à l'égard du confort qui aboutit à un fractionnement de l'individu et l'empêche d'être pleinement épanoui.

Si nos grands-parents supportaient sans rechigner la poussière, le soleil et la pluie, l'homme moderne est beaucoup plus fragilisé. D'après les statistiques du ministère de la Santé, les taux d'allergies alimentaires chez les enfants états-uniens ont augmenté de plus de 40 % entre 1997 et 2011, et la fréquence des allergies cutanées de près de 70 %. De même, l'asthme affecte à présent 17 % des enfants américains et, chose intéressante, les taux sont les plus élevés chez ceux qui vivent à 200 % au-dessus du seuil de pauvreté. Une explication possible de ce phénomène est sans doute à rechercher dans l'obsession de la propreté qui affaiblit considérablement les défenses immunitaires.

Que nous est-il arrivé ? Comment la société américaine et, dans une moindre mesure, les autres sociétés occidentales ont-elles pu changer à ce point ? Que s'est-il passé entre l'époque où l'homme des cavernes menait une existence précaire et frugale et aujourd'hui, où la publicité sature nos écrans et où cinq minutes de retard dans un embouteillage semblent intolérables ? Quand avons-nous perdu notre immunité contre l'inconfort ?

Aux origines de la dépendance au confort

Les questions de confort et d'inconfort sont vieilles comme le monde. On imagine fort bien le premier homme qui écarta la grosse pierre dont il se servait comme oreiller et pensa : « Il me faut quelque chose de moins dur », avant de poser sa tête sur un tas d'aiguilles de pin. Le même besoin d'avoir chaud (ou de rester au frais), de laisser se détendre ses muscles endoloris ou de toucher des matériaux moelleux a toujours existé.

Lorsque, dans la pièce de Shakespeare, Hamlet dit « Être ou ne pas être », il s'agit en fait de savoir s'il faut lutter ou non contre l'adversité :

Être ou ne pas être, c'est là la question :
Y a-t-il plus de noblesse d'âme à souffrir
La fronde et les flèches de la Fortune outrageante,
Ou bien à s'armer contre une mer de douleurs ?

Le jeune prince du Danemark pose une question semblable à celle que se posent les personnes dépressives qui vivent à Toronto, Manchester ou Paris : dois-je choisir la vie ou la mort ? La réponse est fondée sur le degré de bien-être. Il conclut qu'il va préférer la vie, malgré ses avanies, non parce qu'il est aventureux ou robuste, mais parce que l'alternative – le royaume inconnu de l'au-delà – est encore plus angoissante que les épreuves de la vie quotidienne.

Qui voudrait porter ces fardeaux,
Grogner et suer sous une vie accablante,
Si la crainte de quelque chose après la mort,
De cette région inexplorée, d'où nul voyageur ne revient,
Ne troublait la volonté,
Et ne nous faisait supporter les maux que nous avons.

En 1930, Sigmund Freud, la figure la plus éminente de l'histoire de la psychologie, évoqua le dangereux chant des sirènes du confort. Il écrit : « Placer la jouissance avant la prudence apporte son propre châtiment. » Freud ne visait pas le fait d'apprécier un oreiller moelleux ou une fraîche brise du soir, mais l'érection du plaisir en principal motif d'action. D'instinct, il comprenait que la recherche systématique du confort, plutôt que le confort lui-même, pouvait conduire à des décisions égoïstes et, en fin de compte, avoir des conséquences sociales négatives.

Hegel se montrait encore plus critique[1] : « La soif de ce que l'Anglais appelle *comfort* est inextinguible et ne connaît pas de limite. » Et de conclure : « Le besoin d'un confort accru ne naît pas en vous spontanément ; il vous est suggéré par ceux qui espèrent tirer profit de sa création. » Notons que Hegel, comme Freud, ne concentrait pas son attention sur l'obtention du confort, mais sur les dangers liés au « besoin de confort ». Il laissait entendre qu'un tel besoin est illusoire, à l'image de ceux inventés aujourd'hui par

---

1. La citation de Hegel est soulignée dans les écrits fascinants de Daniel Bell, surtout dans Bell, D. (1996), *The Cultural Contradictions of Capitalism : 20th Anniversary Edition*, New York, Basic Books.

Les écrits révolutionnaires de Hegel ont influé sur la formation du marxisme. Pour ceux qui ont vécu la guerre froide, l'attitude antagoniste courante – « nous contre eux » – paraîtra familière. Aux États-Unis, nous avions le sentiment que notre système – démocratique – était supérieur à celui de l'URSS en ce sens qu'il correspondait à nos idéaux, tels que la liberté de parole et la liberté de se déplacer sans entraves. Mais ce n'était pas tout, nous avions la conviction que notre système économique – le capitalisme – était lui aussi supérieur au système soviétique, en ce sens qu'il permettait un confort largement répandu. Les enfants qui ont grandi dans les années 1960, 1970 et 1980 voyaient des photos, souvent en noir et blanc, de citoyens soviétiques faisant la queue pour obtenir leur ration de pain et autres denrées de première nécessité. L'implication est évidente : une société fonctionne bien dans la mesure où elle est capable de fournir confort et commodités à ses membres.

les publicitaires. Selon lui, ce désir peut paraître normal, comme la dépendance au café, mais il n'est ni naturel ni sain.

De nos jours, l'industrialisation a amené un niveau de confort et de commodité sans précédent. Dans une étude sur le rythme de vie, le psychologue Robert Levine et ses collègues ont constaté une relation constante entre le PNB et l'accélération du rythme de la vie. En mesurant la vitesse à laquelle marchent les gens, la rapidité avec laquelle les employés des Postes accomplissent une tâche élémentaire et l'exactitude des horloges publiques, Levine a pu évaluer le rythme de vie de différentes sociétés. La richesse nationale est associée non seulement à un rythme de vie plus rapide, mais aussi à une consommation d'énergie plus élevée – automobiles, appareils ménagers et chauffe-eau sont tous synonymes de confort et de commodité. Seul problème : l'accélération du rythme de vie est également corrélée à des taux de réussite et d'épargne inférieurs. Plus le niveau de confort est élevé, moins on prend la peine de se maîtriser. Prenez l'exemple des frustrations. Là où les choses vont vite, les gens acceptent mal de faire la queue ou de rester coincés dans les embouteillages. Autrement dit, plus la vie est confortable, moins on est patient en présence de problèmes ou de ce qui est perçu comme tel.

Bien que ce livre concerne avant tout le confort psychologique, nous devons nous attarder un moment pour préciser qu'il existe une relation directe entre le confort physique de base (appelé « sensations confortables » en psychologie) et des formes plus complexes de confort psychologique (qu'on peut concevoir comme des « états affectifs »). Nous sommes tous enchaînés à notre existence physique (les « liens charnels » de Shakespeare) par notre corps. Celui-ci est pour ainsi dire la membrane qui sépare les événements extérieurs de la personne que nous considérons comme notre Moi. Notre corps joue le rôle d'un thermostat – souvent de manière littérale – à travers lequel nous faisons l'expérience des aspects confortables et inconfortables du monde extérieur. Les chercheurs ont observé que chacun dispose d'une gamme de sensations spécifique au sein de laquelle il a la faculté de s'adapter aux conditions ambiantes, qui incluent les odeurs, les bruits et la température. C'est pourquoi on ne remarque pas la fraîcheur de son bureau tant qu'on ne sort pas dans la touffeur du mois d'août. Il est normal de rechercher le confort physique et notre capacité naturelle d'adaptation participe de cette pulsion.

Peut-être serez-vous surpris d'apprendre que les sensations de dégoût illustrent parfaitement comment les sensations physiques et psychologiques s'entremêlent parfois. La répulsion nous aide à éviter des choses éventuellement toxiques, comme des aliments avariés. Les chercheurs mesurent la sensibilité au dégoût de diverses façons[1]. Ils demandent aux participants de se moucher dans du papier hygiénique, de boire du jus de pomme dans un vase de

1. Rozin, P., Millman, L., & Nemeroff, C. (1986), « Operation of the laws of sympathetic magic in disgust and other domains », *Journal of Personality and Social Psychology*, 50 (4), p. 703-712.

nuit. Ils observent à quelle distance ils se tiennent d'une tête de porc coupée. Il existe aussi une forme plus psychologique de dégoût, qualifiée de dégoût *moral*. Il apparaît que les gens ont tout aussi tendance à éviter de se coucher dans un lit dans lequel a dormi un meurtrier qu'à ne pas s'approcher de traces de vomissures. Ils répugneraient autant à passer un pull-over ayant appartenu à Hitler qu'à manger du chocolat moulé comme une crotte de chien. Il s'avère que la sensibilité au dégoût est en relation directe avec le sens de confort, surtout s'agissant du monde naturel.

Les chercheurs Robert Bixler et Myron Floyd ont examiné l'hypothèse suivant laquelle la gamme du confort s'est resserrée au fil des ans. Lorsqu'ils ont demandé à des centaines d'élèves du secondaire quels sentiments leur inspirait la nature, ils ont constaté que ceux qui y ressentaient de la crainte ou du dégoût avaient tendance à préférer s'amuser à l'intérieur ou, s'ils étaient dans l'obligation de sortir, à opter pour des parcs aménagés. On leur demandait également si, lors d'une semaine de plein air, le confort moderne leur manquerait. Les réponses devaient s'échelonner entre 0 (l'élément de confort ne leur manquerait pas du tout) et 4 (ils ne pourraient s'en passer). La réponse moyenne était de 3 pour la baignoire ou la douche, de 2,63 pour les WC à chasse d'eau, de 2,69 pour l'eau chaude et de 2,66 pour la climatisation. Il va de soi que nos ancêtres se passaient de tous ces éléments de confort. Nous sommes devenus plus sensibles depuis cette époque et la notion de confort est devenue de plus en plus restrictive.

Il faut remarquer que cette étude menée auprès d'enfants a été publiée en 1997, car c'est dans les années 1990 que la dépendance au confort s'est vraiment enracinée. À n'en pas douter, la génération née dans le premier quart du XXe siècle était capable de supporter certaines épreuves. Bien que l'économie ait connu une période de croissance après la Seconde Guerre mondiale, les années 1950, 1960 et 1970 sont avant tout restées dans les mémoires aux États-Unis comme celles du mouvement des droits civiques, de la contestation hippie et de la guerre du Vietnam. Après l'élection de Ronald Reagan en 1980, le climat social et économique commença à s'adoucir, pour aboutir à l'accession de Bill Clinton à la présidence en 1993. C'est à ce moment-là qu'on assista à l'essor spectaculaire d'une classe moyenne éprise de confort, et qu'on entendit pour la première fois l'expression « aliment réconfortant », signe certain que nos relations avec les besoins de base prenaient une autre tournure.

Aujourd'hui, des décennies plus tard, dans le contexte du Printemps arabe et des guerres en Irak et en Afghanistan, il est difficile de se souvenir de tout ce que les années 1990 ont eu de particulier. Pour ceux qui ont connu les mouvements protestataires des années 1960, la crise du pétrole et les prises d'otages des années 1970, les années 1980 et plus encore les années 1990 étaient une autre époque. On avait le sentiment que le monde s'améliorait. Après des décennies d'injustice institutionnalisée, le système d'apartheid en Afrique du Sud s'écroulait. L'Union soviétique, seule rivale de l'Amérique sur la scène mondiale, s'effondrait, et des dizaines d'années de guerre froide prenaient brusquement fin. Comme pour prouver sa puissance, l'armée américaine renversa le régime de Saddam Hussein en quelques semaines. Le marché boursier atteignait des hauteurs stratosphériques et internet devenait un nouveau moteur global au service de la créativité et de la finance. Bref, tout semblait au beau fixe, comme cela ne s'était peut-être jamais produit dans l'Histoire.

Les attentes montèrent en même temps que cette marée politique et économique. On se mit à considérer le bonheur non pas comme un but désirable, mais comme un impératif moral. Le chercheur Shigehiro Oishi, cité plus haut à propos de l'étude sur Jésus, se servit de Google avec son équipe pour repérer les occurrences de « personne heureuse » dans la littérature américaine de 1800 à 2008. Comme on pouvait le deviner, les auteurs du XIXe siècle et du début du XXe ne connaissaient pas cette expression. C'est dans les Années folles qu'elle fit son apparition, un phénomène qui alla crescendo dans les années 1990, où il eût été difficile d'entrer dans une librairie sans tomber sur un livre ne comportant pas l'expression. Dans les années qui suivirent, son usage ne régressa pas. De 1990 à 2008, le nombre d'occurrences égala celui du demi-siècle précédent. Les normes sociales évoluaient manifestement.

C'est également au début des années 1990 que furent adoptées aux États-Unis les premières lois sur la « mort digne ». Elles permettaient aux personnes qui estimaient leur vie trop désagréable ou indigne physiquement – en soi une forme de gêne mentale – de planifier leur mort. Quoi que vous pensiez personnellement de ces lois, elles reflètent une société qui a dépassé si largement le stade de la simple satisfaction des besoins de base que l'on peut décider du moment et de la forme de sa mort. C'est encore au début des années 1990 qu'on vit apparaître l'expression « zone de confort » pour désigner l'ensemble des activités, habitudes et comportements qui vous sont familiers et avec lesquels vous vous sentez à l'aise dans le contexte du travail. Un article avertissait les chefs d'entreprise de ne pas faire sortir leurs employés de leur zone de confort.

Invention remarquable, dans les années 1960, les scientifiques de la NASA mirent au point une technique pour atténuer l'inconfort des astronautes lors du décollage puis dans l'espace. Il fallut cependant attendre 1991 pour que la mousse « mémoire de forme » fasse son entrée sur le marché sous l'aspect des matelas et oreillers les plus confortables du monde. Les distributeurs jugèrent dans les années 1990 que les clients étaient prêts à payer le prix pour avoir un matelas parfaitement adapté à leurs dimensions et un confort maximal durant leur sommeil. Comme si les matelas à ressorts et en mousse ordinaire n'étaient pas assez confortables, nous disposions désormais d'un matériau capable de procurer au corps une détente dans ses moindres contours. Au bout de dizaines de milliers d'années, l'homme pouvait enfin dormir confortablement, comme il était censé en avoir le droit.

À mesure qu'augmentait notre confort, les chercheurs ont observé une baisse corrélative de notre santé mentale. L'anxiété, en particulier, semblait devenir endémique. En 1996, dans les dispensaires des universités, les étudiants commencèrent pour la première fois à se plaindre d'anxiété plus fréquemment que de dépression ou de problèmes relationnels, tendance qui perdure à ce jour. De même, on assista dans les années 1990 aux États-Unis à une augmentation du nombre d'agressions sur les routes. Selon les statistiques réunies par l'AAA, l'American Automobile Association (Association américaine des automobilistes), leur nombre est passé de mille cent vingt-neuf en 1990 à mille sept cent huit en 1995, soit 50 % de plus. Le seuil de tolérance des conducteurs coincés dans leur voiture aux heures de pointe a drastiquement baissé et cette frustration est perçue comme un affront personnel. Dans les années 1990 furent enregistrés plus de dix mille accidents de la route dus à des accès de rage, qui firent deux cents morts et douze mille blessés. Au cours de cette décennie, tout allait si bien que les gens ne savaient parfois pas quoi faire quand ça déraillait.

Au milieu des années 1990, alors que de manière générale on dormait mieux, on jouissait de plus de commodités, on s'attendait à être plus heureux, on menait une vie relativement épargnée par les épreuves et les difficultés, une expression de mauvais augure, *évitement expérientiel*, entra dans le vocabulaire psychologique[1]. L'évitement expérientiel se définit comme un refoulement des pensées et sentiments

---

1. Hayes, S.C., Wilson, K.G., Gifford, E.V., Follette, V.M., & Strosahl, K. (1996), « Experiential avoidance and behavioral disorders : A functional dimensional approach to diagnosis and

indésirables, assorti de la volonté de s'en prémunir si activement qu'il reste peu d'énergie pour être présent à sa vie. Oui, c'était la première fois qu'on avait

---

treatment», *Journal of Consulting and Clinical Psychology*, 64 (6), p. 1152-1168.

Cet article faisait partie de la série «Theorically Coherent Alternatives to DSM-IV». Il serait absurde de penser que les trois cents et quelques troubles psychologiques et psychiatriques répertoriés dans le *Diagnostic and Statistical Manual of Mental Disorders* (2014) reflètent avec exactitude le fonctionnement de l'être humain. La particularisation de ces prétendus troubles est souvent arbitraire. De nouvelles recherches confirment sans cesse qu'il existe fréquemment un continuum entre santé et affliction ou détérioration grave (par opposition aux deux catégories distinctes «sain» et «atteint de troubles psychologiques»). C'est pourquoi des chercheurs ont adopté une approche alternative consistant à s'attaquer à des processus dysfonctionnels qui participent de troubles multiples, tels que l'évitement expérientiel, la rumination, les troubles du sommeil et l'anhédonie (incapacité à éprouver de la joie, à profiter des divertissements et autres plaisirs de la vie). L'évitement expérientiel, en particulier, a été étroitement associé à l'anxiété, au stress, à la dépression, à l'abus de médicaments et autres formes de dépendance, au masochisme et aux tendances suicidaires, à l'intolérance à la douleur chronique, au désir compulsif du jeu et de pornographie, au trouble de la personnalité borderline, à l'homophobie et au racisme, à des émotions positives moins fréquentes – satisfaction, vie chargée de sens – et à l'inauthenticité, entre autres manifestations indésirables. C'est à cause de l'impressionnante capacité de l'évitement expérientiel à expliquer une grande variété de problèmes psychologiques et comportementaux et leurs variations que nous avons consacré pas mal de temps à cette question. Si vous voulez accueillir les émotions et pensées non voulues de façon que votre comportement se focalise sur ce qui vous importe le plus, il est très profitable d'en apprendre davantage sur l'évitement expérientiel, de se pencher sur lui et de le réduire.

assez de choix, assez de liberté et d'autonomie pour éviter beaucoup de choses. Et on ne s'en priva pas. En particulier dans le domaine affectif. Le malaise croissant dû à l'incertitude, au doute, à l'ennui et aux émotions négatives entraîna des changements appréciables. Ainsi, l'une des stratégies d'évasion les plus courantes consiste à regarder la télévision. Si la télévision peut être distrayante, elle a aussi pour effet de nous faire oublier les soucis quotidiens. Des années 1950 aux années 1970, les Américains la regardaient en moyenne cinq à six heures par jour. Dans les années 1980 et 1990, le chiffre grimpa à sept heures et demie.

Comment éviter ce qu'on a en soi ?

L'ouvrage de référence des professionnels de la santé mentale pour diagnostiquer et traiter les maladies mentales est le *Manuel diagnostique et statistique des troubles mentaux*, plus connu sous l'acronyme DSM. En 1980, le DSM était déjà un gros volume : il comprenait quatre cent quatre-vingt-quatorze pages et énumérait deux cent soixante-cinq maladies mentales. En 1994, c'était devenu un véritable pavé de huit cent quatre-vingt-six pages et il comptait trente-deux maladies supplémentaires. Les professionnels semblaient s'accorder pour affirmer que se sentir trop triste, trop anxieux, trop souvent ou trop intensément en colère et entretenir des pensées pénibles étaient autant de signes pathologiques. Le DSM répertorie beaucoup de vrais troubles, tels que la schizophrénie, mais il est plus difficile d'admettre que le fait d'avoir le cafard pendant deux semaines ou plus, au point d'entraver son travail ou ses relations avec autrui, constitue un problème cliniquement significatif. La plupart des gens ont cependant bien entendu le message : la souffrance est une mauvaise chose, et les professionnels de la santé sont à même de vous aider à l'éviter. Mais comment éviter ce qu'on a en soi ?

Avec raison, les chefs de file de l'American Psychological Association ont nommé le Dr Albert Ellis le « deuxième psychologue le plus éminent du XXe siècle » (devant Sigmund Freud et derrière Carl Rogers seulement). Fondateur de la thérapie comportementale et cognitive (TCC), Albert Ellis affirme que trois croyances dysfonctionnelles majeures aggravent la souffrance et les comportements destructeurs.

1. « Je dois bien faire et obtenir l'approbation des autres pour être accepté. »
2. « Les autres doivent "agir comme il faut", sans quoi ils ne sont pas bons. »
3. « La vie doit être facile, sans malaise ni incommodité. »

Dans les années 1950 et 1960, ces idées étaient révolutionnaires. Au lieu de considérer les conflits infantiles non résolus ou les événements traumatisants comme les causes des problèmes psychologiques, Ellis suggérait que ces troubles provenaient des croyances qu'on adoptait à propos de soi-même, des autres et du monde en général. Il ne se bornait pas à définir le problème, il créait un système thérapeutique grâce auquel les psychologues pouvaient aider leurs patients à identifier leurs croyances personnelles perturbatrices et à les remettre en question. Ses méthodes étaient efficaces, reproductibles et elles ne tardèrent pas à devenir l'armature de la psychothérapie pendant des décennies. Rebaptisées « optimisme appris » en 1990 par le Dr Martin Seligman, fondateur de la « psychologie positive », les idées d'Ellis apprenaient aux gens à réduire la souffrance émotionnelle qui mine le bonheur. En dépit de leur mérite, il ne s'agit là que de l'extension logique de notre dépendance à l'égard du confort physique. Si les conditions matérielles ne sont pas à notre goût, nous nous employons à les modifier jusqu'à ce qu'elles le deviennent ; de même, si notre humeur et nos souvenirs nous rendent malheureux, nous devons nous efforcer de les modifier jusqu'à ce qu'ils soient moins pénibles.

Cette conception ne fut guère contestée pendant une trentaine d'années. Puis d'anciens hippies, initiés au mouvement du potentiel humain et aux philosophies orientales dans les années 1960, devinrent psychologues et lancèrent une nouvelle forme de thérapie appelée *thérapie d'acceptation et d'engagement,* ou TAE. Les Dr Steven Hayes, Kelly Wilson, Elizabeth Gifford, Victoria Follette et Kirk Strosahl posèrent de nouvelles questions provocatrices. Et si les thérapeutes ne recouraient pas aux bons critères pour déterminer ce qui est normal et ce qui ne l'est pas ? Et si concentrer son attention sur l'intensité et la négativité des pensées, sentiments et comportements n'était pas le meilleur moyen de jauger la santé mentale ? Et si, au lieu de cela, on se tournait vers ce que les gens font de ces pensées, ces sentiments et ces comportements ? Ces chercheurs-cliniciens remarquaient que les personnes blessées psychologiquement se comportaient à peu près de la même façon que celles qui étaient blessées physiquement. Lorsqu'on se tord la cheville, on a tendance à ménager la jambe concernée. Cela vaut aussi pour les blessures mentales. Lorsqu'un(e) ami(e) ou un(e) amant(e) vous blesse, on fait en sorte de moins le (ou la) voir. Quand on est submergé par ses émotions, on les évite en regardant la télévision, en dormant ou en buvant une bière.

Au lieu de chercher à modifier ou éviter les pensées, sentiments, sensations et souvenirs pénibles, on apprend à supporter le malaise psychologique comme on supporte la gêne physique éprouvée en se promenant par un après-midi pluvieux. Ce n'est peut-être pas ce que vous préférez, mais vous pouvez sans conteste le faire. Prenez du recul et représentez-vous combien ce serait libérateur de mener une vie où pensées et sentiments non désirés ne sont pas des ennemis qu'il faut vaincre. Imaginez au contraire que ces pensées et sentiments sont comme une musique de fond ; ils sont toujours présents, mais on peut décider du degré d'attention à leur accorder. La première prémisse de la TAE est que l'on porte en soi ses pensées et sentiments désagréables ; on les observe, mais on ne s'identifie pas à eux.

Cette idée mérite d'être répétée : il y a une nette distinction entre vos expériences psychologiques et vous, bien qu'elles puissent vous affecter. Cela peut paraître étrange, voire radical, de dire que vous n'êtes pas la même chose que vos pensées et sentiments. Vous n'êtes pas les pensées pénibles qui vous traversent l'esprit – et les sentiments qu'elles déclenchent – précisément parce que vous êtes en mesure de les observer. Quel que soit cet observateur – le Moi, la personnalité, l'âme ou quel que soit le nom que vous lui donnez –, il est par définition distinct de ces pensées et sentiments, et le fait que vous puissiez les observer en est la preuve. Lorsque vous comprenez que cet observateur est dissocié de la souffrance, vous tolérez mieux celle-ci.

La plupart de nos problèmes ne proviennent pas de nos pensées ou sentiments perturbants, comme Ellis le suggère, mais de la répugnance à les approcher. On peut affirmer que, s'agissant d'anxiété, il n'y a qu'un seul problème sous-jacent : l'évitement. Un rapide coup d'œil à la dernière version du DSM montre qu'il existe toutes sortes de troubles liés à l'anxiété, depuis l'anxiété de nature sociale jusqu'à la névrose traumatique, en passant par le trouble panique. Bien qu'il soit légitime de considérer chacun de ces troubles comme une forme distincte de souffrance, ils ont un dénominateur commun. Si vous pensez que l'on vous rejette ou si vous craignez que vos défauts de caractère soient exposés au grand jour, il est tout à fait sensé de vouloir se libérer de ces sentiments anxiogènes. Malheureusement, au lieu de vous rendre plus serein, éluder l'anxiété produit l'effet opposé et l'intensifie avec le temps.

Beaucoup de thérapeutes sont habitués à ce que leurs patients aient souvent des problèmes émotionnels dits secondaires. Quelqu'un peut, par exemple, éprouver un sentiment de culpabilité, puis culpabiliser de se sentir coupable. Ou bien être déprimé, puis en colère contre lui-même parce qu'il se sent déprimé. Il en va de même avec l'angoisse. Certaines situations suscitent de l'anxiété, puis ce stress est aggravé par la crainte de se sentir anxieux. Imaginez combien la vie serait plus simple si l'on pouvait se débarrasser de cette deuxième couche de trouble mental tout simplement en se sentant assez solide pour supporter l'anxiété.

L'idée d'adopter une attitude plus ferme envers nos états internes n'est pas anodine. Non seulement le fait de développer une tolérance aux états psychologiques les plus éprouvants nous est d'un grand secours à titre individuel, mais il serait aussi bénéfique à long terme pour l'ensemble de la société. Et ce parce que la dépendance au confort n'est pas seulement un mal qui vous touche personnellement, mais est aussi, sur le plan collectif, ce que nous léguons à nos enfants.

L'addiction au confort nuit aux enfants

Dans les sociétés modernes, on parle beaucoup des dangers qui menacent les enfants : dans le désordre, obésité, brimades, jeux vidéo, sexting, drogue, grossesses indésirables, maladies sexuellement transmissibles, violence, échec scolaire, skateboard. La liste des dangers perçus tombe en avalanche dans les oreilles des parents et, pétris de bonnes intentions, ceux-ci volent au secours de leur progéniture pour la protéger comme jamais on ne l'a fait jusqu'ici. À partir du milieu des années 1980, on commença à placarder à l'arrière de sa voiture l'autocollant « Bébé à bord » pour mettre en garde les autres conducteurs et invoquer un monde plus sûr. La vie ne tourne plus autour des parents, comme au temps où on ne devait pas entendre les enfants. De nos jours, ceux-ci sont l'objet de toute l'attention et les parents se comportent comme une sorte de garde rapprochée pour assurer leur sécurité et leur bien-être.

Au cours des trente dernières années, les parents se sont en effet de plus en plus préoccupés de sécurité. Ainsi, ils cèdent plus facilement aux menaces proférées par leurs rejetons, ce qui n'était presque jamais le cas dans les années 1950, 1960 et 1970. Les chercheurs qui observent les attitudes parentales ont constaté que, de nos jours, les parents ont une tendance beaucoup plus marquée à organiser leurs loisirs et jouer les chauffeurs de taxi pour les conduire sur les lieux où se pratiquent leurs activités. Les chercheuses australiennes Trine Fotel et Thyra Thomsen étaient curieuses de voir si l'accroissement de ces trajets en voiture n'était pas dû à d'autres facteurs, comme l'éloignement des écoles. Elles ont découvert que 55 à 60 % de cette augmentation étaient imputables à la perception de risques. Bien que, d'après les statistiques, les accidents dont sont victimes les enfants à bicyclette soient en baisse[1], les parents craignent plus

1. National Highway Traffic Safety Administration (2013), « Traffic safety facts : Children ». Extrait de : www-nrd.nhtsa.dot.gov/pubs/811767.pdf.

Ces craintes ne concernent pas seulement la circulation automobile et les risques qu'elle présente. Les parents modernes redoutent pareillement de laisser leurs enfants sonner chez des

que jamais de les lâcher dans les rues. Après s'être plainte des dangers représentés par la circulation automobile, une mère a conclu :

> C'était un problème pour lui que je ne lui aie pas appris comment se comporter [en roulant à vélo] au milieu de la circulation. C'est seulement quand j'ai vu à quel point il était taquiné par ses camarades parce qu'il était toujours conduit à l'école en voiture que j'ai compris combien ça l'affectait. Il fallait y remédier et il s'est avéré qu'il faisait très bien du vélo.

L'un des changements les plus évidents dans la culture des enfants a eu lieu sur le terrain de jeux. Il y a quelques dizaines d'années seulement, le bois était omniprésent dans les cours de récréation, mais les planches pourries et l'abondance d'échardes incitèrent les parents et la direction des écoles à remplacer les cages à écureuils en bois par du métal et du plastique. Dans une récente étude sur la sécurité dans les cours de récréation, Anita Bundy et ses collègues ont disposé un certain nombre d'objets disparates sur une aire de jeux, dont des grandes boîtes en carton, des bidons en plastique, des bottes de foin, des pneus de voiture et des bouts de tuyau. Après avoir soigneusement collecté les données auprès des enfants

---

inconnus pour quémander des bonbons à Halloween, parler à des inconnus et même aller dans une galerie marchande avec des amis. Cette obsession de la sécurité transparaît avec évidence dans la tendance des écoles américaines à pratiquer des exercices de bouclage des portes.

et des adultes qui les surveillaient, les chercheurs ont observé que cet équipement moins structuré de la cour de récréation provoquait certains changements. D'abord, les enfants déployaient plus d'activité physique. Ensuite, leurs surveillants s'inquiétaient davantage. Ils se réjouissaient de constater un accroissement substantiel de créativité et de sociabilité et moins d'agressivité dans les jeux ; si ce matériel de cour de récréation à l'ancienne amenait de tels bienfaits, de quoi s'inquiétaient-ils ? D'après les chercheurs, ils craignaient que les enfants se blessent, et se sentaient responsables de la prévention de tels accidents.

Le milieu scolaire est si terrifiant, semble-t-il, que des parents font des descentes dans les salles de classe pour aider à protéger leur progéniture des dangers psychologiques potentiels tels que brimades, perte de respect de soi, crainte de ne pas recevoir l'approbation de ses pairs ou des enseignants, et retard scolaire. C'est ce que la sociologue Catharine Warner appelle *sauvegarde émotionnelle*[1] ou ce que nous baptisons *parentage superprotecteur*. Chose intéressante,

---

1. Warner, C.H. (2010), « Emotional safeguarding : Exploring the nature of middle-class parents' school involvement », *Sociological Forum*, 25 (4), p. 703-724.

Début 2014, l'un de nous (R. Biswas-Diener) a donné une conférence sur l'addiction au confort, dans laquelle il insistait sur la sauvegarde émotionnelle. De tout ce que contient le chapitre 2 de ce livre, c'est le point qui a le plus particulièrement capté l'attention du public. Nous avons ensuite reçu des dizaines de témoignages de reconnaissance de la part de parents qui prônent les défis intellectuels et la sécurité émotionnelle sans prendre conscience de leurs inconvénients potentiels.

ces intrusions sont plus fréquentes parmi les parents des classes moyennes, autrement dit ceux qui vivent dans le confort. Après avoir analysé cette tendance, Warner conclut que les parents bien intentionnés ont des désirs contradictoires concernant leurs enfants. D'une part, ils veulent que ceux-ci soient stimulés intellectuellement, mais d'autre part, ils souhaitent qu'ils soient heureux, appréciés et compris, bref qu'ils connaissent un bien-être psychologique. Tout se passe comme si les parents, collectivement, étaient incapables de voir que les mêmes épreuves, frustrations et échecs qu'ils jugent favorables au progrès dans les études servent également les besoins psychologiques des enfants.

L'attitude envers le bien-être affectif est bien résumée par ce commentaire d'un parent d'une élève du cours préparatoire ayant participé à l'étude de Warner :

> Nous voulons que là où elle est, elle se sente en sécurité, qu'elle soit réellement encouragée et non brimée dans son amour-propre. C'est notre principal souci. Ensuite, naturellement, nous voulons qu'elle y soit nourrie [émotionnellement] tout en étant aiguillonnée de manière appropriée.

Si vous avez trente ans ou plus, il est quasi certain que vos parents n'ont jamais rien dit de pareil à une réunion de parents d'élèves. Au lieu de cela, ils ont probablement regardé l'instituteur dans les yeux en lui demandant : « Comment il (ou elle) s'en sort en lecture ? » Cela ne veut pas dire que les anciennes méthodes étaient rudes, ni que nous nous préoccupons seulement maintenant du bien-être de nos enfants, mais que les parents modernes se trompent, du moins en bonne partie. Ils voient le danger partout. Voici l'autre son de cloche, donné par un instituteur de cours préparatoire – très apprécié par les parents – qui participa à l'enquête de Warner :

> Les parents ne cessent de répéter : « Mon fils (ou ma fille) appréhende l'école et ne veut pas y aller. » Mais la réalité est que les enfants s'y trouvent très bien. J'ai toujours l'impression que ce sont les parents qui s'inquiètent de quelque chose et qu'ensuite les enfants font comme eux.

Tout est dit en quelques mots. On a le sentiment que le monde est plein de périls. Nous sommes certes entourés de dangers bien réels, mais nous avons adopté collectivement une vision du monde qui grossit ces menaces. S'agissant de nos enfants, si nous persistons à les élever de manière trop aseptisée, nous les préparerons mal aux tourments de l'adolescence et de l'âge adulte. À bien des égards, les parents modernes sont aveugles aux aspects bénéfiques des épreuves. Nous n'accusons personne et sommes prêts à assumer notre part de responsabilité. Il paraît aisé d'admettre que les défis intellectuels forment une part essentielle de l'éducation et, en même temps, très difficile d'apprécier le fait que les défis et difficultés soient tout aussi bénéfiques au développement social et émotionnel.

Quelle est l'alternative ?

Pour mieux comprendre une autre réalité – un monde où les états négatifs sont tolérés –, il faut regarder du côté de l'Asie. On qualifie souvent les Asiatiques de collectivistes car leur unité sociale est fondée sur le groupe plutôt que sur l'individu. Ils sont plus disposés que les Occidentaux à refréner leurs désirs si cela contribue à l'harmonie du groupe. Ils sont plus enclins à s'intégrer dans le groupe qu'à se juger uniques. Ils ont davantage tendance à considérer que leur identité a un caractère adaptable, plutôt que figé d'une situation à l'autre. Robert Wyer, le spécialiste bien connu de la psychologie sociale, le résuma ainsi :

> Les individualistes estiment que, s'ils sont invités à dîner chez quelqu'un, ils doivent par la suite lui rendre l'invitation. Les collectivistes, eux, pensent que, s'ils ont été invités à dîner, ils doivent à leur tour inviter quelqu'un, mais pas forcément la même personne.

Au risque de caricaturer, on peut affirmer que les Asiatiques ont à l'égard de leurs expériences émotionnelles une attitude différente de celle des Occidentaux. Par exemple, si on demande à un Américain ou un Canadien de race blanche s'il est heureux, il effectuera une rapide estimation. Il y a de fortes chances qu'il ait suivi les variations de son humeur au fil du temps et qu'un bref regard intérieur lui permette de donner une réponse assez exacte. Lorsque la même question est posée à une

Sud-Coréenne, par exemple, elle aura plus tendance à pondérer à la fois son humeur du moment et les normes culturelles relatives à la façon dont il convient de se sentir en pareille situation.

Les chercheurs ont découvert d'intéressantes différences dans la manière dont les gens pensent ce qu'ils devraient éprouver. Ainsi, les Asiatiques sont plus enclins à rechercher des émotions positives modérées, telles que la paix intérieure, l'harmonie, le contentement et le calme. Les Occidentaux, au contraire, aspirent davantage à éprouver des émotions positives fortes, comme l'enthousiasme, la joie et la fierté. Ainsi, les Américains aiment être stimulés, et ce penchant émotionnel a tendance à se renforcer de lui-même. Dans une étude que nous avons dirigée, nous avons examiné les expériences émotionnelles de personnes appartenant à diverses cultures. Nous avons constaté que l'intensité des expériences affectives agréables influe sur la façon dont les Américains se les rappellent ; ils se souviennent davantage d'avoir eu des sentiments plaisants si ceux-ci ont été intenses. Ce qui n'est pas le cas des Japonais, qui n'ont pas de souvenirs sélectifs.

Les différences entre les Orientaux et les Occidentaux sont particulièrement prononcées s'agissant des expériences émotionnelles négatives, et la principale de ces différences a trait au refoulement. Du point de vue psychologique, le refoulement s'enracine dans les mécanismes de défense freudiens, ces astuces mentales auxquelles on recourt pour tenir à distance la souffrance affective. Réprimer (oublier) les mauvaises expériences en est un exemple. Faire appel à l'humour pour rire de ses tribulations en est un autre. Le refoulement signifie simplement amortir ou minimiser les expériences mentales. Beaucoup d'Occidentaux ont en tête un stéréotype de l'Asiatique dissimulé en raison de son impassibilité. Cela tient au fait que, dans la plupart des cultures collectivistes, on encourage à faire bonne figure pour évoluer dans l'univers social. Mais si les Asiatiques sont plus enclins à effacer l'expression de leurs émotions, ils ne rechignent pas pour autant à les éprouver. En fait, ils ont tendance à bien tolérer les expériences émotionnelles désagréables. Les études montrent que lorsqu'ils traversent des périodes de tristesse ou d'irritation, ils ne cherchent pas immédiatement à s'y soustraire en se retranchant dans les distractions ou l'humour comme le font les Occidentaux.

Cette tendance générale se vérifie dans la différence de comportement des Occidentaux et des Orientaux lorsqu'ils sont déprimés. Comme tout le monde, vous avez une connaissance intuitive de ce qu'est la dépression. Peut-être avez-vous été déprimé vous-même. Quoi qu'il en soit, vous savez que cela implique d'avoir le cafard, une perte d'énergie, l'incapacité de jouir de la vie et peut-être des troubles du sommeil, des difficultés de concentration et l'incapacité de s'occuper de soi. Dans les cas extrêmes, la dépression peut inclure un sentiment d'impuissance et des idées de suicide. Beaucoup d'Occidentaux font face à l'envahissement de ces sentiments en recourant à telle ou telle stratégie d'engourdissement pour les éluder, stratégie qui peut inclure l'abus d'antidépresseurs, entre autres, ou l'évasion dans le sommeil. Les Orientaux réagissent différemment.

Dans une étude, les chercheurs ont montré une séquence de film comique à des Américains d'origine européenne et à d'autres d'origine asiatique, tous étant cliniquement dépressifs. Les seconds ont souri et ri des scènes amusantes, les premiers, non. Dans une autre étude, les Américains d'origine européenne déprimés ne réagissaient que faiblement à des séquences tristes, alors que ceux d'origine asiatique pleuraient plus volontiers. Les premiers semblaient s'être déconnectés alors que les seconds continuaient de vivre plus intensément leurs émotions. Bref, les Asiatiques paraissent plus à l'aise avec les sentiments déplaisants. Peut-être pouvons-nous tirer des enseignements en observant de plus près ce phénomène.

Il s'avère que les tendances culturelles à l'égard des états psychologiques négatifs ont été apprises. Bizarre de penser que nos sentiments nous ont été inculqués de la même manière que notre langue maternelle, mais c'est pourtant ce qui s'est passé. Cela a été brillamment illustré par une série d'études menées par Jeanne Tsai, de l'université de Stanford, et ses collègues. Dans l'une d'elles, les chercheurs ont sélectionné les best-sellers des livres pour enfants publiés aux États-Unis et à Taiwan en 2005. Une analyse détaillée des images a laissé voir que, dans les livres américains, les sourires représentés étaient passablement plus larges, les expressions faciales davantage marquées par l'excitation et les mouvements plus exubérants. Dans une étude subséquente, Tsai et ses collègues ont fait la lecture individuellement à des enfants américains et taiwanais, après quoi les enfants ont été désignés au hasard pour entendre la version américaine, palpitante, d'une histoire de baignade dans un plan d'eau (nager comme une torpille !), ou la version taiwanaise plus paisible de la même histoire (flotter tranquillement comme un bouchon).

Des activités ludiques ont ensuite été proposées aux enfants, chacune ayant une variante palpitante et une autre plus calme. « Préfères-tu jouer du tambour vite et fort, BOUM-BOUM-BOUM, ou lentement et doucement, tap-tap-tap ? », leur demandait-on par exemple. Quelle qu'ait été leur origine culturelle, les enfants qui avaient entendu l'histoire excitante avaient tendance à choisir l'activité qui l'était aussi. Combien d'histoires avez-vous lues à vos enfants dans lesquelles on parle de la capacité d'un personnage à tolérer des émotions négatives ? Pour être juste, le Dr. Seuss a abordé ce thème dans plusieurs livres, dont *I Had Trouble in Getting to Solla Sollew*, mais il semble être l'exception*. Les livres traitant de ce sujet sont plus nombreux en Asie. Les Américains, au contraire, montrent à leurs enfants d'heureux événements – anniversaires, repas, *happy ends* – mais pas beaucoup de choses tristes ou désagréables entre-temps. Les parents et enseignants soucieux de l'épanouissement des enfants pourraient juger opportun de mettre à profit le matériel éducatif

* Il convient néanmoins de remarquer que ces thèmes apparaissent dans bon nombre de contes de fées dans lesquels le héros ou l'héroïne supporte courageusement les mauvaises nouvelles et les épreuves qu'il ou elle rencontre sur son chemin (N.d.T.).

et les rapports sociaux quotidiens pour les aider à se familiariser avec le malaise.

Notre intention n'est pas d'idéaliser la culture asiatique. De fait, des recherches très diverses laissent supposer que les Asiatiques ont aussi tendance à éviter d'éprouver les expériences émotionnelles positives[1]. Cela s'explique peut-être par le fait qu'ils considèrent davantage l'impermanence des situations et répugnent par conséquent à s'appesantir sur les épisodes positifs comme le font volontiers les Américains. Quelle que soit la dynamique psychologique en jeu, les Asiatiques semblent sacrifier un peu de bonheur, tout en tolérant mieux les émotions anxiogènes. Nous voulons cependant insister sur la possibilité très réelle qu'ont les Occidentaux de s'affranchir de leur dépendance au confort et de l'intolérance psychologique qui l'accompagne.

Si les sociétés occidentales peuvent s'ouvrir à un peu plus de danger, un peu plus de risque, à une certaine dose de difficultés et même d'échecs, nous avons des chances de retrouver une partie de la fermeté

---

1. Tsai, J. (2013), « Culture and emotion », *in* R. Biswas-Diener & E. Diener (dir.), *Noba: Psychology*, Champaign (IL), DEF Publisher, http://www.nobaproject.com.

Tsai passe en revue un large éventail de recherches intéressantes sur la manière dont la culture influence les réactions aux événements tant positifs que négatifs de l'existence. Les Occidentaux peuvent trouver étrange que les Extrême-Orientaux se sentent inquiets après une grande victoire, Tsai souligne le fait qu'ils envisagent les émotions de façon plus dialectique et qu'ils sont plus enclins à voir en elles un mélange de positif et de négatif, plutôt qu'exclusivement l'un ou l'autre.

mentale que procurent de telles expériences. Nous ne vous conseillons certes pas de mettre immédiatement au rebut votre clim et vos smartphones. Nous n'incitons pas non plus les parents à laisser leur progéniture jouer à des jeux dangereux ni à se précipiter sur des livres d'histoires taiwanaises pour les familiariser avec les humeurs négatives. Il n'en reste pas moins que certains changements sont nécessaires si nous voulons être plus solides, plus harmonieux psychologiquement. Comment explorer progressivement les bons côtés des malaises émotionnels, les effets positifs des états cognitifs problématiques et comment élargir votre horizon en supportant des situations sociales difficiles ?

Le Graal de la psychologie

On confond souvent la psychologie moderne et la psychothérapie. Les films qui dépeignent des psychologues les représentent presque toujours comme des praticiens et rarement comme des chercheurs. C'est en partie vrai : les États-Unis comptent cent soixante-quinze mille psychologues et bien plus de la moitié sont des thérapeutes avec master ou doctorat. Les autres sont plus ou moins des chercheurs, des professeurs ou des consultants. La psychologie se consacre aujourd'hui en grande partie au traitement de la dépression, de l'anxiété et autres problèmes fréquents de santé mentale, et il est facile d'oublier le simple fait que la science psychologique s'est depuis longtemps attachée principalement au meilleur fonctionnement de l'être humain.

La psychologie est une science relativement jeune. Aux débuts de cette discipline empirique légitime, des médecins comme Hermann von Helmholtz se sont efforcés de comprendre de manière fiable les fonctions humaines de base. Ce dernier a réussi, par exemple, à calculer la vitesse à laquelle les impulsions nerveuses électriques parcourent le corps (27 m/s)[1]. Au début du siècle dernier, en 1900, au lieu de seulement chercher à savoir ce qui fait fonctionner l'être humain, les psychologues se sont demandé ce qui le faisait bien fonctionner. Les plus grands esprits du XXe siècle se sont principalement intéressés à la façon dont l'homme se révèle dans son plein épanouissement. Les œuvres de William James et de Sigmund Freud, pour ne prendre que deux exemples éminents, regorgent de termes tels que « harmonie », « développement » et « entier ». Ils pensaient que les êtres humains différaient des autres animaux en ce qu'ils sont capables, collectivement, de transcender leur nature et d'envisager mentalement l'avenir, vers lequel ils peuvent ensuite mettre le cap (ou qu'ils peuvent chercher à éviter, dans le cas de scénarios catastrophes).

Après la Seconde Guerre mondiale, la psychologie se détourna de la santé mentale pour se tourner vers

---

1. Hunt, M. (1993), *The Story of Psychology*, New York, Doubleday.

La lecture de ce livre est indispensable à qui souhaite avoir une vision en profondeur de l'histoire de la psychologie. La section consacrée à Mesmer, l'un des pères de l'hypnotisme, est particulièrement intéressante. Il connut Mozart, Benjamin Franklin et autres personnages célèbres.

la maladie mentale. Des mots tels que « symptôme » ou « trouble » remplacèrent des termes comme « potentiel ». Au retour du front, des légions de soldats souffraient de dépression et de traumatismes, il était donc logique que les psychologues recherchent des traitements plus efficaces de ces pathologies. Cette tendance perdure plus ou moins à l'heure actuelle. Pourtant, il y eut des porteurs de flambeaux pour les aspects positifs de la psychologie, des savants trop attachés à des sujets tels que la générosité, la résistance, la confiance et l'indulgence pour se limiter aux troubles mentaux. Dans les années 1950, 1960 et 1970, Abraham Maslow, Carl Rogers et d'autres psychologues humanistes réveillèrent l'intérêt pour le potentiel humain. Plus récemment, les psychologues positifs, dont nous faisons partie, ont entrepris de s'occuper à nouveau des traits les plus nobles de la nature humaine.

Ce changement d'orientation coïncide avec une nouvelle vague de prospérité. L'économie américaine progressant à partir des années 1970 et durant les années 1980 et 1990, comme nous l'avons mentionné plus haut, le centre de l'attention collective se déplaça vers le confort et la réussite matérielle. L'excès de confort a sapé la vigueur des Américains, mais la quête du succès a suscité de plus en plus de recherches en psychologie positive. Notre point de vue est que ces deux centres d'intérêt, le potentiel humain et la gestion des côtés obscurs de l'humain, ne sont pas nécessairement en conflit. En fusionnant ces deux thèmes, nous prenons pleinement la mesure de la complexité de ce que signifie être humain.

Les points clés

– L'homme moderne est moins habitué aux épreuves que ses ancêtres, qui ont subi des guerres mondiales, des récessions, des épidémies de grippe et autres calamités de grande envergure.
– Notre richesse relative et les progrès techniques nous permettent de jouir d'un confort sans précédent. Ils ont également pour conséquence de nous faire vivre l'inconfort comme nuisible, ingérable et intolérable.
– Les attitudes envers le confort ne participent pas seulement des opinions personnelles, elles font partie intégrante de la culture. Le climat économique et social des années 1980 et 1990 a contribué à modeler les conceptions modernes de confort et d'inconfort.
– Les enfants représentent peut-être le groupe d'âge le plus directement affecté par un penchant pour le confort. Les parents s'investissent de plus en plus dans la vie scolaire, sociale et récréative pour tenter de créer un environnement sûr, hygiénique et d'un grand soutien psychologique. Ironiquement, cette tendance a peut-être pour effet de rendre la vie des enfants plus difficile au lieu de la faciliter.
– Du fait de leur mode de socialisation, les Asiatiques ont avec les émotions dites négatives un rapport différent de celui des Occidentaux. Ils tolèrent mieux ces émotions. Comme ils ne tentent pas de les éluder ou de les refouler, ils

sont également plus ouverts aux humeurs positives, alors même qu'ils n'essaient pas de les savourer artificiellement sur de longues périodes.

CHAPITRE 3

En quoi se sentir mal a-t-il du bon ?

Du temps où Pat Riley était l'entraîneur de l'équipe de basket des Lakers de Los Angeles, durant la première moitié d'un match, les joueurs étaient complètement distraits. Ils étaient plus intéressés par les cris des supporters et les échanges de plaisanteries que par ce qui se passait sur le terrain. Le joueur vedette Kareem Abdul-Jabbar était le seul à être attentif au jeu. À la mi-temps, Riley se mit dans une colère noire, hurla et renversa des gobelets en carton pleins d'eau sur Kareem, injustement victime de la colère de leur entraîneur. Ses coéquipiers culpabilisèrent et se ressaisirent, tant et si bien qu'ils rattrapèrent leur retard de vingt points et gagnèrent le match. Il s'avéra que le geste de Riley avait été intentionnel et que sa tactique avait porté ses fruits.

L'équipe aurait-elle mieux joué si, à la mi-temps, Riley s'était montré enjoué ou amical ? Sa colère avait été tout à fait adaptée à la situation. Dans ce cas précis, une émotion négative s'était révélée motivante. *A contrario*, chercher à tout prix à être positif, autrement dit à éliminer, réprimer ou escamoter les émotions négatives, c'est se priver de certains des outils psychologiques les plus utiles et perdre au jeu de la vie. On ne peut se débarrasser des émotions négatives sans nuire involontairement à son bonheur, au sens de son existence, à sa détermination, sa curiosité, sa maturité, sa sagesse et son développement personnel. En anesthésiant les émotions négatives, on anesthésie du même coup les émotions positives. Rappelez-vous ces Américains dépressifs qu'un film comique ne faisait pas rire.

Pourquoi le négatif peut-il être plus fécond que le positif ?

Roy Baumeister et ses collègues de l'université de l'État de Floride ont publié un article intitulé « Le mal est plus fort que le bien ». Ce titre iconoclaste laisse supposer que les psychologues sont allés mesurer le bien et le mal un peu partout dans le monde et ont abouti à un résultat en faveur du côté obscur. En réalité, l'article traite de notre réaction aux événements négatifs, plus vigoureuse qu'aux positifs. Pour prendre un seul exemple, un sondage portant sur un échantillon aléatoire d'Américains adultes mettait en évidence le fait qu'avoir passé une journée agréable n'influait en rien sur la qualité du lendemain. Au contraire, une mauvaise journée déteignait sur la manière dont on se sentait au réveil le jour suivant (vaseux), dont on appréciait son petit déjeuner (des flocons d'avoine comme en prison !) et dont on conduisait pour se rendre à son travail (nerveusement et en faisant des queues-de-poisson pour gagner deux minutes).

Cette tendance se manifeste, encore et encore, dans la recherche en psychologie :

– lorsque les relations sexuelles sont épanouissantes au sein d'un couple, la satisfaction entre les époux est augmentée de 20 %. Lorsqu'elles sont médiocres, par contre, elle chute de 50 à 70 % ;
– si on demande à des enfants de désigner un de leurs camarades de classe « désagréable », ils le décrivent tout aussi mauvais en sport que dans les devoirs faits à la maison, entre de nombreux autres défauts. Par contre, s'ils trouvent un camarade « agréable », ce jugement positif n'influe en rien sur le fait qu'il soit par ailleurs jugé bon en sport, studieux ou sympa ;
– les gens ont une réaction plus marquée aux mauvaises odeurs – ils plissent le nez plus longtemps – qu'aux bonnes, qui les font sourire brièvement.

L'équipe de Baumeister a réuni des preuves exhaustives et convaincantes montrant que les événements, expériences, relations et états psychologiques négatifs prélèvent sur notre sensibilité un tribut plus lourd que ne le font les positifs. On peut s'étonner de cette conclusion apparemment pessimiste, mais il faut se souvenir que, dans l'abstrait, la négativité est un acquis de l'évolution. Les évaluations négatives sont essentielles à la survie (une herbe amère peut être nocive), et cela n'est nulle part plus vrai qu'en ce qui concerne les émotions négatives. Elles font office de système d'alarme et alertent du danger éventuel d'une situation donnée.

Il est facile de voir qu'on se souvient davantage d'une brève prise de bec avec son conjoint que d'un au revoir matinal accompagné d'un petit baiser, mais qu'en est-il des états déplaisants tels que la frustration et la déception ? Sont-ils ressentis plus vivement que leurs pendants optimistes, l'enthousiasme et le contentement ? Faites l'expérience suivante : prenez un moment et écrivez tous les mots qui vous viennent à l'esprit à propos d'émotions négatives, puis faites de même avec les émotions positives. Il y a de fortes chances que votre première liste soit plus longue que la deuxième. La raison en est peut-être que les termes négatifs possèdent une signification plus spécifique que les positifs (comparez, par exemple, « amour » et « colère » ou « bonheur » et « peur »)[1]. Dans une autre étude, les chercheurs, désireux de savoir quels souvenirs les gens gardaient des événements émotionnels de leur vie, observèrent au jour le jour les variations d'humeur de sujets adultes, puis leur demandèrent de se rappeler la fréquence et l'intensité de leurs émotions pendant les deux semaines

1. Des recherches très variées ont été consacrées à la manière dont les gens évaluent, apprennent et se remémorent le vocabulaire positif et négatif. Dans l'ensemble, elles montrent que les termes négatifs ont plus de poids. Voir, par exemple, Garcia, D., Garas, A., & Schweitzer, F. (2012), « Positive words carry less information than negative words », *EPJ DataScience*, 1 (3), *1-12, doi:10.1140/epjds3*.

qu'avait duré l'étude. Comme on peut l'imaginer, ils étaient plus enclins à se souvenir des événements intenses, positifs ou négatifs. Chose intéressante, ils sous-estimaient la fréquence de leurs émotions positives passées, alors qu'ils n'avaient aucune difficulté à se rappeler des négatives. Nous sommes beaucoup plus habiles à réduire, supprimer et tolérer les émotions négatives que nous ne le sommes à amplifier les sentiments positifs.

Rappelez-vous la dernière fois où vous avez eu affaire à un quelconque service clientèle. Peut-être réclamiez-vous le remboursement d'un produit défectueux ou tentiez-vous d'obtenir de votre banque l'annulation de frais indus, à moins que vous n'ayez essayé de vous procurer indûment un siège prioritaire auprès du représentant d'une compagnie aérienne. Vous souvenez-vous de la manière dont vous avez procédé ? Avez-vous adopté un ton chaleureux et joué les gentils ? Ou bien avez-vous haussé le ton et adopté une attitude agressive ? Comme beaucoup de gens, vous avez sans doute choisi la manière douce, mais, hélas, ce sont souvent les arrogants et les braillards qui obtiennent gain de cause.

Les personnalités batailleuses, quoique déplaisantes, peuvent être terriblement efficaces. L'agilité psychologique que nous prônons ici élargit votre répertoire et vous permet d'adopter des attitudes plus fermes, plus directes et parfois plus efficientes. Vous évitez probablement cette stratégie car vous estimez qu'un comportement négatif a quelque chose de… négatif. Vous pensez peut-être que les personnes agressives, acerbes ou carrément méchantes sont en général des pauvres types et que vous n'avez rien à faire avec eux. Eh bien, détrompez-vous, les états négatifs – d'une négativité avantageuse – ne sont pas uniquement le fait de pauvres types.

Les émotions négatives permettent aussi de se concentrer sur la situation du moment. Lorsque vous vous apprêtez à faire un trou dans le mur, vous veillez généralement à le percer au bon endroit et à placer votre main dans la bonne position. L'appréhension associée au risque potentiel vous y incite. (Découper un gâteau d'anniversaire avec un couteau en plastique n'exige pas une attention aussi rigoureuse.) Les recherches effectuées par Kate Harkness, de la Queen's University, montrent que les personnes sujettes aux humeurs dépressives ont tendance à être plus attentives aux détails. C'est particulièrement vrai s'agissant des expressions faciales. Les insouciants remarquent les grands traits d'une physionomie alors que, par contraste, dans l'étude de Harkness, les sujets dépressifs repéraient avec un œil d'aigle le plus léger tremblement de lèvre, le moindre plissement de paupières. C'est pourquoi, vous l'avez probablement remarqué, lorsque vous êtes fâché avec votre amant(e) – un événement négatif –, vous percevez le plus infime changement dans son attitude, ce que vous n'auriez jamais remarqué quand vous étiez de bonne humeur. Si les gens heureux négligent les détails et si cela aboutit à des relations plus plaisantes, ne devrions-nous pas nous satisfaire de cette approximation ? Eh bien non. Après tout, préféreriez-vous avoir affaire à un avocat complaisant et enjoué, ou à un défenseur plus bourru mais capable de déceler le moindre alinéa problématique dans votre contrat[1] ?

L'attitude des aiguilleurs du ciel peut, de manière générale, paraître négative. La raison tient, en partie, à leur souci de la sécurité des vols et au fait que les erreurs risquent d'être lourdes de conséquences – des retards, des complications d'ordre logistique et, dans le pire des cas, des centaines de victimes et des millions d'euros de pertes. Leur travail exige une attention constante aux détails ; les petits points sur l'écran radar représentent des avions, chacun ayant son numéro d'appel, son plan de vol, son altitude et sa vitesse propres. Des émotions négatives telles que l'anxiété et la suspicion peuvent avoir pour effet de

1. Il importe de considérer que, dans ce chapitre, nous parlons de personnes atteintes de légère dysphorie, par opposition à celles en proie à un trouble psychiatrique, comme une grave dépression. Les auteurs d'un article paru dans le *Journal of American Medical Association* (Murray *et al.*, 2013) ont examiné 291 cas de maladies et de blessures dans 187 pays de 1990 à 2010. En calculant le nombre d'années perdues pour cause de maladie et de mort prématurée, on obtient le nombre d'années de vie ajustées en fonction de l'incapacité. Celles perdues à cause d'une dépression arrivent au 5e rang sur la liste, avant tous les autres états pathologiques, à l'exception des maladies cardiaques et pulmonaires, des douleurs lombaires et du cancer. Ces chiffres donnent à réfléchir et la dépression grave ne doit pas être considérée comme un bienfait ou une force. La distinction entre la dépression légère (dysphorie) et la dépression grave a été étudiée en détail dans le livre de Jonathan Rottenberg (2014), *The Depths : The Evolutionary Origins of the Depression Epidemic.* Voir aussi : Murray, C.J., Abraham, J., Ali, M.K., Alvarado, M., Atkinson, C., Baddour, L.M…, & Gutierrez, H.R. (2013), « The state of US health, 1990-2010 : Burden of diseases, injuries, and risk factors », *JAMA*, 310 (6), p. 591-606.

focaliser l'attention sur des détails importants. Les aiguilleurs du ciel n'ont pas droit à l'approximation. Dans le droit fil de ce que nous avons vu, quand tout va bien dans la tour de contrôle, personne ne le remarque ; c'est seulement quand ça va mal qu'on s'en aperçoit.

Greg Petto, un aiguilleur du ciel de Louisville, dans le Kentucky, nous apprend que sa tour est responsable du trafic aérien sur une zone de cent trente kilomètres carrés entre le sol et une altitude de trois mille mètres. C'est un travail très stressant car les avions qui volent à moins de cinq kilomètres l'un de l'autre se trouvent dans une dangereuse proximité. Petto compare la salle des radars à un *dojo*, là où se pratiquent les arts martiaux. Les aiguilleurs gèrent sept cents vols chaque jour et leur activité est plus intense encore au milieu de la nuit, moment où les jets de Federal Express décollent en plus grand nombre. Nous lui avons demandé si le fait de savoir que FedEx transporte seulement des paquets rendait son travail de nuit moins stressant.

« À dire vrai, a-t-il répondu, j'associe mentalement les avions à des points sur un écran. Si je m'arrêtais pour penser à ce qui se joue vraiment dans le ciel, je deviendrais fou. » Et d'ajouter : « C'est cependant très gratifiant d'aligner avec précision les avions à la bonne distance et au bon moment. » Bien qu'il soit fier de son travail, Petto est le premier à admettre qu'il y a chez les aiguilleurs une certaine dose de négativité. Comme des gamins qui se chamaillent, pour gérer le stress ils s'envoient des vannes, rentrent chez eux faire leur prière ou boivent un coup, selon les goûts.

La plupart des gens commettent une grossière erreur en distinguant l'expérience des sentiments négatifs de leur expression. La majorité de ceux que nous avons interrogés est prompte à admettre que ne pas se sentir dans son assiette est une expérience psychologique inévitable et même féconde. En revanche, ils jugent inacceptable d'exprimer sa frustration, voire une tristesse excessive. C'est comme si nous nous attendions à être pareils à des ordinateurs, dont les processus internes sont largement cachés et dissociés de ce qui apparaît sur l'écran. Cette attitude se rencontre à divers degrés, quelles que soient les cultures ; elle participe de l'idée selon laquelle il est plus facile de vivre en société quand les gens sont souriants que lorsqu'ils ne cessent de se crêper le chignon. C'est ignorer que l'expression des émotions a sa raison d'être. Elle est un important moyen de communication. Un sourcil froncé avertit les autres que nous ne sommes pas d'humeur à plaisanter (ce qui nous arrive à tous). Avoir le souffle coupé par la peur a un effet contagieux sur les personnes présentes, qui ont à leur tour une poussée d'adrénaline et regardent autour d'elles nerveusement. Exprimer ses sentiments, y compris les négatifs, est une partie importante de la vie affective.

Si les émotions négatives sont si utiles, pourquoi ne les apprécie-t-on pas davantage ?

Réfléchissez un instant à ceci : combien seriez-vous prêt à payer pour ne pas avoir à revivre le discours que vous avez prononcé en public, lorsque l'assistance ne souriait pas du tout à vos traits d'humour, ou manifestait son impatience ? Songez à ce jour où vous avez fait payer à quelqu'un le fait de vous sentir mal : que ne feriez-vous pas pour empêcher qu'un épisode aussi odieux se répète ? D'un autre côté, que donneriez-vous pour retrouver l'excitation ressentie lors de votre premier rendez-vous ? Songez au meilleur massage que vous ayez reçu de votre vie : quel prix seriez-vous prêt à payer pour en avoir un autre maintenant ?

Le Dr Hi Po Bobo Lau, de l'université de Hong Kong, et ses collègues ont posé toutes ces questions au cours de leurs recherches. Entrez à votre tour dans le scénario de cette étude. Pensez à un moment de votre vie où vous vous êtes senti délicieusement heureux. Quelle somme (entre 2 et 200 $) seriez-vous disposé à débourser pour retrouver cet état d'esprit ? Une fois que vous avez défini un prix exact, passez à d'autres émotions positives. Une sensation de calme ? D'excitation ? Voyez maintenant les émotions négatives. Pensez à des circonstances où vous avez éprouvé un profond regret. Combien seriez-vous prêt à payer pour éviter de l'éprouver à nouveau ? Même chose pour la peur, la gêne. Il faut assigner une valeur exacte à chacune de ces émotions. Vous devinez certainement maintenant que les participants étaient prêts à payer davantage pour échapper à la souffrance que pour acheter le bonheur. Voici exactement ce que les sujets de l'expérience du Dr Lau étaient disposés à débourser :

44,30 $ pour la tranquillité d'esprit
62,80 $ pour l'excitation

79,06 $ pour le bonheur
83,27 $ pour éviter la peur
92,80 $ pour échapper à la tristesse
99,81 $ pour éviter la gêne
106,26 $ pour éviter les regrets.

Seul l'amour atteignait un prix plus élevé. Le bonheur, l'excitation, le calme sont certes de bonnes choses, mais en tant que créatures sociales, nous voulons avoir auprès de nous quelqu'un qui accepte, valorise et se soucie de notre Moi profond. Une valeur de 113,55 $ était assignée à l'amour. Si vous n'êtes pas de Hong Kong, ces chiffres en dollars risquent de vous laisser sceptique. Sachez donc que lorsque les mêmes questions furent posées au Royaume-Uni, les réponses furent identiques : si la tranquillité (53,47 $) et l'excitation (60,90 $) méritaient d'être achetées, elles valaient moins que le besoin d'échapper à l'embarras (71,83 $) et aux regrets (64,40 $), et rien n'était plus valorisé que l'amour (115,16 $).

Ces prix en dollars montrent dans quelle mesure nous autres, êtres humains, sommes motivés par la perspective de modifier notre monde intérieur et extérieur. Le désir d'être accepté est de la plus haute importance. La raison en est probablement que les paroles et les actes d'autrui échappent totalement à notre contrôle ; nous ne maîtrisons que nos propres pensées et actions. Cette absence de contrôle, ce sentiment d'incertitude est peut-être l'état psychologique le plus inconfortable. Suit de près la crainte d'éprouver du regret et de la gêne. Ainsi, les trois états affectifs que l'on veut éviter et pour lesquels nous sommes prêts à payer le plus cher concernent le regard que les autres portent sur nous et leur opinion à notre égard. Malheureusement, reconnaître nos émotions négatives empêche souvent de gagner l'approbation d'autrui dans l'immédiat. Mais ce n'est qu'une des raisons de notre aversion pour ces émotions.

Nous évitons ces émotions pour quatre raisons essentielles, des raisons très intuitives.

1. Elles sont déplaisantes.
2. Elles nous enferment dans une ornière.
3. Elles sont associées à une perte de contrôle de soi.
4. On estime (avec justesse) qu'elles ont un coût social.

Examinons de plus près ces quatre raisons fondamentales. La première est que nous n'aimons pas avoir le cafard parce qu'avoir le cafard est... cafardeux. Autrement dit, les émotions négatives sont déplaisantes. La perspective de passer l'après-midi en proie au stress ou à une déception est à peu près aussi réjouissante que celle d'aller chez le dentiste. On fait erreur non pas dans son désir d'éviter ce qui est pénible, mais en sous-estimant son aptitude à tolérer la souffrance ou le désagrément inhérents aux émotions négatives. Comme nous l'avons vu dans l'exemple des femmes qui attendent le résultat de leur test de grossesse, les émotions négatives sont en fait ressenties de manière un peu moins intense que la plupart d'entre nous s'y attendent. Il vous est arrivé d'être en colère et d'avoir peur, et il y a des chances que vous n'éprouviez ni l'un ni l'autre en ce moment même ; ces sentiments sont passés et vous ne vous portez pas plus mal de les avoir vécus. Vous gérez mieux les émotions désagréables que vous le croyez.

Songez, par exemple, à la dernière fois où vous vous êtes ennuyé. Peter Toohey, de l'université de Calgary, affirme que l'ennui est un outil fonctionnel ; il vous permet de déceler les routines et les rapports sociaux qui vous laissent insatisfait. Peut-être n'y peut-on pas grand-chose lorsqu'on s'ennuie en écoutant un discours interminable ou en restant assis pendant des heures lors d'un vol long-courrier, mais il est toujours possible de s'extraire mentalement de situations assommantes. L'ennui est souvent le signe que vous faites de mauvais choix ou abordez des situations inédites en vous limitant par votre attitude (peut-être avez-vous l'esprit fermé aux idées nouvelles ou portez-vous des jugements trop catégoriques). Plus intéressant, alors que vous détestez probablement vous ennuyer, vous gérez fort bien ce sentiment chaque fois qu'il se présente et, d'ailleurs, il ne tarde pas à passer. Lorsque vous pensez à l'ennui, vous vous concentrez naturellement sur sa nature déplaisante ; vous oubliez juste que vous avez efficacement dominé votre ennui des centaines de fois au cours de votre vie.

La deuxième raison de fuir les émotions négatives, c'est qu'on les croit pareilles à des sables mouvants : on risquerait de s'y enliser sans espoir d'en réchapper. On dit couramment, par exemple, qu'il est difficile de sortir de la dépression et que plus une émotion négative est chronique, plus elle risque de devenir permanente. Voyons donc ce qu'il en est des personnes qui luttent contre la dépression depuis des années. Les faits semblent ici étayer la croyance populaire. Jusqu'à 60 % des adultes qui ont traversé une crise dépressive majeure en ont une seconde, et environ 70 % de ceux qui en ont eu deux en ont une troisième, chiffre qui grimpe à 90 % pour une quatrième. Ces chiffres sont évidemment alarmants, surtout si on oublie de faire les calculs. Si cent personnes sont victimes d'une crise dépressive, soixante d'entre elles en auront une seconde, quarante-deux une troisième et trente-huit une quatrième. Pour ces trente-huit personnes, il s'agit sans aucun doute d'un grave problème. Cependant, la grande majorité des gens qui luttent contre la dépression ne restent pas enfermés dans une prison émotionnelle dont il est impossible de s'évader. La plupart s'en libéreront au bout d'un certain temps. Cela est vrai des autres émotions : bien qu'on ait tendance à craindre que la colère déclenche un mécanisme interne qui nous transforme en brutes épaisses ou que la panique nous pousse notre vie durant à nous cacher sous les tables, il faut regarder au-delà de son expérience personnelle pour se rendre compte que ce n'est pas le cas.

Troisième raison, on redoute que, tel un tsunami psychologique, ces sentiments bouleversent à la fois notre pensée et notre comportement et nous emportent vers un ailleurs totalement inconnu – et peut-être non désiré. Les gens ont peur, même s'ils ne le formulent pas souvent, que ces humeurs leur fassent perdre la tête et les poussent à faire des choses incongrues. L'exemple le plus évident est celui de la colère. Il y a bien sûr là-dedans une vérité, qui a conduit le système pénal à considérer qu'un meurtre au second degré commis dans la fièvre du moment est moins grave qu'un meurtre prémédité au premier degré. Tout se passe comme si la profession judiciaire reconnaissait que les individus impétueux ont tendance à perdre leur sang-froid. Mais combien de gens connaissez-vous qui ont commis un meurtre du premier ou du second degré ? Ils sont plutôt rares et c'est pourquoi ils font la une des journaux.

La colère ne risque guère de faire de vous un criminel, mais elle peut vous affecter de façon surprenante. Des chercheurs, intrigués par l'expression « personne au sang chaud », se sont demandé si la colère était associée d'une façon ou d'une autre dans l'esprit des gens à la chaleur. Ils ont présenté à certains des participants de leur étude des termes en relation avec la colère, comme « méprisant », « hostile » et « irrité », et ils leur ont dit que ces mots étaient employés dans le cadre d'une expérience sur la mémoire. Puis ils leur ont demandé, par ailleurs, de deviner si la température moyenne qui régnait dans une trentaine de villes où ils n'étaient jamais allés était élevée ou basse. Les chercheurs constatèrent que les participants qu'ils avaient mis sur la voie avec cette série de mots avaient davantage tendance à répondre que ces endroits étaient chauds.

La quatrième raison d'éviter les émotions négatives tient à la crainte des conséquences sociales de leur expression. Vous sentez intuitivement que si vous traînez votre ennui sur votre lieu de travail ou si vous avez des explosions de colère imprévisibles, vos collègues vous éviteront. C'est vrai, mais vos craintes sont très exagérées, même si nos sentiments négatifs influent bel et bien sur autrui. Le chercheur Thomas Joiner s'est demandé si l'humeur de compagnons de chambre était contagieuse. Il a constaté que si l'un d'eux était déprimé lors de la première évaluation, cela augmentait la probabilité que les autres le soient aussi au cours des trois semaines suivantes. Cela était le cas même lorsque Joiner cherchait à tenir compte des niveaux bas de dépression et indépendamment d'événements négatifs dans la vie des participants. Non seulement la dépression est contagieuse, mais, contrairement au credo actuel, le dépressif risque plus d'affecter négativement son compagnon de chambre que celui-ci n'a de chances de remonter le moral du premier. Nouvel exemple de la supériorité du pouvoir du mauvais sur le bon.

Peut-être vous étonnez-vous que nous, les auteurs, après avoir énuméré les quatre raisons principales d'éviter les émotions négatives, n'ayons pas entrepris de les démystifier l'une après l'autre. C'est que nous ne le pouvons pas. Toutes ces raisons sont valables, au moins en partie. La question essentielle est de savoir quelle fonction remplissent les émotions négatives. Il apparaît qu'elles constituent une part importante d'une architecture émotionnelle saine. Bien qu'elles puissent être désordonnées, déplaisantes et parfois problématiques, les émotions négatives sont aussi très utiles. Les émotions, toutes les émotions, nous apportent de l'information. Le fait de se sentir bien ou mal nous renseigne sur le degré de nos progrès, sur la qualité de nos relations, de notre environnement et de nos actions. Pour simplifier, elles sont pareilles à un GPS : elles nous renseignent métaphoriquement sur notre position, le terrain devant et derrière nous, et la vitesse de notre progression. Ceux qui s'évertuent à éluder, cacher et éviter les états négatifs passent à côté de toutes ces précieuses informations. Pour être clair sur ce point :

– vous *devez* sentir le frisson de la peur dans les situations comportant un risque physique ;
– vous *devez* sentir monter la colère quand il vous faut prendre la défense de vos enfants ;
– vous *devez* éprouver de la frustration quand vous ne progressez pas suffisamment dans l'apprentissage de votre instrument de musique ;
– et vous *devez* éprouver du regret d'avoir dit à vos enfants qu'ils n'étaient ni intelligents, ni intéressants, ni bons.

Dans chaque cas, ces émotions avertissent que quelque chose ne va pas et exige votre attention. Tenter tout de suite de calmer la colère – ou tout autre sentiment fâcheux – n'aide en rien à comprendre pourquoi elle est apparue ni à quelle façon d'agir elle peut être liée. Les raisons d'éviter les émotions négatives sont légion, et vous ne m'en donnez qu'une pour les accepter, pensez-vous peut-être. Quand bien même il n'y aurait que celle-ci, elle est excellente. Imaginez-vous vivant dans un monde où personne ne serait déçu de manquer un but poursuivi avec passion. Où l'on ne connaîtrait pas la peur si un incendie se déclenchait, ni de répulsion en voyant une seringue usagée flotter près de soi dans la mer. Sans ces émotions réputées négatives, nous vivrions dans un monde dépourvu d'êtres entiers.

Revue de trois émotions redoutées

La colère

Matthew Jacobs, la cinquantaine, est menuisier à son compte. Il habite un appartement en copropriété à San Francisco. Il a la réputation de très bien connaître son métier, aime jouer au football et lire des essais durant ses loisirs. Lorsqu'il était plus jeune, il a intégré la police militaire durant la guerre du Vietnam. Il se dépeint comme impétueux dans sa jeunesse, mais ajoute qu'il s'est depuis longtemps calmé et cherche à mener une vie tranquille.

Un soir tard, en 2013, dans le centre-ville, une vendeuse des rues vietnamienne lui proposait un bol de *pho* quand un grand costaud s'approcha et se mit à l'invectiver. L'inconnu avait réclamé un stylo à cette femme et quand elle lui avait répondu qu'elle n'en avait pas, il l'avait injuriée avec des propos racistes. Il y avait également là deux lycéennes montrant des signes de nervosité, craignant manifestement d'attirer l'attention.

À mesure que le nouveau venu s'échauffait, Jacobs se rendit compte que personne dans les parages n'interviendrait et ne protégerait la vendeuse, ni les deux adolescentes. Appliquant l'une de ses maximes personnelles – toujours tenter deux approches aimables avant de hausser le ton –, il dit calmement à l'inconnu : « Excusez-moi, pourriez-vous parler moins fort ? » Ce dernier se tourna et s'en prit à lui. « Soyez gentil de passer votre chemin, continua Jacobs toujours aussi calmement. On a envie de manger tranquillement, personne ne veut de grabuge. » Dans son esprit, il venait d'effectuer sa deuxième et dernière tentative de conciliation. C'est alors que l'enragé s'approcha plus près et lui cria des obscénités.

Jacobs posa avec précaution son bol de nouilles et prit un ton menaçant. « Quand j'étais gamin, le défia-t-il, ça voulait dire qu'on cherchait la castagne. D'accord, je suis prêt, allons-y. » L'homme en colère recula, surpris, marmonna quelques jurons pour sauver la face et s'éloigna. Jacobs prit quelques profondes inspirations pour se calmer, content de n'en être pas venu aux mains et que ni les deux jeunes filles ni la vendeuse n'aient été agressées. Il jeta un coup d'œil vers elles, s'attendant à un hochement de tête ou à un mot de remerciement. Rien. Au lieu de cela, elles semblaient avoir aussi peur de lui que de la brute.

C'est une histoire authentique et un exemple d'émotions négatives telles qu'elles surgissent dans la vraie vie. Ces émotions, la colère dans le cas présent, résultent souvent de circonstances extérieures et ne viennent pas de nulle part. Comme nous le voyons ici, la colère modifie souvent de façon spectaculaire le comportement des autres, les poussant fréquemment à battre en retraite ou à chercher rapidement un compromis. Pour cette raison même, la colère – comme d'autres sentiments de ce type – est parfois plus appropriée qu'une attitude conciliante.

La colère n'est en soi ni bonne ni mauvaise ; elle est ce qu'on en fait. Les recherches laissent supposer que 10 % seulement des accès de colère aboutissent à une forme de violence, preuve qu'elle n'est pas exactement synonyme d'agression. Elle apparaît en général quand nous croyons avoir été traités injustement ou lorsque quelque chose nous empêche d'atteindre un objectif important. Dans nos données, nous avons compté trois mille six cent soixante-dix-neuf journées où les personnes interrogées déclaraient avoir ressenti de la colère dans leur vie quotidienne. Nous nous sommes aperçus que dans 63,3 % des cas, elles en rendaient autrui responsable (et non, par exemple, le mauvais fonctionnement de leur clavier d'ordinateur). La colère est généralement provoquée par ce que les autres ont fait, n'ont pas fait ou pourraient faire.

La difficulté de naviguer dans un monde complexe et souvent imprévisible d'échanges sociaux, qui peuvent inclure la colère, est précisément la raison pour laquelle les humains adultes possèdent un lourd cerveau (47 fois plus lourd que celui d'un chat et 19,5 fois plus que celui d'un chien). Nous avons tous été offensés ou blessés par quelqu'un d'autre. Malgré votre gentillesse, vous aussi avez été asticoté, taquiné, rudoyé, trahi, traité grossièrement et trompé par des mensonges. À eux seuls, les sentiments positifs ne suffisent pas à nous aider à gérer les relations sociales. La colère est un outil qui permet de déchiffrer des situations fâcheuses et d'y réagir. Quant à ses mérites, les recherches montrent incontestablement que le fait de se sentir en colère accroît l'optimisme, la créativité, l'efficacité, et que son expression contribue à la réussite de négociations et à la mobilisation d'autrui pour devenir des acteurs du changement. Voyons cela de près.

Premièrement, la colère va de pair avec une attitude plus optimiste. Dans une étude, on demanda aux participants de retourner des cartes, jusqu'à trente-deux, chacune étant assortie d'une valeur, le but étant d'avoir le moins de points en tirant le plus de cartes. Parmi les trente-deux, il s'en trouvait cependant trois qui, si on les tirait, coûtaient plusieurs centaines de points au participant (bien plus que les quelques-uns gagnés avec les autres cartes) et étaient donc synonymes de faillite. Les participants pouvaient choisir le nombre de cartes qu'ils allaient tirer. On peut supposer qu'aucun ne voulait tirer toutes les trente-deux du fait que trois entraînaient leur élimination. Combien en retournaient-ils ? Il apparut que les personnes qu'on avait mises légèrement en colère auparavant prenaient plus de risques. La colère les incitait davantage à explorer les frontières du possible.

Cette découverte fut corroborée par une équipe de chercheurs intéressée par la façon dont les gens évaluent les risques. Ils posèrent aux participants des questions liées, entre autres choses, au risque perçu comme consécutif à un divorce, celui de contracter une maladie vénérienne et celui associé au traitement expérimental d'une maladie grave, traitement susceptible de sauver de nombreuses vies s'il était efficace mais d'en tuer encore plus s'il était inopérant. Lorsque les chercheurs provoquaient la colère des participants, ceux-ci tendaient davantage à considérer qu'ils avaient la maîtrise des résultats, qu'un résultat positif était très probable et qu'il était payant de prendre des risques. Il se peut que la colère – une émotion fortement stimulante qui permet d'affronter les menaces – dispose à l'action en général. C'est pourquoi on voit souvent des athlètes se préparer mentalement en se mettant en colère.

Deuxièmement, la colère peut favoriser la créativité, même si cela semble difficile à croire. En psychologie, l'étude de la créativité est parfois très amusante. Prenons cet exemple classique : à combien d'usages différents pouvez-vous penser pour une brique ? Il y a de fortes chances que les plus évidents viennent d'abord à l'esprit, comme la construction d'un mur. Vous pouvez ensuite vous montrer plus astucieux et penser à des usages mettant à profit le poids, la forme et la durabilité de la brique. Elle pourrait faire office de presse-papiers, de cale-porte ou de projectile, dites-vous. Pas mal. Mais qu'en est-il d'usages vraiment inhabituels ? Mettre une brique dans son sac à dos pour rendre la marche plus sportive, s'en servir de dessous de plat ou de cale sous une roue de votre voiture stationnée sur une route très inclinée ? Vous pouvez même, en guise de plaisanterie, en coller une à votre oreille et parler dedans comme si c'était un téléphone portable de première génération.

Les psychologues recourent à ce test pour mesurer la créativité. Il permet d'évaluer l'aisance (combien d'idées viennent à l'esprit) aussi bien que l'originalité (combien d'idées ne se retrouvent généralement pas sur les autres listes). Dans une autre étude, les chercheurs ont réagi soit avec colère, soit de manière neutre aux réponses données par les participants à un autre test, avant de passer à celui de la brique. On constata que certaines personnes – celles qui éprouvaient le besoin de comprendre les tenants et aboutissants d'une situation donnée et d'en avoir la maîtrise – réussissaient mieux si elles avaient auparavant essuyé la colère des chercheurs que celles avec qui ils avaient eu une attitude neutre. L'enseignement à retenir est que, dans certains cas, la colère est source de créativité. En revanche, elle réduit la créativité des personnes moins ancrées dans la réalité, moins disciplinées. Cela montre une fois encore que, s'agissant de la colère, le contexte importe beaucoup et qu'il est peu judicieux d'avoir contre elle un *a priori* général.

Ensuite, la colère est utilisée sélectivement comme outil d'amélioration des performances. Personne n'a envie de vivre sous les ordres d'un tyran, mais une certaine dose d'irritation peut avoir pour effet de diligenter le travail. Les parents savent que cette tactique est parfois efficace avec leurs enfants, et les patrons le savent aussi. Dans une étude sur les entrepreneurs du bâtiment au Royaume-Uni, les chercheurs se sont aperçus que certains accès de colère étaient regrettables et inefficaces, alors que d'autres venaient à point nommé. L'un de ces chefs d'entreprise émit ce commentaire :

> Il y a quelque temps, à une réunion de chantier, j'ai piqué une colère avec l'ingénieur constructeur pour la raison qu'il essayait de renverser les rôles contractuellement sans justification, et ça durait déjà depuis un moment…

La réunion s'est malheureusement conclue sur cet éclat. Est-ce qu'avec le recul, je le regrette ? Probablement pas, parce qu'en fait, ça a permis de régler la question.

Ce qui rend regrettables les prises de bec, en dehors de celles ayant abouti à un heureux résultat, ce n'est pas la violence de la colère, mais le contexte. Cependant, même les chefs d'entreprise qui ne répugnent pas à se fâcher de temps à autre reconnaissent que ce ne peut être une manière durable d'interagir avec autrui. L'un l'a résumé en ces termes :

> Ça avait marché, j'avais obtenu la réaction que j'espérais, tout le monde est sorti sur le chantier et ce qu'il y avait à faire fut prestement bouclé. Donc, dans l'ensemble, ça avait fonctionné. Mais je crois que si ça se reproduisait souvent, on finirait par arriver à un point où ça n'aurait plus d'effet. Ça ne marche que si on a recours à ce genre d'attitude une fois de temps en temps.

Autre contexte dans lequel piquer une colère produit son effet, les négociations. Lorsque deux personnes ou plus tentent de parvenir à une résolution, la colère peut se révéler utile. Dans une série d'études, les participants devaient négocier le meilleur prix possible pour un lot de téléphones portables (leur gratification était proportionnelle au résultat). Le vendeur réclamait un prix de départ, puis l'acheteur faisait des contre-offres. Pour les besoins de l'expérience, certains des participants étaient appariés à un acheteur coléreux, et d'autres à un acheteur de bonne composition ou à l'attitude neutre. Il apparut que, confrontés à la colère, les vendeurs étaient beaucoup plus enclins à modérer leurs exigences. Au troisième tour de négociations, la personne qui essayait de vendre ses téléphones à un acheteur acariâtre se laissait fléchir et accordait un rabais de 20 % ; au sixième tour, elle renonçait à un tiers de ses gains potentiels. D'après les chercheurs, les personnes colériques sont vues sur le moment comme puissantes et d'un statut social élevé. Ainsi, dans certaines joutes, se mettre en colère fait pencher la balance en votre faveur. La bonne humeur n'est pas aussi profitable.

Cela dit, il ne suffit peut-être pas de se montrer irascible pour aboutir à un accord favorable. Certains de ces mêmes chercheurs mettent en garde – et la science est de leur côté – contre la simulation de la colère. Ils ont constaté que lorsqu'un acteur chevronné feignait l'irritation, le stratagème faisait long feu. Dans les négociations, les gens sont plus gourmands dans leurs exigences avec ceux qui contrefont la colère, en partie parce qu'ils sont jugés moins dignes de confiance.

Prenez l'exemple de Barack Obama. Quelle que soit votre orientation politique, vous devez admettre qu'Obama donne l'impression d'être plus débonnaire que la plupart des présidents des États-Unis. Le ton de sa voix est suave, grave et posé. Lors de la marée noire dans le golfe du Mexique de 2010 provoquée par la plateforme BP, le président Obama fut critiqué pour son attitude jugée désinvolte. Il exprima ensuite sa colère à la télévision, mais cette réaction plus vive aboutit à l'opposé de l'effet désiré : on perçut le président comme hypocrite.

Enfin, la colère a le pouvoir de déclencher une réaction collective contre des menaces injustes et inappropriées. Dans beaucoup de biographies, nous avons retrouvé la même histoire : l'incitation de départ à la lutte contre l'injustice est venue de la colère, de même que l'étincelle enflamme le carburant. Martin Luther King déclara : « La tâche suprême consiste à organiser et unir les gens pour que leur colère devienne un facteur de transformation. » C'est la colère qui transforma W.E.B. Du Bois d'intellectuel qu'il était – brillant mais inefficace dans un monde où l'exploitation et le racisme sont endémiques – en un militant influent des droits civiques :

> Au moment où je réussissais le mieux dans mes études, un événement tomba comme la foudre sur mon projet de devenir un scientifique. Je me souviens du jour où il m'a fait bondir… La nouvelle tomba : Sam Hose avait été lynché et on disait que les articulations de ses doigts étaient exposées dans une épicerie… J'ai commencé à me détourner de mon travail… Il était inconcevable de mener une vie tranquille, désinvolte et insouciante de scientifique, alors que des Noirs étaient lynchés, assassinés et réduits à mourir de faim.

Un peu tard, dans son autobiographie, Du Bois décrit comment la colère l'avait poussé à agir et à fonder le mouvement Niagara, qui devint plus tard le NAACP.

En rappelant le souvenir de ses activités au profit d'objecteurs de conscience de la Première Guerre mondiale, Bertrand Russell explique qu'il éprouvait

« une tendresse désespérée pour ces jeunes gens qui allaient servir de chair à canon et de la rage contre les hommes d'État européens ». De même, Helen Caldicott fit ses premiers pas de militante pour la paix lorsqu'elle s'indigna, indignation qui inspira une série de mouvements sociaux.

Lorsque la colère monte, on se sent appelé à parer ou mettre un terme aux menaces qui planent sur notre bien-être ou celui des êtres qui nous sont chers. L'altruisme est souvent né de la colère ; s'agissant de mobiliser d'autres gens et de soutenir une cause, aucune émotion n'est plus efficace. C'est une erreur de supposer que la gentillesse, la compassion, l'amour et l'impartialité se situent à une extrémité d'un spectre, et la colère, la rage, l'aversion, à l'autre extrémité. La colère est une émotion précieuse, que diabolise l'idée erronée qu'une société saine ne connaît pas la colère.

Le préjugé bien enraciné à l'encontre de la colère est en grande partie injustifié[1]. C'est une émotion forte et incendiaire, il faut le reconnaître. Il est

---

1. Pour une revue récente de faits attestant des vertus de la colère dans des contextes prévisibles, voir l'article suivant : Van Doorn, J., Zeelenberg, M., & Breugelmans, S.M. (2014), « Anger and prosocial behavior », *Emotion Review*, 6 (3), p. 261-268.

Extrait :

La colère est souvent dépeinte comme une émotion négative qui engendre un comportement agressif, punitif ou hostile. Selon nous, cette description est trop partiale. Un survol de la littérature sur les effets comportementaux de la colère révèle avec évidence que ces effets peuvent être positifs et même favorables à la société. Nous esquissons une vision plus globale de la colère et de son rôle de soutien d'un comportement coopératif,

certainement avisé de mettre en garde contre elle, comme il l'est de ne pas en abuser et de ne pas permettre à tout le monde d'en user. C'est en respectant le point de vue de la ou des personne(s) qui attentent à notre bien-être qu'on la manie avec le plus de profit. Lorsqu'on se prépare aux répercussions, il est plus facile de modeler son expression de la façon la plus efficace. Si l'on respecte ces avertissements, exprimer sa colère – une colère authentique – peut être tout à fait approprié avec certaines personnes et dans certaines situations.

---

moral et peut-être équitable. Nous proposons par ailleurs de nouvelles prédictions et directions de recherche.

Il ne suffit pas de défendre les émotions négatives pour la forme en affirmant l'évidence, à savoir que nous ne pouvons pas être constamment heureux et que tout le monde désire éprouver des émotions positives plus souvent que des négatives. Comme le laissent entendre Van Doorn, Zeelenberg et Breugelmans, il est temps d'adopter des points de vue plus globaux, justes et prometteurs sur les différents types d'émotions négatives. En 2005, la scientifique Cecilia Cheng a observé que « le recours prédominant à n'importe quel genre de stratégie pour faire face [à ces émotions] risque d'être débilitant » et qu'« il est nécessaire de faire preuve de souplesse dans l'application de ces stratégies pour affronter efficacement divers types de situations » (p. 860). Faisant écho à cette conviction dans notre survol des preuves scientifiques disponibles, nous sommes persuadés que la valeur adaptative de la flexibilité est supérieure à celle de la mobilisation d'un nombre limité d'émotions, pensées et traits de caractère positifs.

Cheng, C., & Cheung, M.W. (2005), « Cognitive processes underlying coping exibility: Differentiation and integration », *Journal of Personality*, 73 (4), p. 859-886.

De la bonne façon de se mettre en colère

Lorsque vous voulez exprimer votre colère ou n'importe quelle autre émotion négative, il est bon de commencer par ce que nous appelons l'« avertissement de l'état de malaise » – faire savoir explicitement aux autres que vous éprouvez des émotions intenses et que, pour cette raison, il vous est plus difficile que d'habitude de communiquer clairement. Excusez-vous à l'avance, non de vos émotions ou de vos actions, mais du manque de clarté potentiel de ce que vous vous apprêtez à dire. Ce peut être par une déclaration telle que celle-ci : « Je tiens à ce que vous sachiez que je ne suis pas dans mon assiette, ce qui signifie que ce n'est pas pour moi le meilleur moment de m'exprimer. Mais, dans les circonstances présentes, il m'importe de vous dire… » Le but de cet avertissement est de désarmer l'interlocuteur, d'éviter qu'il se mette sur la défensive. Lorsqu'il vous entend dire que vous êtes mal à l'aise et qu'il vous est difficile de converser, cela augmente la probabilité qu'il écoute avec empathie ce que vous avez à dire. Après cette entrée en matière, vous pouvez vous étendre sur ce qui vous contrarie, sur ce que vous pensez et ressentez après ce qui s'est passé (et expliquer ainsi ce qui a provoqué votre colère).

Songez à donner cet avertissement même si cela ne vous gêne en rien d'exprimer votre colère ou toute émotion négative, pourvu qu'elle soit vraie. Souvenez-vous que l'objectif est de susciter un changement dans ce que l'autre personne fait ou ressent, d'infléchir la dynamique d'une situation donnée de façon que votre message soit mieux reçu. Convenablement maîtrisée, la colère nous offre le moyen d'éliminer par avance menaces et blocages. Ne craignez donc pas de recourir à de petites manifestations de colère, que l'on pourrait qualifier de micro-agressions, pour exprimer le degré d'émotion que vous éprouvez. Par exemple en serrant les poings, en fronçant les sourcils.

Si vous n'êtes pas encore convaincu de l'importance d'exprimer ouvertement sa colère lorsque vous jugez nécessaire de parer à une menace, lisez ce qui suit. Le Dr Ernest Harburg et son équipe de recherche à l'école de santé publique de l'université du Michigan ont suivi les mêmes personnes pendant des décennies dans le cadre d'une étude de longue durée sur la colère. Ils ont constaté que les hommes et les femmes qui cachent la colère qu'ils ressentent suite à une agression injuste risquent davantage d'avoir des bronchites, des crises cardiaques et de mourir plus tôt que ceux et celles qui expriment leur colère quand on les maltraite.

La difficulté évidente tient à la façon d'imaginer comment mettre la colère à contribution, surtout dans les relations avec les autres. Premièrement, nous voulons vous dissuader d'essayer de maîtriser ou d'éviter la colère en vous disant, par exemple : « Je dois me défaire de ma colère », « Il faut que je la garde pour moi » ou « Pourquoi ne suis-je pas impassible ? ». Au lieu de cela, reconnaissez la différence entre les situations que vous pouvez changer et celles sur lesquelles vous n'avez aucune prise. Si, en voyage, votre voiture tombe en panne le premier jour, vous n'y pouvez rien, si ce n'est la faire réparer, et il ne sert donc à rien de se mettre en colère. En revanche, si vous marchandez le prix d'un chapeau avec un vendeur du marché aux puces et que vous êtes furieux qu'il vous ait réclamé un prix plus élevé qu'au client précédent, vous avez une certaine maîtrise de la situation. En l'occurrence, comment exprimer votre mécontentement ou votre colère de façon à obtenir un résultat satisfaisant ? Le Dr Howard Kassinove, psychologue et éditeur de *Anger Disorders*, explique que l'essentiel est d'employer « un ton approprié sans rabaisser l'autre ».

Deuxièmement, affronter la situation sans se presser. Notre tendance première est de mettre les pieds dans le plat et d'agir immédiatement, surtout si on a le sang chaud. Au lieu de cela, essayez d'imaginer la colère dans ses formes à combustion lente aussi bien que rapide, celles où vous voulez influencer l'autre de manière calculée et celles qui vous donnent envie de crier. Lorsque vous êtes en colère, donnez-vous le loisir de marquer une pause, même si l'autre est là, à attendre votre réaction. Vous pouvez même lui faire savoir que vous calmez le jeu intentionnellement. Prenez de bonnes décisions plutôt que des décisions rapides. Quand la colère monte, une pause, des inspirations profondes et un temps de réflexion ont meilleur effet qu'une réaction du tac au tac. Si vous vous sentez moins en colère lorsque vous prenez votre temps, fort bien, mais ce n'est pas le but. Le but est d'élargir la gamme des choix possibles dans une situation affectivement chargée.

Pensez comme un joueur d'échecs. Avant de décider d'une ligne de conduite, imaginez comment l'autre va riposter et à quoi peut ressembler la situation après les deux coups suivants. Si elle se présente bien, persévérez dans la même voie. Si elle se présente mal, envisagez une autre tactique, imaginez la riposte de l'autre et évaluez ce nouveau scénario. Demandez-vous sans cesse si votre colère améliore ou envenime la situation. Lorsque vous dialoguez avec quelqu'un, il n'y a pas de réponse unique à cette question parce que les émotions et les actions obligent à une constante réévaluation de la situation. À un certain moment, vous devrez peut-être pousser votre avantage en racontant une histoire, et, quelques minutes plus tard, peut-être vous faudra-t-il faire en sorte que le courant passe mieux en n'accordant pas d'importance à une remarque incendiaire.

Lorsqu'on est vraiment en colère, on a l'impression que, si on ne passe pas à l'offensive, on s'en mordra les doigts. Le psychologue John Riskind, passé maître dans l'art d'aider les gens à maîtriser des émotions apparemment incontrôlables, a trouvé une technique pour ralentir le cours d'événements lourds de menaces. Il a observé que l'expérience de la colère n'est pas aussi problématique que la croyance selon laquelle la séquence d'événements à l'origine de cette colère s'accélère, que le danger augmente et que la possibilité d'agir est rapidement en train de disparaître. Ce sentiment d'un danger imminent pousse les gens à passer à l'action pour enrayer la menace immédiate, ce qui, à terme, envenime la situation (comme de frapper la personne qui vous double dans la file d'attente à la caisse du supermarché).

Le premier pas consiste à se demander fréquemment si sa colère monte, décroît ou reste égale dans une situation donnée. Pour un autoexamen scrupuleux, recourez à un chiffre et même à quelques termes descriptifs pour exprimer l'intensité de votre colère, comme dans cet exemple inspiré d'un compteur de vitesse :

150 km/h et plus	bouillant, explosif, violent
140 km/h	fumant, outragé
130 km/h	furieux, enragé
120 km/h	courroucé, excédé
110 km/h	amer, indigné
100 km/h	exaspéré
90 km/h	en colère, furibard
80 km/h	agité, perturbé
70 km/h	contrarié, irrité, frustré
60 km/h	froissé, mécontent
50 km/h et moins	calme, décontracté, tranquille, paisible

Si votre colère dépasse la limite de vitesse, il vous faut davantage de temps pour retrouver de la souplesse et tout votre sang-froid dans le contact avec la personne qui vous a provoqué ou fâché. En ce cas, ralentissez l'allure. À grande vitesse, vous avez sans doute l'impression de ne pas avoir une entière maîtrise de la situation. Imaginez que vous freinez, de sorte que votre manière d'agir et la réaction de l'autre ralentissent de 140 à 110, puis à 90 km/h. Représentez-vous mentalement l'image que vous donnez de vous et la façon dont l'autre personne vous apparaît. Remarquez bien qu'elle ne semble plus être aussi proche de vous physiquement. Écoutez attentivement ce qu'elle dit et déchiffrez le message sous-jacent dans son langage corporel. Mettez à profit la vitesse moindre pour déterminer si la personne qui vous importune est disposée à converser ou non, si elle cherche vraiment l'affrontement ou un moyen de sortir de cette impasse.

Que ressentez-vous quand vous imaginez le ralentissement du cours des événements ? Riskind dit, à propos de la colère, « vous pensez peut-être qu'il y a trop de choses à faire et pas assez de temps pour les faire ». Cet exercice, focalisé sur la vitesse à laquelle évoluent les menaces, nous donne un peu le temps de souffler. Essayez cet outil psychologique. Le but est ici d'apprendre à tirer parti de votre colère.

Culpabilité et honte

De nos jours, on en est arrivé à penser que se sentir coupable, c'est à peu près comme se sentir gros – un état redouté, à la fois malsain et socialement inacceptable. C'est peut-être pour cette raison que grossir va souvent de pair avec un sentiment de culpabilité. Dans notre culture, on considère que culpabiliser quelqu'un a quelque chose de sournois ; les thérapeutes proposent de vous décharger de votre sentiment de culpabilité, les gourous du développement personnel encouragent eux aussi à s'en libérer et les coachs de tout poil stigmatisent l'usage de l'expression « il faut ». Nous voulons au contraire débarrasser la culpabilité de ses connotations négatives. Nous ne sommes pas en train de dire qu'il est toujours bon de se sentir coupable. Mais, à certains moments, cet état a des effets bénéfiques, l'un d'eux étant qu'il incite davantage à améliorer son comportement que ne le font ceux moins enclins à culpabiliser.

Doug Hensch, la quarantaine juste passée, conseille des organisations pour tremper le caractère de leurs dirigeants, mais sa passion est d'entraîner l'équipe de football américain de son fils de neuf ans. Son expérience favorite en la matière est venue de ses relations avec un membre de l'équipe, Zander, un jeune Ghanéen athlétique immigré aux États-Unis. Au lieu de mettre ses dons à profit sur le terrain, Zander passait son temps à taquiner ses camarades en les aspergeant d'eau ou en leur fourrant un doigt dans l'oreille. Lassé, Doug réunit toute l'équipe afin d'essayer de remédier au problème.

Cette réunion ne le réjouissait guère et il n'essaya pas de cacher qu'il était mal à l'aise. Il commença donc par en avertir les enfants, puis leur tint ce discours :

> Je veux que vous preniez en considération le comportement de vos coéquipiers. Je veux que vous pensiez aux efforts qu'ils font tous chaque semaine ; ils encaissent des coups, se salissent, ils sont en sueur, à bout de souffle, ils ont parfois envie de vomir. Posez-vous maintenant cette question : ce que vous faites, votre attitude, aide-t-elle ou nuit-elle à l'équipe ?

Après un temps de silence, Doug demanda à chaque joueur de montrer par un exemple tiré de l'entraînement du jour comment il avait servi l'équipe, puis de dire si, au cours de la saison, il avait eu une action néfaste, fût-elle mineure. Tous les membres de l'équipe eurent quelque chose à dire, et quand le dernier eut parlé, Doug reprit la parole :

> Lorsque vous faites quelque chose qui ne favorise pas l'équipe, vous nuisez à vos camarades, des gamins qui vous protègent si nécessaire, se démènent pour vous et risquent d'être blessés par un joueur deux fois plus grand qu'eux afin que vous puissiez manœuvrer. Dorénavant, je vous poserai souvent la même question et quand vous vous rendrez compte que vous nuisez à l'équipe, je ne veux pas que vous vous fassiez des reproches ; je veux seulement que vous vous corrigiez. Vous avez compris ?

Lorsqu'il les vit hocher la tête en chœur, il leur demanda de se serrer les uns contre les autres, de se tenir les mains et de crier trois fois le nom de leur équipe.

Zander abandonna sa place de pitre dans l'équipe des débutants. Dès qu'il eut l'occasion de donner le coup d'envoi du match, lors de la partie suivante, il courut quatre-vingts mètres et marqua un essai, ce qui valut à l'équipe sa première victoire de la saison. Et lorsqu'il vit que ses coéquipiers le respectaient davantage pour des actions favorables plutôt que néfastes à l'équipe (même si certaines de ses pitreries étaient vraiment drôles), il consacra une énergie nouvelle au jeu, acclama ses coéquipiers depuis la touche et, de manière générale, adopta une attitude toute différente. La tâche de Dough avait consisté à l'aider à devenir un jeune adulte responsable ; sans cacher le malaise que suscitait en lui le comportement antérieur de Zander et en le faisant un peu culpabiliser, il avait eu gain de cause.

Nous avons posé la même question dans des universités (« Ce que vous faites est-il favorable ou néfaste aux autres étudiants ? ») et à nos enfants (« Ce que vous faites améliore-t-il ou envenime-t-il la situation ? »). En tant que psychologues pas forcément à l'aise avec autrui, nous nous sommes interrogés sur nous-mêmes lorsque nous nous entretenons avec d'autres (« Ce que tu fais améliore-t-il ou nuit-il à cette relation ? »). À présent, nous vous demandons de réfléchir à cette question relative à la culpabilité : va-t-elle vous aider ou vous contrarier dans vos efforts pour devenir meilleur, plus solide et plus avisé ?

Un autre exemple montrant en quoi un sentiment de culpabilité peut être fécond est fourni par ceux qui ont été mis temporairement au ban de la société pour leurs mauvaises actions : les prisonniers. Selon l'étude nationale sur le récidivisme menée par le Bureau de la justice des États-Unis, sur les 272 111 détenus libérés dans quinze États en 1994, 67,5 % furent de nouveau arrêtés avant trois ans pour crime ou délit grave. À la sortie de prison, la récidive est la règle, non l'exception.

Au vu des statistiques, on peut penser que les pensionnaires des prisons sont irrécupérables. Ou au contraire, que la plupart d'entre eux ne sont guère différents de nous – qu'ils aspirent à se sentir à leur place quelque part, à trouver un semblant de sens à leur existence et espèrent que leurs enfants auront plus de chance qu'eux. Quoi qu'il en soit, posons la question clé : qu'est-ce qui empêche un ancien détenu de commettre à nouveau des actes illégaux ou immoraux ? June Tanguy, une distinguée psychologue clinicienne, a passé près de dix ans à se demander si des sentiments moraux comme la culpabilité étaient l'arme secrète pour prévenir le crime. Le Dr Tanguy a constaté que les détenus enclins à culpabiliser souffrent davantage et sont plus disposés à se confesser, s'excuser et remédier aux problèmes qu'ils ont créés. À leur sortie de prison, ces anciens détenus en proie à la culpabilité récidivaient moins souvent. Autrement dit, ils échappent à la fatalité statistique et n'ont plus maille à partir avec la justice.

Culpabiliser renforce notre fibre morale et nous incite à nous comporter en citoyens plus socialement responsables et engagés que nous ne le ferions autrement ; et le sentiment de culpabilité exerce cet effet bénéfique sur tout le monde, pas uniquement sur les repris de justice. Des chercheurs ont ainsi observé que les adultes sujets à la culpabilité ont moins tendance à conduire en état d'ivresse, commettre des vols, consommer des drogues illégales et agresser autrui. Si notre caractère se reflète dans ce que nous faisons quand personne ne nous voit, ce sentiment moral est l'une de ses composantes. En ignorant la valeur de la culpabilité, parents et enseignants ont plus de mal à former des enfants ayant un bon esprit, capables de bâtir une société saine.

L'échec de la campagne de relations publiques sur le thème de la culpabilité résulte directement de la confusion entre culpabilité et honte. Selon l'*American Heritage Dictionary*, la culpabilité est « la conscience et le remords d'avoir fait quelque chose de mal » et « le reproche qu'on s'adresse à soi-même pour des manquements ou de mauvaises actions supposés ». La honte est tout autre chose. Lorsque nous éprouvons de la honte, nous ne voyons pas seulement nos torts ou nos erreurs, nous nous considérons comme des personnes fondamentalement mauvaises. Dans le cas de la culpabilité, la conscience de mal agir est limitée à une situation particulière, alors que la honte est perçue comme une appréciation négative de ce que nous sommes. Le sentiment de culpabilité est utile. La honte, sa cousine dans le domaine affectif, ne l'est pas. La culpabilité est locale, la honte, globale.

Il y a de bonnes et de mauvaises façons d'avoir mauvaise conscience pour nos manquements et nos mauvaises actions. Afin de mieux comprendre comment ajouter une négativité féconde à notre boîte à outils psychologique, voyons ce qui les différencie, ce qui est du domaine de la honte et de celui de la culpabilité :

HONTE	CULPABILISATION
• Considérer le Moi entier	• Considérer la victime et l'acte qui lui a nui
• Avoir une mauvaise opinion de soi	• Regretter ce qu'on a fait
• Se demander : comment ai-*je* pu faire ça ?	• Se demander : comment ai-je pu faire *ça* ?

HONTE	CULPABILISATION
• Éprouver un malaise	• Éprouver une douleur modérée et une auto-dépréciation extrêmes
• Croire qu'on ne maîtrise rien	• Croire qu'on peut maîtriser les effets négatifs de ses actes
• Désir de se recroqueviller, de fuir	• Éprouver tension et remords
• Envie de se cacher ou d'attaquer (soi ou autrui)	• Envie de réparer ses torts, de faire amende honorable
• Rejeter la faute sur autrui (chercher des boucs émissaires)	• Assumer ses responsabilités

Les personnes qui éprouvent de la honte en souffrent. Elles ont de l'aversion pour elles-mêmes et veulent changer, cacher leur personnalité ou s'en défaire. Ceux qui éprouvent un sentiment de culpabilité aspirent à tirer les enseignements de leurs erreurs et veulent s'améliorer. S'ils n'ont pas envie que leur transgression soit connue de tous, ils cherchent moins à dissimuler leurs mauvaises actions. Pour quelle raison ? Parce qu'ils sont prêts à réparer les torts qu'ils ont infligés à autrui et décidés à faire en sorte que ça ne se reproduise plus. Voyons maintenant les scories laissées par la honte. Souvenons-nous des sommes importantes que les gens sont prêts à payer pour ne pas avoir à éprouver de nouveau des regrets. Examinons pourquoi.

Voilà moins de six mois que vous n'avez pas touché à une goutte de whisky, et ce grâce aux réunions des Alcooliques Anonymes. Maintenant que vous êtes sobre, des inconnus vous approchent, curieux de connaître votre histoire. Du fait qu'il est habituel d'évoquer ses problèmes personnels aux réunions des AA, vous vous laissez fléchir et acceptez d'être filmé. Parmi les questions portant sur les circonstances qui vous ont amené à boire, sur les conséquences que cela a eu sur vos relations, etc., l'intervieweur vous demande de décrire la dernière fois que vous avez bu et le malaise que cela a provoqué en vous. Question douloureuse qui fait ressurgir des souvenirs pénibles, à laquelle vous répondez avec sincérité. Vous n'avez plus de nouvelles de votre intervieweur pendant quatre mois, et quand vous en avez finalement, il vous demande de revenir sur la période en question et de vous rappeler les fois où vous avez bu. Comme on vous a assuré que votre réponse resterait confidentielle et anonyme, vous acceptez.

C'est exactement de cette manière que s'est déroulée une étude récente. Les intervieweurs étaient le Dr Jessica Tracy et son étudiant de troisième cycle Daniel Randles, de l'université de Colombie britannique, et ils ont adopté une démarche créative. Le Dr Tracy voulait savoir si l'expression de la honte lors des discussions sur la boisson aidait à prédire si la personne, sobre depuis peu, ne tiendrait pas ses résolutions et se remettrait à boire. (Les signes de honte dans l'attitude corporelle sont, en particulier, les épaules tombantes et le resserrement de la région de la poitrine, comme si la personne voulait se blottir en position fœtale.)

Les résultats de l'étude sont ahurissants. Au cours des quatre mois compris entre les deux interviews, les personnes qui n'avaient manifesté aucune honte avaient bu un verre 7,91 fois en moyenne. Ceux qui s'étaient montrés les plus honteux (les 10 %) avaient bu en moyenne – tenez-vous bien ! – *117,89 verres durant la même période.* Ceux que leur alcoolisme rendait honteux avaient beaucoup plus de mal à se remettre de leurs défaillances.

Comment transformer des faucons en colombes

Tout le monde commet des erreurs. Au travail, vous avez peut-être pris l'initiative de commander des fleurs pour une collègue malade, puis oublié de les lui envoyer. À la maison, vous vous êtes plaint de votre voisin qui laissait son jardin à l'abandon et ne rentrait pas ses poubelles, et vous avez appris ensuite qu'il était cloué au lit par une pneumonie. Se sentir coupable nous empêche bien évidemment de nous sentir heureux. Mais bien que culpabiliser nuise à notre bonheur immédiat, nous avons vu qu'un sentiment de culpabilité peut être bénéfique à long terme ; de plus, celui-ci profite à autrui. Comme dit le chercheur Roy Baumeister, la culpabilité « nous met mal à l'aise, mais pour éviter ce sentiment nous adoptons un meilleur comportement avec les personnes avec qui nous sommes en relation ou les membres de notre groupe ». Rendus conscients par la culpabilité de l'effet de nos actions sur autrui, nous sommes incités à agir de manière plus responsable la fois suivante.

Au contraire, si vous éprouvez de la honte, attendez-vous à ce que vos problèmes s'aggravent. Essayer d'amener quelqu'un à s'amender en lui faisant honte est vain. Espérons que ces mots seront lus par ces parents bien intentionnés qui punissent leurs enfants en leur faisant faire les cent pas devant chez eux, affublés d'une pancarte sur laquelle est écrit : « J'ai regardé un film porno sur l'ordinateur familial. » Nous espérons qu'ils seront pris en considération par les juges qui punissent les personnes coupables d'avoir conduit en état d'ivresse en les obligeant à avoir des plaques d'immatriculation spéciales qui signalent leur infraction *ubi et orbi*. Nous espérons que cette information arrivera à la connaissance des instituteurs qui affichent sur le mur de la classe combien de fois un gamin de six ans a frappé ou mordu un de ses camarades. Ces tactiques n'ont aucun effet ; elles n'incitent pas à manifester de la considération envers les autres. Les résultats des recherches sur la question sont sans ambiguïté : plus quelqu'un se sent honteux, plus il devient anxieux, agressif et indifférent. Faire appel à la honte comme forme de punition induit l'effet paradoxal d'enraciner le comportement qu'on tente d'éliminer.

Si vous cherchez à motiver quelqu'un, préférez la culpabilité à la honte. Comme dit le Dr June Tanguy : « Nous nous sentons coupables parce que nous sommes concernés – ce qui est très rassurant pour ceux que nous avons heurtés ou offensés. » Les mauvaises actions ne signifient pas que nous soyons mauvais. Assumez la responsabilité de vos actes, éprouvez le malaise qu'on ressent en faisant du mal à quelqu'un et concentrez votre attention sur l'action à l'origine de ce mal. Expérimentez, commettez des erreurs, manquez à vos devoirs, soyez-en contrarié, puis la fois suivante, soyez plus sensible au bien-être d'autrui.

Comment échapper au piège de la honte

À supposer que la compassion ne vous soit pas étrangère, voici quelques suggestions pour inspirer de la culpabilité, sans pour autant faire honte.

Gardez votre objectif à l'esprit. L'erreur courante que l'on commet, lorsqu'on a affaire à quelqu'un de coupable, est de se lancer immédiatement dans une attaque *ad hominem*. Il est facile d'assimiler rapidement, et même inconsciemment, culpabilité et absence de valeur, stupidité, avidité et autres défauts de caractère. L'ennui, c'est que personne n'a envie qu'on lui dise qu'il est mauvais. On accepte plus volontiers de s'entendre dire qu'on a mal agi. Vous avez plus de chances d'obtenir gain de cause en valorisant les points forts et les qualités de l'autre (seulement s'ils existent ; ne les inventez pas) tout en le tenant responsable de ses actes.

Commencez par trouver un terrain d'entente. Si quelqu'un a fait quelque chose de mal, montrez-lui, quand c'est possible, que vous partagez les mêmes valeurs et aspirations. Faites-lui comprendre ensuite en quoi son attitude est en contradiction avec ces valeurs et qu'un comportement alternatif, plus sain, serait plus conforme à sa nature. Une autre manière de trouver un terrain commun consiste, comme nous l'avons vu, à faire part de son malaise. Les conversations de ce genre sont difficiles et il serait parfois plus commode de fermer les yeux. Elles sont tout aussi déplaisantes pour la personne qui agite un index accusateur que pour celle qui ne sait plus où se mettre après avoir mal agi. Si vous voulez obtenir un effet durable et améliorer le comportement de l'autre à l'avenir, déclarez tout de suite que la conversation vous met mal à l'aise.

Au lieu d'être directif, favorisez l'indépendance de l'autre. Contrairement à certaines idées reçues, les gens ne se formalisent pas qu'on leur dise ce qu'il faut faire. Vous sortez volontiers les poubelles quand on vous le demande, vous rendez votre rapport lorsque approche la date butoir, et quand des membres de votre famille veulent que vous leur rapportiez quelque chose de l'épicerie, vous l'ajoutez sans rechigner à votre liste. Ce que les gens n'aiment pas, c'est qu'on leur dise comment faire. Personne n'a envie de recevoir des conseils sur la façon correcte de mettre en place un sac-poubelle, de présenter un rapport sur lequel on a travaillé pendant des semaines ou de comparer les prix au supermarché local. Les scientifiques qui étudient la motivation humaine savent maintenant que l'un de nos besoins de base, juste après la survie physique, est le désir de diriger sa vie. Lorsque vous avez affaire à une personne coupable, ne lui donnez pas d'instructions sur la manière de procéder à l'avenir. Laissez-lui le loisir de trouver par elle-même les modifications souhaitables à apporter à son comportement. Les suites d'une mauvaise action aboutissent au meilleur résultat lorsque l'amélioration du comportement coupable est envisagée en collaboration avec son auteur.

Anxiété

L'aspect bénéfique de l'anxiété a fait couler beaucoup d'encre. En bref, trop peu d'anxiété laisse entrevoir une situation ennuyeuse et peu stimulante, qui met le mental en veilleuse, état dans lequel l'attention, les motivations prioritaires et l'énergie paralysent l'activité en cours. Comme vous pouvez l'imaginer, cette perspective n'enthousiasme guère les chefs d'entreprise parce que leurs employés ont tendance à rechercher une stimulation ailleurs, en jouant à des jeux vidéo ou en plaisantant avec leurs collègues. En revanche, trop d'anxiété évoque une situation potentiellement accablante, qui paralyse l'individu. Dans la mesure où l'anxiété est légère, l'efficacité de la personne en pâtira un peu, et à la fin tout ira bien. Par contre, nous savons tous quels dommages une période prolongée d'angoisse profonde peut entraîner pour la santé physique et mentale. Lorsque nous sommes très anxieux trop souvent, nous vieillissons prématurément ; on le constate au niveau cellulaire lorsque les télomères qui protègent les extrémités des chromosomes se détériorent. Aussi les spécialistes en matière de rendement et les chefs d'entreprise font-ils en sorte que les gens ressentent la juste dose d'anxiété, suffisante pour les motiver, mais sans crises de panique ni stress chronique. Voilà qui nous semble légitime.

Nous nous demandons seulement pourquoi il en est ainsi. Jadis, au Sahara, nos ancêtres hominidés rassemblés en petites bandes de chasseurs-cueilleurs survivaient grâce à un ensemble spécifique de mécanismes liés à l'anxiété. Issue de la sélection naturelle, développée au cours de notre histoire évolutive, cette programmation fondée sur l'anxiété fonctionne la plupart du temps sans que nous en ayons conscience, et nous sous-estimons sa capacité à résoudre presque sans effort des problèmes à notre profit. On vous a probablement dit que les émotions positives étendent le champ de la pensée et du comportement, alors que l'anxiété le rétrécit, ce qui amène à prendre les arbres pour la forêt. À quoi nous répondons que l'extension n'est pas en soi meilleure que son contraire. L'important est de tirer parti de l'ensemble des réponses programmées de notre cerveau. Que se passe-t-il lorsqu'en cas de danger potentiel, le programme mental « anxiété » est activé ?

Prenons l'exemple de trois situations problématiques susceptibles de mettre en branle ce programme. Quelqu'un vous étrille devant un groupe juste pour se faire valoir à vos dépens. La personne avec qui vous sortez se comporte de manière inhabituelle ; elle arrive en retard à votre rendez-vous et il y a de grands silences pendant le dîner alors que cela n'était jamais arrivé auparavant. Vous avez d'étranges palpitations cardiaques en discutant avec quelqu'un d'un problème financier, sensation que vous n'aviez encore jamais éprouvée. Dans ces situations et bien d'autres qui sont anxiogènes, l'amygdale, cette partie ancienne de votre cerveau associée à la survie, envisage déjà trois lignes de conduite possibles : fuir, combattre ou faire le mort. Ce processus a lieu sans que vous y preniez part de manière consciente. En vérité, on a dit et répété qu'il risquait de provoquer une tension indue, étant donné que la survie n'est plus l'objet d'une lutte quotidienne comme elle l'était du temps où nous partagions la planète avec des tigres à dents de sabre.

Néanmoins, on trouve encore d'étonnantes pépites dans ce programme intégré dans notre cerveau, des forces cachées jusqu'au moment où nous ressentons de l'anxiété. Dans ces moments-là, notre perception devient plus aiguisée, notamment notre vision nous permet de voir les objets au loin, et notre ouïe permet de faire la sourde oreille à des bruits aléatoires pour distinguer plus clairement les sons provenant d'une direction particulière. Notre capacité à résoudre les problèmes est également augmentée. Pour prendre un exemple donné par les psychologues évolutionnistes John Tooby et Leda Cosmides, « des endroits bizarres que vous n'occuperiez pas en temps normal, comme un débarras dans un couloir ou les branches d'un arbre, vous apparaissent soudain comme représentatifs de la catégorie “lieu sûr ou cachette” ».

Il y a encore quelques années, on ne disait pas de l'anxiété qu'elle contribuait à mener au succès – le vôtre, celui de votre famille, de votre compagne ou de votre compagnon, ou encore de l'organisation pour laquelle vous travaillez. La vérité est que :

– dans certaines situations, il est avantageux d'être très anxieux ;

– il vous faut une personne anxieuse dans votre équipe ;
– en l'absence d'anxiété, les petits problèmes peuvent facilement tourner au désastre.

Nous avons déjà dit que les erreurs sont nécessaires pour augmenter notre capacité de création et d'innovation. Sans elles, nous n'apprenons pas et ne progressons pas. Mais ne surestimons pas pour autant leur valeur ; nous devons les détecter assez tôt de façon à pouvoir en tirer la leçon sans qu'elles fassent de victimes. C'est là que l'anxiété a un rôle à jouer.

Lorsque nous sommes anxieux, nous remplissons la même fonction que les canaris dans les mines ; nous sommes des sentinelles, des lanceurs d'alerte, et nous aidons les autres à réagir rapidement et énergiquement aux signes de danger potentiel. Les anxieux se comportent comme suit.

– *Ils ont peur.* Ils sont en alerte au moindre changement survenu dans leur environnement. Ils sont donc extrêmement attentifs aux problèmes qui peuvent surgir, surtout dans des situations inhabituelles ou ambiguës.
– *Ils s'alarment facilement.* Ils réagissent promptement aux plus légers signes de danger (par exemple, des sons inhabituels, des ruptures de rythme).
– *Ils font part de leur inquiétude.* Ils s'empressent d'avertir les autres d'un danger imminent. Ils sont animés d'un désir particulièrement intense de se

soucier et s'occuper des autres ; s'oublier ainsi les apaise.
- *Ils s'informent pour prouver la réalité du danger.* Si les autres se montrent sceptiques, ils se mettent à la recherche de nouvelles données. Ils réunissent des informations pour être plus persuasifs, de manière à rassembler les énergies afin d'écarter le danger.
- *Ils se mobilisent.* Ils sont prêts à se passer de sommeil et de nourriture jusqu'à ce que le problème soit résolu.

Vous ne devez certes pas souffrir d'anxiété chronique et il vaut mieux que les membres de votre famille ou de votre équipe de travail ne soient pas tous des angoissés. Mais, comme vous le voyez, il y a un énorme avantage à disposer d'un système d'alarme humain. Les personnes insouciantes risquent davantage d'ignorer les signes de danger parce qu'elles ne jugent pas la menace si pressante.

Dans une étude très intéressante, les membres d'un groupe sont amenés à croire qu'ils ont accidentellement activé un virus qui a rapidement infecté les dossiers d'un ordinateur. En allant avertir le propriétaire de l'ordinateur, ils rencontrent sur leur chemin quatre obstacles qui les empêchent de le prévenir ou de chercher de l'aide. Quelqu'un leur demande de compléter un court sondage ; un autre leur dit où se trouve l'informaticien de service mais les prie de l'aider à faire des photocopies ; un écriteau sur la porte du bureau de l'informaticien demande aux visiteurs d'attendre ; et enfin, quand on les dirige vers un autre informaticien, quelqu'un laisse tomber « par mégarde » une liasse de papiers et ils doivent l'aider à les ramasser. Pour franchir ces obstacles conçus pour les ralentir, il leur faut se montrer brusques ou péremptoires, deux traits de caractère que ne possèdent en général pas les anxieux. Pourtant, face au danger, les plus angoissés slalomèrent au milieu des obstacles sans perdre de vue leur objectif, refusant au passage les demandes d'aide et abdiquant toute gentillesse. En fin de compte, ils réussissent mieux que leurs collègues plus décontractés à avertir du danger et obtiennent une aide immédiate.

Mieux que l'attitude positive

Les personnes qui se cantonnent aux états affectifs positifs ne profitent pas des bienfaits de l'anxiété. Les chercheurs ont constaté que les individus extravertis, sociables et dominateurs ne font pas preuve de la détermination obstinée et indomptable des anxieux[1]. Dans

1. Importante découverte scientifique : bien que l'on puisse penser qu'un tempérament extraverti implique une stabilité émotionnelle, ces deux aspects de la personnalité ne sont que vaguement associés et, dans certains cas, ne le sont pas du tout. Savoir que quelqu'un est extraverti ne permet donc pas de savoir si cette personne éprouve des émotions négatives fréquentes, intenses et intolérables. De même, la mesure dans laquelle quelqu'un est sensible aux récompenses (c'est-à-dire l'intensité et la durée des émotions positives ressenties lorsqu'une récompense est obtenue) ne nous apprend rien sur sa sensibilité aux punitions ou son incapacité à obtenir des récompenses (c'est-à-dire, l'intensité et la durée de son malaise dans les situations stressantes). Voir : Elliot, A.J., & Thrash, T.M. (2002), « Approach-avoidance motivation in

les passes dangereuses, mieux vaut être anxieux que positif. Dans les situations où le danger est possible, mais où les signes en sont flous, complexes ou incertains, mieux vaut là encore être anxieux que positif. En pareils cas, les anxieux trouvent rapidement des solutions, et quand ils font partie d'un groupe (d'amis, de parents ou de collègues de travail), ils partagent le problème et ses solutions. On réussit mieux en groupe quand celui-ci se compose d'un mélange de personnalités aux qualités différentes – dont au moins une sentinelle anxieuse.

Employer l'anxiété à bon escient

1. Créer un climat dans lequel le comportement de sentinelle des personnes anxieuses est considéré comme une force psychologique, et non comme une névrose à éliminer. Montrer explicitement aux autres la valeur inhérente à l'anxiété – facteur d'équilibre nécessaire dans une culture vouée à la maximisation du plaisir, à la croissance et à la réalisation des rêves et aspirations. Les groupes

---

personality : Approach and avoidance temperaments and goals », *Journal of Personality and Social Psychology*, 82 (5), p. 804-818.

Gable, S.L., Reis, H.T., & Elliot, A.J. (2003), « Evidence for bivariate systems : An empirical test of appetition and aversion across domains », *Journal of Research in Personality*, 37 (5), p. 349-372.

Watson, D., & Clark, L.A. (1997), « Extraversion and its positive emotional core », *in* R. Hogan, J.A. Johnson & S.R. Briggs (dir.), *Handbook of Personality Psychology* (p. 767-793), San Diego, CA, Academic Press.

appelés à connaître la réussite comportent un mélange de personnes aux motivations diverses – poursuivre ses ambitions et éviter le danger, par exemple.

2. Encourager l'écoute régulière des problèmes. Créer des canaux d'information et s'assurer que celui ou celle qui travaille au centre du groupe possède la combinaison adéquate de qualités – réactif, s'exprimant bien, persuasif, possédant un bon réseau de relations, au fait des points forts de chacun (afin que des solutions soient rapidement trouvées).

3. Créer un système d'incitations dans lequel la détection et le désamorçage à froid des problèmes soient récompensés. Cela veut dire que la brigade antiterroriste qui déjoue une tentative d'introduction d'armes dans un aéroport a droit aux mêmes louanges que l'agent ayant ceinturé un terroriste sur le point de faire exploser une bombe. Les médias préfèrent les héros, car leur histoire est plus facile à raconter et plus excitante que celle de groupes entiers, qui doivent faire ce récit eux-mêmes, en mettant en évidence le rôle des sentinelles.

4. Au lieu de considérer que les menaces sont ou bien présentes, ou bien absentes, se rappeler que les plus graves commencent souvent par des signaux à peine perceptibles, qui deviennent ensuite rapidement évidents. Reconnaître les avantages d'une détection précoce des problèmes. Encourager ce procédé, ce qui a des chances d'avoir un effet

secondaire bénéfique : les gens parlent plus librement des frictions et malaises qui existent entre eux.

Les points clés

1. Si l'on n'esquive pas les émotions négatives, on acquiert une agilité émotionnelle et la capacité d'utiliser la palette entière des expériences affectives.
2. La colère, la culpabilité, l'anxiété et les autres émotions négatives sont utiles, de manière parfois surprenante. Entre autres effets salutaires, elles nous donnent du courage, régulent notre comportement, nous gardent attentifs à ce qui nous entoure et rechargent notre énergie créative.
3. On peut recourir à des stratégies concrètes comme ralentir la vitesse pour transformer des émotions réputées négatives en outils précieux.
4. Se défaire de la manie d'étiqueter les émotions, positives ou négatives, et chercher plutôt à déterminer ce qui est sain dans une situation et ce qui ne l'est pas.

Lorsque vous étiez enfant, vous avez probablement fait comme si vous possédiez des superpouvoirs (si vous ne l'avez pas fait, vous avez loupé quelque chose). Peut-être imaginiez-vous que vous étiez capable de voler, que vous possédiez une force phénoménale ou que vous étiez invulnérable. Lorsque vous pensez à vos émotions à la lumière des bienfaits inhérents à chacune d'elles, positive ou négative, vous vous rendez compte que vous ne possédez pas un, mais de nombreux superpouvoirs. Vous possédez de quoi augmenter votre courage (la colère), vous dissuader d'adopter un comportement contraire à l'éthique (le sentiment de culpabilité), et une sentinelle qui monte la garde pour vous protéger (l'anxiété). Dans le chapitre suivant, nous nous tournerons vers notre détecteur de mensonges, encore un outil mal apprécié (la tristesse). Comme nos sentiments et émotions vont et viennent, nous avons toujours un pouvoir différent à notre disposition.

En définitive, la plupart des préjugés à l'encontre des expériences affectives négatives proviennent du fait qu'on confond les émotions violentes, problématiques, avec leurs cousines plus bénignes. La culpabilité n'est pas la honte, la colère n'est pas la rage, et l'anxiété n'est pas la même chose que la panique. Dans chaque cas, la première est une source bienfaisante d'information émotionnelle qui focalise l'attention, la pensée et le comportement avec, à la clé, un nombre étonnant d'heureux résultats.

CHAPITRE 4

Comment les émotions positives risquent de vous mener à votre perte

> *Si vous observez un homme vraiment heureux, vous le verrez occupé à construire un bateau, écrire une symphonie, éduquer son fils, faire pousser des dahlias dans son jardin ou chercher des œufs de dinosaures dans le désert de Gobi. Vous ne le verrez pas chercher le bonheur, comme si c'était un bouton de col qui avait roulé sous un radiateur.*
>
> W. BÉRAN WOLFE

Nous voyageons fréquemment pour notre travail et la manière dont nous décrivons notre carrière à notre voisin dans l'avion peut déterminer le ton de la conversation qui va suivre pendant les heures à venir. Ainsi le seul fait de mentionner que nous sommes psys amènera certaines personnes à ouvrir un livre, mettre un casque pour écouter de la musique ou faire semblant de s'endormir. Dans d'autres cas, notre connaissance supposée des questions mentales semble encourager nos voisins à se livrer. Il nous arrive de passer des heures à écouter le récit détaillé des démêlés d'un couple qui bat de l'aile ou une théorie personnelle sur la motivation. Même faire mine de dormir ne paraît pas dissuader nos voisins de nous demander d'interpréter leurs rêves. Parfois, nous prenons le risque de dire la vérité et avouons que nous ne sommes pas des psychologues généralistes, mais que, pour gagner notre vie, nous étudions en fait le bonheur. On a alors toutes les chances d'entendre demander d'un ton quasi désespéré: «Qu'est-ce que je peux faire pour être plus heureux?» Il existe un présupposé évident et presque universel que le bonheur est désirable et que nous devrions tous courir après. En tant que spécialistes de la question, nous connaissons la surprenante vérité.

Faisons une pause pour expliquer ce que nous entendons par bonheur. Lorsqu'on demande à des profanes de le définir, ils confondent souvent les causes de la félicité et la félicité elle-même. Ils disent, par exemple, «le bonheur, c'est la famille» ou «c'est être reconnaissant». Bien que la famille et la gratitude soient bien sûr importantes, elles décrivent mal ce que le bonheur est en soi, l'état psychologique qu'il engendre ou la manière de l'éprouver. Lorsqu'on insiste pour avoir une définition plus précise, les spécialistes, les philosophes amateurs et les lecteurs s'accordent pour dire que le bonheur – à un certain niveau – est nécessairement une sensation, un sentiment. Que vous l'appeliez joie, enthousiasme ou contentement, il n'en reste pas moins que le bonheur est, au moins en partie, d'ordre émotionnel, et donc éprouvé subjectivement par l'individu. Quand nous parlons de quelqu'un d'heureux, nous avons en tête une personne plus fréquemment nourrie d'émotions positives que négatives.

Par ailleurs, le bonheur reflète un jugement personnel sur la vie. En 1965, le Dr Hadley Cantrill, un pionnier des recherches sur le bonheur, a demandé à des gens de se situer sur une échelle aux barreaux numérotés de 0, tout en bas, à 10, au sommet. Le haut de l'échelle devait représenter à leurs yeux la meilleure vie possible, le bas, la pire. Sur quel barreau vous situez-vous en ce moment ? Sur quel barreau pensez-vous que vous vous tiendrez dans cinq ans ? La réponse à la première question nécessite d'évaluer mentalement les pensées positives présentes ; la réponse à la deuxième jauge l'optimisme de la personne quant à l'avenir. Les deux contribuent au sentiment de bonheur.

Le bonheur est un état d'esprit et, en tant que tel, on peut le mesurer, l'étudier et l'améliorer[1]. C'est ce

1. Cela fait écho à ce que déclarent deux des chercheurs les plus en vue sur le bonheur (Sonja Lyubomirsky et Ken Sheldon) à la page 115 de leur article de 2005 souvent cité : « Nous définissons ici le bonheur comme il l'est le plus souvent dans la littérature, à savoir en termes d'affects positifs, de satisfaction dans la vie et d'affects négatifs peu fréquents », Lyubomirsky, S., Sheldon, K.M., & Schkade, D. (2005), « Pursuing happiness : The architecture of sustainable change », *Review of General Psychology*, 9, p. 111-131. Voir aussi : David, S., Boniwell, I., & Ayers, A.C. (eds.) (2013), *Oxford Handbook of Happiness*, Oxford, Oxford University Press ; Diener, E., Suh, E.M., Lucas, R.E., & Smith, H.L. (1999), « Subjective well-being : Three decades of progress », *Psychological Bulletin*, 125 (2), p. 276-302.

que vous faites spontanément quand vous demandez à votre conjoint ce qui ne va pas ou à un ami comment s'est passé son voyage en Italie. Les scientifiques font un pas de plus, en demandant de répondre aux questions sur une échelle graduée. Les sceptiques se demanderont ce que valent toutes ces évaluations chiffrées. Quant aux chercheurs, on leur a appris à ne pas se fier uniquement à ces autoestimations et à interroger aussi les amis et les parents de la personne concernée. En outre, ils recourent occasionnellement à des appréciations de souvenirs, à des tests des temps de réaction sur ordinateur, aux journaux intimes et même à des mesures biologiques, à partir, par exemple, de scans du cerveau et d'échantillons de cortisol salivaire. À elles toutes, ces méthodes brossent un tableau assez exact du bonheur de la personne.

L'actuelle quête du bonheur est encouragée en partie par un ensemble croissant de recherches montrant que le bonheur ne consiste pas seulement à se sentir heureux, mais qu'il a aussi d'heureux effets. En passant en revue deux cent vingt-cinq articles scientifiques, la psychologue Sonja Lyubomirsky et ses collègues ont constaté que l'optimisme et la bonne humeur sont associés à toutes sortes d'effets positifs dans la vie de tous les jours. Les personnes dans un état d'esprit positif :

- ont un comportement plus sain, par exemple en attachant leur ceinture de sécurité ;
- gagnent davantage d'argent ;
- sont plus heureuses en amour ;

– sont l'objet de meilleures évaluations dans leur travail de la part des clients et de leur supérieur ;
– sont plus généreuses ;
– reçoivent des promotions plus fréquentes.

On en arrive à la donnée la plus convaincante : le bonheur est dans un rapport causal avec la santé, ce qui veut dire que celle-ci s'améliore quand on est heureux. Sheldon Cohen et ses collègues l'ont démontré de façon spectaculaire en inoculant le rhinovirus (le rhume ordinaire) à des sujets consentants après leur avoir donné à remplir un questionnaire sur la gaieté. Puis l'équipe de recherche a mis les participants en quarantaine dans un hôtel afin de surveiller leur alimentation et les gens avec qui ils entraient en contact. Durant cette période, on prenait leur température, mesurait leur tension et prélevait même des échantillons de leur mucus. De plus, ils répondaient à des questionnaires relatifs à divers symptômes tels que migraines, raideurs et sensations douloureuses. Les chercheurs ont découvert que, lorsqu'on observait la consistance du mucus et des niveaux d'immunoglobuline au moyen d'échantillons (données objectives) ou bien que l'on demandait aux participants comment ils se sentent (données subjectives), les personnes les plus heureuses avaient 50 % moins de chances d'attraper un rhume que les autres. Ainsi, si le bonheur ne guérit peut-être pas le cancer, il semble favoriser un meilleur fonctionnement du système immunitaire.

Le corpus des recherches sur les bienfaits du bonheur ne cesse de s'étoffer. Selon une théorie répandue, la félicité serait l'état de repos naturel de l'humanité.

Les gens heureux sont plus sociables, aventureux, inventifs et sains. De là, il n'y a qu'un pas pour affirmer que le bonheur procure un avantage évolutif. Il ne faut donc pas s'étonner qu'il soit souvent qualifié de panacée. En fait, il est si précieux qu'on peine à imaginer qu'il présente des désavantages.

Une récente étude sur les différentes manières dont les Japonais et les Américains envisagent le bonheur a cependant apporté un bémol. Yukiko Uchida, chercheuse à l'université de Kyoto, a posé une question qui lui aurait valu d'être exclue d'un « club du bonheur » américain (oui, ça existe !). Elle a demandé à des ressortissants des deux pays d'évaluer les caractères positifs et négatifs du bonheur. Les Américains lui ont attribué 5,7 points côté positif sur un total possible de 7, les participants japonais seulement 5,1. Plus intéressant, les Japonais l'ont évalué à 4,7 sur 7 côté négatif et les Américains à 4,25, ce qui en termes statistiques est notablement inférieur. Peut-être vous demandez-vous en quoi le bonheur peut être négatif. N'est-ce pas un sentiment *agréable* ? Les deux aspects négatifs auxquels les Japonais sont sensibles et que les Américains ont tendance à négliger sont la *perturbation sociale* (le bonheur de quelqu'un peut interférer avec celui d'un autre) et la *fuite de la réalité* (le bonheur peut avoir un côté naïf).

Peut-être n'est-ce qu'une idiosyncrasie culturelle, un préjugé des Japonais, et convient-il de confronter leur point de vue aux recherches empiriques sur le bonheur. Nous savons déjà que celui-ci est largement bénéfique. Mais présente-t-il des inconvénients ? L'une des premières études visant à identifier le coût d'une émotion positive fut publiée en 1991 par Ed Diener et ses collaborateurs de l'université de l'Illinois. Ils s'intéressaient à la conception du bonheur spécifique aux Américains : l'exaltation intense éprouvée lors d'une rencontre sportive, la vague de fierté qui vous submerge en voyant votre enfant jouer sur scène ou l'euphorie ressentie en commençant un nouveau travail. Ils se demandaient si le bât ne blessait pas quelque part dans ces débordements d'enthousiasme dignes d'un cow-boy.

Ces chercheurs ont constaté que les émotions positives intenses pouvaient être douloureuses de diverses manières. Il y a d'abord l'*effet de contraste* par lequel les hauts émotionnels font apparaître moins plaisants les autres événements favorables. Après avoir gagné un million de dollars à la loterie, cent mille dollars gagnés aux courses semblent assez dérisoires. Existe aussi l'*effet de report* en vertu duquel les personnes qui amplifient mentalement leurs expériences positives amplifient aussi sans s'en rendre compte leurs expériences négatives. Ainsi, les individus surexcités par une victoire risquent aussi d'éprouver un terrible sentiment de défaite après un échec. Cette étude de 1991 fit l'effet d'une importante mise en garde concernant le bonheur.

A-t-on surestimé le bonheur ?

On a tendance à ignorer que le bonheur est parfois néfaste. L'expression « émotions positives » nous fait penser à des états mentaux agréables qui exercent un pouvoir d'attraction sur les autres. Lorsque nous entendons parler d'« émotions négatives », nous songeons au contraire à des états déplaisants, improductifs, qui font fuir les autres (qui, en effet, a envie de déjeuner avec quelqu'un de bourru ou un bonnet de nuit ?). Pourtant, les pensées et les émotions positives ne sont pas toujours utiles. Déceler le piège tendu par le bonheur et en tirer parti donne 20 % de chances supplémentaires de réussir dans la vie. Des résultats de recherches souvent négligés alertent sur les dangers d'une tournure d'esprit heureuse.

1. Votre bonheur peut nuire à votre succès à long terme.
2. La quête du bonheur échoue parfois et conduit au résultat contraire.
3. Il arrive qu'on ait envie de ne pas se sentir bien.
4. Le bonheur de quelqu'un d'autre peut réduire votre efficacité.

Voyons cela de plus près.

Résultat de recherches n° 1.
Votre bonheur peut nuire à votre succès

Le psychologue Shigehiro Oishi et ses collaborateurs du monde entier ont rassemblé les définitions du bonheur données par des dictionnaires dans trente pays. Dans vingt-quatre d'entre eux, le bonheur était jugé étroitement lié au sort, au destin ou à la chance. Les États-Unis font partie de la minorité des six autres, un pays atypique où l'on estime que le bonheur est un état d'esprit que l'on peut atteindre et maîtriser. En fait, collectivement, la conception du bonheur des Américains reflète leur attitude générale face à la vie : si nous sommes prévoyants et si nous faisons les efforts nécessaires, nous pouvons obtenir ce que nous voulons – la santé, le corps, le conjoint, le travail, l'argent, les distractions que nous désirons. Ce point de vue sur le bonheur reflète si exactement leur conception de la vie qu'ils le confondent souvent avec la réussite. La thèse selon laquelle le bonheur interfère avec la réussite rend particulièrement sceptiques les Américains, et pourtant, un ensemble de recherches toujours plus nombreuses laisse supposer qu'il présente des inconvénients quantifiables.

Les gens heureux sont moins persuasifs

Avant de creuser le problème du bonheur, penchons-nous sur une question élémentaire. Comment fait-on pour persuader quelqu'un de penser ou d'agir différemment ? D'acheter telle marque de dentifrice, d'attacher sa ceinture de sécurité, de voter pour notre candidat, de recycler ses déchets ? Pour obtenir ce que l'on veut, il faut convaincre l'autre que nos idées sur la question sont bonnes, meilleures que les idées contraires du voisin. Le best-seller inusable de Robert Cialdini *Influence et manipulation* synthétise des années de recherche en quelques principes à appliquer pour vendre ses idées aux autres. L'un de ces principes est que les gens respectent l'autorité et sont prêts à suivre l'avis des experts. C'est ce qu'on voit dans les publicités télévisées de produits pharmaceutiques vantés par des médecins. En fait, l'autorité peut avoir un tel pouvoir de persuasion qu'il n'est pas nécessaire que le docteur soit authentique ! Dans une publicité des années 1980 désormais classique pour un sirop contre la toux, un bellâtre qui avait incarné un médecin dans un feuilleton mélo se présentait en disant : « Je ne suis pas docteur, mais j'ai joué le rôle d'un médecin à la télé. »

Un deuxième principe est de communiquer le message de manière concrète et détaillée. L'attention aux détails caractérise les humeurs chagrines. Les gens heureux, au contraire, ont davantage tendance à les négliger pour considérer le tableau d'ensemble – manière superficielle de procéder. En partant de ce principe, les personnes malheureuses – qui ont une propension à accorder plus d'attention aux détails concrets d'une situation et à les analyser – devraient concocter des messages plus persuasifs que leurs semblables superficiels. Les recherches montrent que c'est bien le cas. Lorsqu'on leur demande de forger des arguments persuasifs sur des sujets en rapport avec la vie quotidienne (utiliser le produit des impôts pour financer des parcs et des terrains de jeux) et d'autres plus philosophiques (les âmes sœurs existent-elles ?), les personnes malheureuses font mieux que les gens heureux. Dans trois études sur le sujet, les arguments des premières furent jugés environ 25 % plus convaincants et 20 % plus concrets que ceux des seconds. Ces chiffres remarquables provenaient des conversations des participants avec un(e) ami(e) qu'ils essayaient de convaincre. Lorsque les participants devaient imaginer des arguments pour persuader un inconnu de changer d'opinion sur une question de politique publique, les personnes malheureuses se montraient deux fois plus efficaces.

Les gens heureux sont parfois trop confiants

Il n'est pas facile de gagner la confiance d'inconnus étant donné qu'il n'existe pas de système de détection permettant de juger de leurs mobiles cachés ou de prédire avec exactitude comment ils se comporteront avec vous à l'avenir. Nous devons nous en remettre à notre intuition pour jauger le caractère et l'honnêteté des personnes avec qui nous entrons en contact. Le Dr Joseph Forgas et ses collègues australiens ont voulu déterminer dans quelle mesure les gens heureux – avec leur façon de procéder plus superficielle – sont capables de déceler la tromperie, ce qui implique d'être attentif aux expressions faciales, aux mouvements oculaires et au langage du corps en général. Les chercheurs ont demandé aux participants d'entrer chacun à son tour dans une pièce, où se trouvait un ticket de cinéma dans une enveloppe. Une fois seuls dans cette pièce obscure, ils avaient le choix entre prendre le ticket pour leur propre usage ou ne pas toucher à l'enveloppe. Les chercheurs précisaient qu'eux-mêmes ne connaîtraient jamais la vérité. On leur donnait ensuite pour instructions de nier qu'ils avaient pris le ticket même s'ils l'avaient fait. De plus, ils étaient informés qu'une récompense les attendait s'ils parvenaient à convaincre les autres qu'ils ne l'avaient pas pris.

Après cette courte opportunité d'emporter le ticket de cinéma, on leur demandait s'ils l'avaient pris. On les filmait en train de nier. La moitié mentait, l'autre moitié disait la vérité, mais les chercheurs l'ignoraient. Forgas et ses collègues ont observé que les gens heureux ne parvenaient à déceler le mensonge que dans 49 % des cas, légèrement moins que le hasard. Lorsqu'on induisait de la tristesse chez les sujets avant de leur montrer les vidéos, ils réussissaient à percer à jour les menteurs dans 62 % des cas.

Replacez cette situation expérimentale dans la vie réelle. Imaginez que vous puissiez améliorer de 13 % votre aptitude à juger de l'honnêteté de candidats à un emploi. Imaginez que vous augmentiez de 13 % votre capacité d'aider à régler les conflits entre parties adverses ayant des versions contradictoires des faits. C'est ce qui se passe quand on cesse de rester campé sur ses positions positives. Il s'agit bien là de ce superpouvoir évoqué au chapitre précédent, votre détecteur de mensonges intégré à votre boîte à outils psychologique, ce sentiment « négatif » appelé tristesse (qui, soit dit en passant, n'est pas la même chose que la dépression).

Peut-être vous demandez-vous comment cela fonctionne. Faut-il s'attrister avant de se mettre au travail ? Nous ne vous suggérons pas de méditer sur les victimes d'une catastrophe naturelle afin d'être triste, mais seulement d'accueillir favorablement les émotions qui surgissent spontanément en vous à des moments décisifs. Lorsqu'on n'est pas sûr que quelqu'un dise la vérité, quand on se demande si l'on peut lui accorder sa confiance ou qu'on est en train de le jauger, on est rarement d'humeur enjouée et sereine. Au moment de prendre de telles décisions, on est d'humeur sombre, en proie à un conflit intérieur tant que la décision n'est pas prise. Sachez que cet état d'esprit convient parfaitement à la tâche. Ne faites pas attention à votre humeur du moment en essayant de l'égayer. Concentrez-vous plutôt sur le long terme en veillant à prendre une bonne décision.

Les gens heureux sont intellectuellement plus paresseux

Si pour réunir des informations sur le monde extérieur les gens heureux s'en remettent à des procédés plus superficiels et hâtifs, ils auront davantage tendance à recourir à des stéréotypes et oublieront les détails plus facilement que leurs semblables à l'humeur chagrine. Les résultats des recherches confirment ces deux hypothèses. Après avoir soumis aux premiers une liste de quinze mots en rapport avec le même thème, tels que « lit », « repos » et « fatigué », et leur avoir demandé de se rappeler si le terme « sommeil » était sur la liste (il ne l'était pas), ils avaient plus tendance à mordre à l'hameçon et à incorporer cette information erronée dans leur mémoire. Il y avait 50 % de chances de plus qu'ils se rappellent des mots qu'ils n'avaient pas vus, ce qui donne une idée de l'importance de ces faux souvenirs.

Dans une autre expérience, des élèves assis en classe voyaient une femme visiblement nerveuse se diriger vers le professeur et l'agresser physiquement. L'altercation était mise en scène afin de déterminer lesquels de ces témoins oculaires étaient plus enclins à commettre des erreurs de mémoire. Lorsqu'on les interrogeait avec précision sur ce qui s'était passé, les questions incluaient de faux détails (« Vous souvenez-vous si la jeune femme jouait avec son foulard pendant que le professeur *lui donnait quelque chose extrait de son portefeuille* ? » – le détail en italique étant faux). Les élèves heureux encouraient 25 % de risques de plus que leurs camarades tristounets de se rappeler des faux souvenirs. Dans leur contentement, les gens heureux négligent souvent d'observer leur environnement et en arrivent à ne pas voir ce qui se passe sous leurs yeux. Peut-être faut-il que les agents de police, les pompiers, les médecins et les baby-sitters ne soient pas trop heureux... Si vous voulez avoir affaire à quelqu'un d'attentif aux détails, choisissez-le au moins un cran au-dessous du bonheur.

Dans leur nonchalance, les personnes heureuses vont jusqu'à s'appuyer sur des stéréotypes dans les situations tendues. Peu après les attaques terroristes du 11 septembre 2001, on demanda aux participants à une expérience de jouer à un jeu vidéo dans lequel ils devaient « tuer » tous les personnages armés apparus sur l'écran. Pour accroître la difficulté, la moitié des cibles portaient le turban traditionnel des musulmans, l'autre non. Si les gens heureux s'en remettent davantage à des stéréotypes, auront-ils la gâchette plus facile avec les premières cibles ? Ils étaient effectivement trois fois plus enclins que les autres, moins heureux, à tirer sur des musulmans que sur des non-musulmans.

En moyenne, les personnes heureuses ont tendance à être gentilles, reconnaissantes, et elles mettent un point d'honneur à se comporter en bons citoyens. Mais dans les situations marquées par l'agressivité, moments où les stéréotypes entrent en jeu, ces qualités s'effacent. Les gens heureux ont plus de mal à échapper aux préjugés bien enracinés. Recourir à des raccourcis mentaux est certes un excellent moyen d'économiser du temps et de l'énergie, mais, comme nous venons de le voir, négliger les détails dans les situations délicates peut se révéler très destructeur.

À elles toutes, ces études nous ouvrent une perspective nouvelle sur le bonheur. Si celui-ci peut certes être bénéfique, les chercheurs ont commencé à lui découvrir des inconvénients auparavant ignorés. Lorsqu'une tâche exige de l'attention aux détails, les gens heureux sont désavantagés par rapport aux malheureux. Lorsqu'on est heureux, la nonchalance compromet l'aptitude à déceler la tromperie et on risque fort de commettre des erreurs de jugement. Au contraire, une légère tendance à être négatif améliore l'efficacité dans divers domaines, lorsqu'il s'agit par exemple de juger si quelqu'un est digne de confiance (dans le choix de ses amis, de ses associés, etc.), lorsqu'il y a un besoin pressant de faire attention aux détails en temps de crise (pensez aux policiers) et que des arguments convaincants sont nécessaires pour faire changer quelqu'un d'opinion (ce que les personnes investies d'une autorité quelconque s'efforcent de faire quotidiennement). Grâce aux scientifiques qui remettent en question le *statu quo*, nous avons découvert qu'il est des situations précises où renoncer à une attitude positive afin de penser et ressentir concrètement de façon négative libère notre potentiel pour agir au mieux.

Résultat de recherches n° 2. La quête du bonheur aboutit souvent à son résultat contraire

S'attendre à un trop grand bonheur
est un grand obstacle au bonheur.
FONTENELLE

Depuis des mois vous attendez la sortie de ce qui promet d'être un film à grand succès, le dernier volet du classique de la fantaisie de J.R.R. Tolkien, *Le Hobbit*. Vous avez lu le livre quand vous étiez ado et encore maintenant, vous vous délectez de tout ce qui parle d'elfes et de nains. Par anticipation de l'événement, vous faites une sorte de jeûne médiatique afin de mieux apprécier les charmes et les surprises que réserve le film. Vous savez seulement que ce sera exceptionnel. De plus, une amie tout aussi fan a promis de vous accompagner le jour de la sortie. Elle en a suivi de près la production et sait que le réalisateur, Peter Jackson, a divisé *Le Hobbit* en trois parties devant apparaître sur les écrans à un an d'intervalle. Elle sait aussi que Jackson s'inspirera librement des appendices ésotériques du livre pour étoffer les intrigues secondaires. Qui va le plus apprécier le film, vous ou votre amie ? Pensez-vous que votre désir de prendre plaisir au spectacle vous le fera mieux aimer, ou que la connaissance plus approfondie des divers aspects du film qu'a votre amie le lui fera encore mieux apprécier ? D'après les dernières recherches scientifiques, le film va sans doute procurer plus d'agrément à votre amie, en partie parce que, contrairement à vous, elle n'attend pas qu'il la rende heureuse.

Les chercheurs ont constaté que lorsqu'on aborde une situation dans le but de devenir plus heureux, on a en fait moins de chances de l'être. Pour le vérifier, Jonathan Schooler, Dan Ariely et George Loewenstein ont mis en place une expérience. Ils ont demandé au hasard aux participants de suivre une des quatre instructions suivantes avant d'écouter le *Sacre du printemps* de Stravinsky.

1. Essayez d'être le plus possible enjoué en écoutant l'œuvre.
2. Écoutez-la comme vous le faites normalement.
3. Pendant l'écoute, déplacez un curseur pour indiquer dans quelle mesure vous vous sentez heureux et comment varie votre humeur.
4. Essayez d'être le plus possible enjoué et suivez les variations de votre humeur pendant l'écoute (combinaison des instructions 1 et 3).

En comparaison des sujets qui se servaient de la musique pour être de meilleure humeur (instruction 1), ceux qui se contentaient de l'écouter (instruction 2) étaient 4,5 fois plus contents. La tactique consistant à écouter de la musique dans le but d'être plus heureux échouait manifestement. Plus significatif encore, les participants qui essayaient d'utiliser la musique pour améliorer leur humeur tout en évaluant dans quelle mesure ils atteignaient leur but se sentaient finalement 7,5 fois plus mal que ceux qui n'avaient fait qu'écouter. Cette découverte est importante car, selon les idées reçues concernant la quête du bonheur, il faut d'abord comprendre ce qui rend heureux, se donner des objectifs qui aideront à atteindre le but suprême, puis faire en sorte de réaliser ces objectifs en notant les efforts et les progrès accomplis. Nous disposons maintenant de preuves scientifiques suggérant que cette recherche obstinée du bonheur équivaut à essayer d'empoigner la savonnette dans notre bain. Vous avez beau tendre la main et la refermer, le savon vous échappe et se fait toujours plus insaisissable.

Dans un autre exemple de l'effet paradoxal de la quête du bonheur, les chercheuses Iris Mauss et Maya Tamir ont distribué à des adultes l'un des deux articles de journaux arrangés suivants. L'un vantait les dernières découvertes scientifiques montrant que le fait d'être heureux améliorait les relations sociales, la santé et favorisait la réussite professionnelle. L'autre évoquait les mêmes bienfaits, mais les attribuait à la justesse de jugement. On montrait ensuite aux participants un film comique. Les personnes qui voyaient cette comédie en étant conditionnées à surévaluer le bonheur se sentaient plus déçues par le film, parce qu'elles étaient persuadées qu'il les mettrait de meilleure humeur.

Dans une autre étude, ces mêmes chercheuses ont soumis aux participants un questionnaire leur demandant d'évaluer l'importance qu'ils accordaient à l'obtention du bonheur, et le taux de stress dans leur quotidien. On retrouvait le même paradoxe. Sur une période de deux semaines, les personnes ayant le désir le plus grand d'être heureuses se sentaient chaque jour plus seules, plus déprimées, moins motivées et avaient moins d'émotions positives, des taux inférieurs de progestérone et une intelligence émotionnelle réduite. On peut le comprendre car cette quête obstinée du bonheur aux dépens de tout le reste a un caractère égoïste. Faire peu de cas des autres risque d'influer sur la qualité de nos relations. Que feriez-vous si l'on vous proposait de changer de place dans un avion et de bénéficier d'un siège en première classe ? Vous déclineriez l'offre par amour pour votre conjoint, votre parent ou votre ami afin de rester avec lui, car aimer c'est être prêt à sacrifier son bonheur pour favoriser celui de l'autre. Lorsqu'on vous raconte une blague, vous vous réjouissez à la perspective de faire rire à votre tour vos parents ou amis. Aimer, c'est adopter la vision du monde de l'autre et, lorsque la surévaluation de votre bonheur vous en empêche, cela entraîne des effets néfastes, comme la solitude.

La science montre cependant clairement que cette surévaluation du bonheur n'est problématique qu'en certaines circonstances. Les théories erronées sur ce qui mène au bonheur deviennent problématiques dans les situations apparemment plaisantes et dépourvues de tension. Écouter Stravinsky dans l'intention d'être heureux et observer combien on l'est tout au long du morceau rend malheureux. Cela semble logique et pourtant, s'il vous arrive d'écouter de la mauvaise musique, peu importe que vous tentiez ou non d'en tirer du bonheur, ces sons heurtent toutes les oreilles. Pour en revenir aux expériences de Mauss et Tamir, si vous avez récemment vécu une série d'événements stressants, votre quête du bonheur n'a pas suscité moins d'expériences positives ou de sentiments agréables. Cela aussi se comprend. Nos attentes concernant ce qui nous rendra heureux changent lorsque nous sommes stressés : nous avons maintenant une excuse toute prête expliquant pourquoi nous n'avons pas réussi à être aussi heureux que nous le voulions. Au contraire, lorsque notre vie est relativement tranquille et satisfaisante, nous nous attendons à être vraiment heureux si nous nous y efforçons, et sommes déçus pour de bon si ce n'est pas le cas. Le contexte compte beaucoup.

Trop attendre du bonheur nous empêche de tirer tout le plaisir d'événements plaisants. Éprouver des émotions positives pervertit en outre nos attentes. Vous avez été récompensé comme meilleur vendeur du mois, et tandis que votre certificat est placardé sur le mur, vos collègues vous applaudissent et vous vous sentez heureux, fier et pénétré d'un sentiment d'accomplissement. Après ce moment d'euphorie, aller au cinéma avec votre femme ne vous paraît plus aussi excitant qu'auparavant. Un courriel d'un client mécontent écrit en majuscules vous semble plus contrariant que d'ordinaire. Pour qui se prend-il, en s'autorisant ainsi à tempérer votre bonne humeur ? Votre optimisme est à présent en chute libre et cela vous chagrine beaucoup. Il a été constaté scientifiquement qu'on se sent bien quand on éprouve d'intenses émotions positives, mais qu'elles modifient notre base de référence, de sorte que les événements positifs à venir nous semblent moins attrayants.

Les attentes excessives empêchent de goûter pleinement le bonheur et compromettent également la réussite. Les situations sociales sont en effet imprévisibles, nous le savons. Vous avez beau être très poli, avoir une conversation intéressante et savoir écouter, l'inconnu avec qui vous bavardiez dans le métro peut fort bien descendre à sa station sans vous adresser le moindre au revoir. Vous maîtrisez la conversation de votre côté, mais vous ne savez jamais exactement ce que ressent votre interlocuteur, comment il va réagir et se comporter avec vous. Dans le monde des affaires, le passé ne permet guère de prédire comment va évoluer le marché, ce qui explique que des novices puissent faire mieux que les experts financiers dans le choix des actions à acheter. De même, les gens heureux accordent trop de crédit à leurs souvenirs, commettant souvent l'erreur de croire qu'un succès antérieur était de leur fait (ignorant le rôle de la chance et des autres) et qu'en revanche leurs échecs étaient dus à des circonstances indépendantes de leur volonté, minimisant ainsi leur part de responsabilité dans l'affaire. Si cette tendance optimiste est propre à favoriser le bonheur et permet de rester motivé, elle empêche par ailleurs de tirer les leçons de ses échecs et amène à aborder les situations qui se présentent avec des espérances exagérées.

On le constate chez les entrepreneurs les plus enthousiastes, les plus enflammés et avides de bonheur. Dans un tel état d'esprit, ils entretiennent souvent des attentes positives irréalistes et s'entichent de :

– leurs idées (en négligeant de les confronter à la réalité et au point d'autrui) ;

– leurs points forts (en négligeant de prendre en considération leurs faiblesses et la vertu heuristique des situations) ;
– leur vision grandiose (en négligeant les détails qui exigent de l'attention pour éviter l'échec).

Cela n'est pas propre aux entrepreneurs. Le même problème se pose chez les étudiants, les couples, les parents heureux et les leaders heureux qui restent attachés au passé. Ils s'attendent à ce que les choses se passent bien du seul fait qu'ils se rappellent et surévaluent leurs accomplissements.

Résultat de recherches n° 3.
Il arrive qu'on ait envie de ne pas se sentir bien

Avez-vous déjà observé quelqu'un signalant la perte d'un bagage au comptoir d'une compagnie aérienne ? Les bagages perdus, comme les objets cassés pendant le transport et les vêtements ayant un défaut, nous obligent à une dépense d'énergie – souvent frustrante – pour défendre notre cause. Malgré ces désagréments, la plupart des gens adoptent une attitude conciliante avec le représentant du service clientèle, du genre : « Je sais bien que ce n'est pas de votre faute. » Ne sommes-nous pas des gens civilisés ? Nous sommes capables de garder notre sang-froid et d'éviter de heurter les sentiments des autres. Mais comme nous l'avons dit au chapitre précédent, les personnes qui ne cachent pas leur déconvenue et sont capables d'exprimer leur colère sont souvent de très bons avocats. Elles persévèrent plus longtemps et réussissent mieux à convaincre les employés du service clientèle à passer outre la procédure habituelle et à faire tous les efforts nécessaires pour retrouver la valise égarée.

Cela a été prouvé. Une étude a montré que manifester un peu de colère est une bonne tactique lorsqu'il s'agit de se faire rembourser un article défectueux. Les raisons varient sans doute en fonction de la personne à qui on a affaire, du temps et de la somme d'argent en jeu. Mais vous pouvez être sûr que la colère produit son effet car votre interlocuteur perçoit votre mécontentement. Votre irritation l'amène à prêter l'oreille à ce que vous avez à dire et il se rend compte que s'il ne vous donne pas satisfaction, cela va probablement poser un gros problème. Au contraire, il est plus facile de faire peu de cas de ceux qui expriment leur mécontentement sans se mettre en colère. Lorsque des émotions peuvent conduire à un meilleur résultat, il est bon de se concentrer sur ce qu'on veut plutôt que de censurer ce qu'on ressent.

Il semble que les gens perçoivent intuitivement l'utilité des émotions négatives et les préfèrent parfois aux états psychologiques heureux pour atteindre un but. En partant de l'idée que la colère, pour prendre un seul exemple, produit des affrontements féconds, des chercheurs ont montré que lorsqu'ils avaient le choix de la musique à écouter avant de faire face à un contrevenant (par exemple, quelqu'un à la table de restaurant voisine qui fume malgré les consignes), les gens ne voulaient pas écouter les chansons doucereuses de Frank Sinatra ou de Kenny Loggins, mais montraient une préférence marquée pour les accents plus agressifs de Metallica et Rush. Autrement dit, ils comprenaient qu'ils étaient mieux armés pour une confrontation s'ils étaient remontés que s'ils prenaient les choses avec bonhommie. Ainsi, lorsqu'on comprend que la colère porte ses fruits, écouter de la musique pour l'attiser est avantageux. On se montre plus assuré, ce qui entraîne un meilleur résultat quand on a affaire à des personnes hostiles et agressives.

Certaines situations exigent des sentiments et des comportements qui sortent du répertoire positif. Le bonheur incite à être amical, serviable, à essayer de créer un lien avec autrui. Fort bien, sauf que les autres ne sont pas toujours favorablement disposés à votre égard. Lorsque quelqu'un tente de vous discréditer à votre travail, peut-être devez-vous chercher de l'aide, forger des alliances pour vous assurer que vos idées ne seront pas prématurément et injustement démolies. Cela veut dire convaincre d'autres personnes et imaginer des stratégies pour neutraliser l'adversaire. Exprimer sa tristesse fait savoir aux autres que vous avez des ennuis et besoin d'aide ; au contraire, exprimer son contentement signifie pour eux que tout va bien. Par conséquent, si votre but est de trouver de l'aide, ce n'est pas le moment de vous montrer enjoué, d'exprimer du contentement et de minimiser votre tristesse.

Il a été démontré que les gens savent intuitivement que la tristesse est bénéfique quand il s'agit d'aider à éviter une perte ou un échec. Dans une expérience, Maya Tamir a donné pour instruction à des volontaires de collecter des dons en suivant deux scénarios dans lesquels il était demandé aux gens d'apporter leur aide. Dans les deux cas, les participants estimèrent que se sentir triste rendait les collectes plus fructueuses. Pour jouir des avantages des émotions négatives, il faut être persuadé de l'utilité de ce qui est déplaisant. Pour mieux réussir, sachez dans quelles situations il est profitable de laisser de côté l'expérience et l'expression du bonheur. De nouvelles recherches établissent que :

- la *colère* est préférable à la bonne humeur quand on affronte un adversaire ;
- l'*anxiété* vaut mieux que la sérénité lorsqu'il faut prendre des précautions contre un danger imminent ;
- la *tristesse* l'emporte sur la gaieté quand on cherche de l'aide pour gérer une perte ou des ennuis personnels.

Résultat de recherches n° 4.
Le bonheur de quelqu'un d'autre peut réduire votre efficacité

Des recherches ont été menées pour déterminer dans quelle mesure le fait d'exprimer le bonheur ou l'affliction quand on est dans une position d'autorité (dirigeant d'entreprise, médecin, enseignant, parent) influe sur l'efficacité de ceux dont on est responsable. Les élèves d'une école de commerce ont écouté leur chef d'équipe (un acteur qui suivait un scénario préétabli) sur webcam. Il encourageait chacun à faire de son mieux tout en donnant des instructions sur la manière d'accomplir deux tâches : trouver la solution d'une grille de sudoku (nécessitant des capacités analytiques) pour la première, et imaginer autant d'usages que possible pour des briques et des stylos (nécessitant de la créativité) pour la seconde. Il prononça le même speech devant trois cents élèves, à une variation près. La moitié du temps ses expressions faciales et les inflexions de sa voix exprimaient la bonne humeur, l'autre moitié du temps, la tristesse.

Nous avons dit plus haut que le bonheur favorise une vision globale (songez aux directeurs de projet) alors que l'affliction sert une pensée analytique, tournée vers les détails (songez aux détectives). Conformément à cette prémisse, les élèves s'en tiraient deux fois mieux dans les tâches créatives en présence d'un chef d'équipe enjoué, et quatre fois mieux dans les tâches analytiques quand il était d'humeur chagrine. Cela montre qu'une personne en position d'autorité est à même d'influer suffisamment sur les émotions d'autrui pour améliorer de manière spectaculaire les résultats visés, si et seulement si elle comprend dans quels cas il vaut mieux se montrer heureux et dans quels autres, tristes. Les leaders qui pensent à la nature de la tâche confiée à quelqu'un et au meilleur état émotionnel pour l'accomplir disposent d'un atout supplémentaire : les fameux 20 %.

Mais cette agilité émotionnelle n'a pas pour seule vertu d'aider autrui à faire preuve d'un esprit plus créatif ou analytique. On a demandé à un groupe de gens d'effectuer ce qui peut être décrit comme une simulation effroyablement ennuyeuse de la tâche quotidienne des aiguilleurs du ciel. Les sujets de la recherche devaient s'asseoir dans un fauteuil et regarder avec attention un écran radar ; s'ils voyaient deux avions dont les routes risquaient de mener à une collision, ils devaient déclencher une alarme. Ce qui rendait ce travail si pénible, c'était les enjeux élevés et la monotonie : 93 % du temps, les avions ne passaient pas à proximité les uns des autres. Pendant un quart d'heure, les participants regardaient les avions se déplacer lentement sur l'écran. Un chef de groupe restait dans la pièce avec les « aiguilleurs » et adoptait l'un des deux styles de direction suivants : dans un groupe, il jouait les boute-en-train, félicitait chacun en débitant une litanie d'appréciations louangeuses ; dans l'autre, il faisait preuve de commisération, reconnaissait que la tâche était particulièrement fastidieuse, mais déclarait aussi qu'à eux tous, ils allaient en venir à bout.

Dans le deuxième cas, non seulement le groupe effectuait un meilleur travail, mais il jugeait la tâche plus plaisante. L'enseignement à en tirer est simple : ne créez pas un climat dans lequel on présuppose qu'une attitude positive est l'alpha et l'oméga.

Si le bonheur est si merveilleux, pourquoi s'y prend-on si mal pour l'atteindre ?

Si le bonheur est aussi bénéfique et si nous le ressentons aussi souvent (les gens affirment qu'ils l'éprouvent entre 60 et 90 % du temps), comment se fait-il que nous ne soyons pas plus heureux ? Pourquoi déménageons-nous dans une maison plus grande avec une grande pelouse pour pouvoir jouer au foot avec nos enfants, et finissons-nous mécontents parce qu'il nous faut vingt minutes de plus pour rendre visite à nos amis ? Pourquoi les parents prévoient-ils pour leurs enfants des cours de théâtre et des leçons particulières de maths après l'école, en sachant pertinemment que tout le monde se sentira bousculé et se chamaillera plus souvent ? Il semble que nous soyons victimes de nombreux préjugés qui nuisent à notre capacité de choisir ce qui rend heureux. Pire, nous sommes souvent aveugles à ces préjugés.

Presque tous nos mauvais choix en la matière dépendent d'un unique fait psychologique : quand nous effectuons ces choix, nous sommes en général dans un état d'esprit différent de celui dans lequel nous sommes quand nous en subissons les conséquences. Imaginez, par exemple, que vous arriviez affamé au restaurant. Le serveur prend votre commande et vous informe que si vous voulez un soufflé au chocolat pour le dessert, vous devez le commander maintenant parce que sa préparation est longue. Vous avez faim, c'est tentant. Le plat principal fini, vous êtes rassasié et quand le soufflé arrive, vous l'appréciez beaucoup moins que vous ne l'imaginiez. La raison en est évidemment que vous avez mal anticipé votre état futur, et que vous avez été victime de ce que les psychologues appellent le *biais de projection*.

Un certain nombre d'autres distorsions nous induisent à faire de piètres prédictions sur ce qui nous rendra heureux et les conséquences peuvent en être bien plus graves que laisser la moitié d'un soufflé dans son assiette. L'une des distorsions les plus courantes est le *biais d'impact*. Il se produit lorsqu'on surestime l'intensité ou la durée de l'émotion provoquée par un événement. Par exemple, vous décidez de vous installer à Hawaï pour votre retraite parce que l'endroit vous a enchanté lors d'une escapade d'une semaine. Bien que vous ne le formuliez peut-être pas de cette façon, votre décision est fondée sur la supposition que la clémence du temps, le rythme de vie paisible et la proximité de l'océan feront votre bonheur. Des recherches très diverses sur les victoires et défaites sportives, les succès politiques et la réussite professionnelle ont montré que les gens pensent immanquablement que les événements à venir seront plus chargés d'émotion qu'ils ne se révèlent l'être, et que leurs effets émotionnels dureront beaucoup plus longtemps qu'ils ne le font. Il se peut qu'au début de votre séjour à Hawaï vous connaissiez une période heureuse, mais après un temps assez court – peut-être un mois – vous vous serez adapté à votre nouveau milieu et vous ne serez pas plus heureux que vous ne l'étiez auparavant.

Un troisième biais, celui de *distinction*, est bien mis en évidence par Christopher Hsee, chercheur à l'université de Chicago. Il fait remarquer que notre état mental (plutôt que notre état émotionnel) est fluctuant. Pour l'illustrer, reprenons l'exemple de Hsee et imaginons que vous envisagiez d'acheter un nouveau téléviseur.

> Vous voulez un écran plat. Dans le grand magasin d'électronique, vous vous retrouvez devant deux douzaines de superbes TV. L'une a un écran plus grand, l'autre, une meilleure garantie ; les deux sont dotées d'un écran luminescent que l'on voit bien même dans

une pièce brillamment éclairée, et en voilà une troisième dont l'écran a subi un traitement antireflet. Soudain, la télé de vos rêves est à portée de main et vous voilà face à un dilemme; il vous faut faire un choix – un parmi tant d'autres – qui, vous l'espérez, amènera le plaisir le plus grand. Vous vous décidez pour un modèle, passez à la caisse et l'emportez chez vous. Là, dans votre salon, le téléviseur est tout à fait à la hauteur de ses promesses. Vous êtes heureux de regarder des émissions, et pourtant cela n'a rien du bonheur extatique que vous espériez.

Dans cet exemple, vous êtes probablement victime du fait que vous recourez à un ensemble d'informations pour évaluer le téléviseur dans le magasin et à un autre, entièrement différent, pour le jauger chez vous. Ainsi, dans le magasin, vous avez sans doute comparé votre écran de soixante pouces à celui de cinquante-huit pouces d'un modèle voisin. Une fois votre téléviseur installé chez vous, il n'y a cependant plus de comparaison possible et son écran de soixante pouces n'est pas plus grand ni plus petit qu'un autre.

Mais, s'agissant d'accéder au bonheur, la distorsion la plus préjudiciable est celle qui provient de la différence entre *vouloir* et *aimer* quelque chose. En apprenant cela, la plupart des gens sont stupéfaits d'avoir passé leur vie sans comprendre clairement cette dissimilitude. Vous pouvez vouloir un chien, bien plus que vous n'aimeriez en avoir un pour de vrai. La recherche en neurosciences confirme le fait qu'il existe deux processus psychologiques distincts: le vouloir – un appétit – est associé à une région du cerveau, alors qu'aimer ou apprécier quelque chose correspond à une autre zone. Nous n'allons pas vous ennuyer avec des termes savants tels que *pallidum ventral*, *noyau accumbens* et *systèmes dopaminenergiques mésotélencéphaliques*, mais croyez-nous sur parole, les spécialistes – notamment Kent Berridge – ont établi que vouloir et aimer font intervenir deux systèmes séparés, bien que liés, du cerveau.

Vouloir ardemment quelque chose, que ce soit un nouvel emploi, un nouveau jouet ou une tablette de chocolat, a souvent un effet psychologique et parfois physique excitant. Nos désirs ont tendance à être violents. Une fois que nous avons obtenu ce que nous voulions, nous ne sommes plus aussi emballés, affectivement parlant. Nous aimons ce que nous avons maintenant, mais pas autant, et de loin, qu'avant de l'avoir obtenu. En réalité, les réunions interminables, les pénibles trajets matin et soir pour aller au travail et en revenir, et la politique de votre nouvelle entreprise n'ont rien de séduisant, malgré l'intensité du désir que vous aviez de décrocher cet emploi. À cet égard, nous fonctionnons un peu comme les toxicomanes : nous prenons des décisions d'achat ou de consommation en fonction d'un fort désir, sans posséder la capacité ou la volonté de vraiment voir leurs effets à long terme.

S'agissant du bonheur, la distinction entre vouloir et aimer est de la plus haute importance car nous supposons souvent qu'il s'agit de la même chose. Si je veux quelque chose, je l'aimerai si je l'obtiens, sous-entend la logique intuitive. Faux. Les week-ends à Aruba, les aventures extraconjugales, le poste de directeur régional, une Rolex : nous avons tendance à vouloir tout cela dans l'immédiat bien plus intensément que nous ne l'apprécierons sur le long terme. Tout le monde est enclin à confondre ces deux expériences et, par conséquent, nous sommes amenés à prendre, hélas, des décisions fâcheuses.

À elles toutes, ces distorsions sont à l'origine de dépenses en pure perte de sommes astronomiques et de décisions impulsives, dont aucune n'apporte le bonheur tant espéré. En psychologie, on parle parfois d'un complexe d'Icare. Selon la mythologie grecque, Icare et son père, Dédale, étaient retenus prisonniers en Crète. Dédale confectionna deux paires d'ailes à base de cire et il mit en garde son fils de ne pas s'approcher trop près du soleil lorsqu'il prendrait son envol vers la liberté. La sensation de voler plut tellement à Icare qu'il s'éleva de plus en plus haut jusqu'à ce que ses ailes fondent, et il trouva la mort en tombant dans la mer. Tout le monde ne souffre pas d'un complexe d'Icare, mais nous avons tous tendance à voir dans le bonheur un bien sans mélange, et cette légende montre dramatiquement comment il se retourne contre celui qui croit le posséder.

Scénario pour gérer une légère affliction

Ne vous méprenez pas, nous avons parfaitement connaissance des solides découvertes, largement confirmées, sur les bienfaits des émotions et des pensées positives, et du bonheur. Nous avons même apporté notre contribution à la littérature spécialisée. Mais ce qui reste largement inexploité, c'est le fait que, dans certaines circonstances prévisibles, être légèrement malheureux semble préférable à être heureux. Citons les tâches réclamant une pensée orientée vers les détails, systématique ou analytique, tâches qui représentent une grande partie de ce que l'on fait chez soi (préparation du budget familial, organisation des week-ends) ou au travail (paperasserie administrative, détermination de tendances et d'évolutions à partir de monceaux d'informations). Le mot-clé est «légère», car une affliction grave, sous forme d'un sentiment chronique de solitude et de troubles émotionnels, nous empêche d'aller bien et, dans les pires des cas, conduit à des pensées morbides et au suicide. Dans ce chapitre et dans tout ce livre, nous ne considérons pas de manière inconditionnelle les problèmes et les troubles affectifs comme des bénédictions cachées.

La tristesse légère associée au mode de fonctionnement nécessaire au traitement de l'information et le bonheur ne sont pas en compétition, l'un n'est ni meilleur ni pire que l'autre ; chacun a ses avantages dans un contexte adéquat. Nous tombons tous dans le piège d'utiliser les termes «émotions positives» et «émotions négatives». Ce langage, cet étiquetage, nuit à notre plénitude et nous empêche de fonctionner de manière optimale.

Les points clés

1. Lorsque nous sommes heureux, nous trouvons que tout va pour le mieux dans le meilleur des mondes, ce qui affecte notre aptitude à veiller aux

détails, nous rend un peu plus crédules, un peu moins persuasifs et nous éloigne d'autant du succès.

2. Bien que le bonheur soit largement bénéfique, organiser sa vie autour de lui peut nous amener à dépenser beaucoup de temps et d'énergie de manière malavisée. S'évertuer à être heureux nuit au plaisir et au sens que nous pouvons trouver dans le monde et à notre sentiment d'adéquation.

3. Les projets de bonheur capotent. Les objectifs à court et à long terme sont indissociables, et nous devons souvent sacrifier un bonheur immédiat pour obtenir des résultats avantageux à long terme. Il est bon de se sentir mal de temps à autre, surtout lorsque ces états psychologiques « négatifs » peuvent nous aider à atteindre un but particulier, par exemple nous préparer à un face-à-face ou persuader quelqu'un de changer d'opinion.

4. Lorsqu'une tâche est fastidieuse ou réclame une attention aux détails et des dispositions pour l'analyse, les leaders heureux peuvent par inadvertance démotiver ceux qui doivent l'accomplir et compromettre leur efficacité. Les meilleurs leaders ajustent l'expression de leurs émotions en fonction de ce que doivent faire leurs subalternes et de ce qui amènera le meilleur résultat.

5. Si vous voulez être entouré de gens productifs, créatifs, satisfaits, créez un environnement dans lequel des sentiments et des comportements diversifiés sont bienvenus.

« Ne vous occupez pas de votre bonheur, faites votre devoir », a dit un jour Peter Drucker avec piquant.

En nous fondant sur l'état actuel des connaissances scientifiques en la matière, nous recommandons dans le même esprit de considérer les pensées et les sentiments heureux comme une sorte de thermostat, un instrument offrant un aperçu de la manière dont vont les choses. Lorsque déplacer le curseur du thermostat devient le but de l'existence, les activités perdent leur attrait intrinsèque et tout se passe moins bien. Si vous voulez être heureux, sortez de votre tête et entrez dans la vie. Rechercher à toute force le positif et fuir le négatif est une démarche vaine, qui ne vous mènera qu'à passer à côté de ce que vous désirez le plus. Une personne lucide sera prête à tirer profit des occasions fortuites quand elles se présentent, et à adapter l'expression de ses pensées et sentiments qu'ils aillent dans le sens du bonheur ou de la tristesse. Pour tirer parti des bienfaits des états pénibles décrits dans ce chapitre, vous devez les reconnaître, les tolérer et les apprécier. Bref, mieux vaut que les gens heureux ne soient pas des aiguilleurs du ciel.

CHAPITRE 5

Par-delà l'obsession de la pleine conscience

La différence critique entre la pensée des humains et celle des animaux inférieurs ne réside pas dans l'existence de la conscience mais dans la capacité d'accomplir des processus complexes en dehors d'elle.

Ulric NEISSER

Dans n'importe quelle librairie, vous trouverez une étagère, si ce n'est une section entière, d'ouvrages vantant les mérites de la pleine conscience – c'est-à-dire de l'attention consciente, la capacité d'observer le monde qui nous entoure sans le souiller par notre discours intérieur, nos jugements et autres distractions. Cela signifie être capable de voir qu'une robe est rouge sans la qualifier de jolie, ou de considérer une déception pour ce qu'elle est sans se prendre pour un raté. La pleine conscience est à la mode. Phil Jackson, l'entraîneur des équipes de basket gagnantes, est connu pour avoir conseillé à ses joueurs d'appliquer les techniques de la pleine conscience. On recourt à la méditation et à la concentration mentale en pleine conscience en psychothérapie, dans l'entraînement des sportifs et même dans le monde des affaires. De nos jours, la pleine conscience est célébrée comme l'état probablement optimal du fonctionnement mental.

Ses fervents adeptes ne sont pas seulement sous l'influence de gourous New Age. Un ensemble croissant de faits scientifiquement prouvés atteste des bienfaits que l'on retire d'une observation paisible, sans porter de jugement, de ce qui se passe dans le moment présent. Diverses études montrent que les personnes attentives dans la vie quotidienne affirment être plus heureuses, mènent une existence plus chargée de sens et plus utile, ont une intelligence émotionnelle supérieure, sont plus compatissantes et viennent plus facilement à bout d'un stress chronique. La pleine conscience a vraiment du bon.

Si vous voulez en être tout à fait persuadé, tournez-vous vers les deux principaux scientifiques qui ont œuvré à populariser sa pratique aux États-Unis, Jon Kabat-Zinn, de l'école de médecine de l'université du Massachusetts, et Richard Davidson, de l'université du Wisconsin. Le premier est considéré comme le père du mouvement de la pleine conscience américain, et le second est reconnu pour sa propension à recourir à l'IRM et à d'autres procédés d'imagerie cérébrale pour étudier les bases biologiques et physiologiques de la pleine conscience. Dans une récente étude, Kabat-Zinn et Richardson ont dirigé un stage de pleine conscience de huit semaines pour des employés d'une firme de biotechnologie. Après avoir exposé le personnel de l'entreprise à un virus de la grippe, les deux chercheurs ont constaté que les participants au stage montraient une résistance remarquable à la maladie.

Outre ce renforcement du système immunitaire, ils ont également observé des changements dans le cerveau des participants après seulement vingt heures de formation à la pleine conscience (à raison de deux heures et demie par semaine). L'activité du cortex préfrontal gauche était quatre fois plus intense. Peut-être vous demanderez-vous quel est l'intérêt de la chose. Il est grand. Cette région du cerveau est associée aux émotions positives et à la tendance à considérer le stress comme un obstacle à surmonter, plutôt que comme une menace à éluder. Il n'a fallu que le temps passé à regarder quatre matchs de football à la télé et trois virées au supermarché pour modifier de manière bénéfique le cerveau de ces employés. La pleine conscience est décidément une bonne chose.

Si elle est si utile, pourquoi notre cerveau n'est-il pas « câblé » pour que nous la pratiquions plus souvent ? Ce n'est pas sans raison que l'être humain a évolué de façon à passer une énorme partie de son temps dans un état d'inattention. La pensée consciente, qui nous tient au fait de ce qui se passe dans le moment présent, a une capacité de traitement de l'information très limitée. Songez seulement au travail effectué par le cerveau lorsque nous croisons quelqu'un sur le trottoir. Nous devons estimer la distance qui nous sépare de lui, évaluer notre vitesse et la sienne, prendre conscience des limites corporelles de chacun pour ne pas se heurter, tout en déplaçant avec maestria une jambe puis l'autre, de manière à ne pas trébucher sur quelque chose traînant par terre.

Lorsque vous regardez le visage de cette personne, vous déterminez tout de suite si vous la connaissez ou non, et à partir de son expression, estimez si elle est heureuse ou triste, bienveillante ou hostile, prête à interrompre sa marche. Cette tâche est d'autant plus difficile que les muscles faciaux de la personne en question, au lieu d'être immobiles, modifient légèrement les expressions du visage à des intervalles de quelques secondes, exigeant une réévaluation constante. S'il se trouve que vous connaissez cette personne, il convient alors de mobiliser des fonctions cérébrales d'un ordre supérieur. Vous devez vous rappeler son nom, la nature de vos rapports avec elle, de quoi vous avez parlé lors de votre dernière rencontre et mettre à contribution votre aptitude à établir avec justesse le contact visuel (ni trop appuyé, ni pas assez), le volume de votre voix, le contenu verbal de ce que vous allez dire, ainsi que les capacités nécessaires à entretenir une conversation en l'écoutant et la décodant. S'il vous fallait faire tout cela en comptant sur l'attention consciente et délibérée, vous n'en viendriez jamais à bout.

Notre mental conscient est tout bonnement incapable de traiter le flot complexe, abondant et multicouche de données qui nous parviennent à chaque instant. À la moindre erreur de traitement, vous vous retrouvez à traverser la rue au moment où une voiture arrive, à jurer devant vos enfants, à laisser échapper un secret, à vous brûler la main sur le poêle et à commettre mille autres étourderies. Par nécessité, ces processus mentaux s'effectuent en grande partie à la vitesse de la lumière, échappant au radar de la conscience.

Dans ce chapitre, nous parlons de *non-mental*, d'inattention pour nous démarquer nettement de l'obsession de la pleine conscience comme moyen d'améliorer la santé et les relations, de favoriser la réussite. L'état d'inattention est souvent connoté négativement car il est à l'opposé de l'intentionnalité, de la stratégie et de toutes ces marques de la pensée dynamique et de la supériorité de l'intelligence humaine. Selon une longue tradition intellectuelle, une vie réussie doit être réfléchie et ordonnée. Au contraire, l'inattention caractérise le… zombie. Chose curieuse, c'est justement en prenant l'exemple des zombies qu'on peut trouver une illustration des bienfaits de l'inattention.

Steven Yeun joue le rôle de Glenn dans la série télévisée primée *The Walking Dead*, qui décrit l'apocalyptique invasion des zombies. En quelques semaines, Glenn, de héros plein d'énergie qu'il était, se mue en survivant fatigué par les attaques répétées de morts vivants affamés de chair fraîche. On pourrait penser qu'en tant qu'acteur, Yeun accorde une grande attention aux émotions, aux attitudes et à l'état d'esprit de son personnage. C'est particulièrement vrai dans une scène délicate où il fait mine de marcher sur un zombie au cours d'une bagarre. Selon lui, pour donner l'apparence de la réalité, il faut penser comme un zombie, c'est-à-dire ne pas penser du tout. S'il devait faire attention au nombre de centimètres qui séparent son pied de la tête de l'acteur jouant le rôle du zombie, dit-il, le résultat serait incertain et artificiel. Au lieu de penser trop délibérément et intensément (forte concentration) ou d'observer sans jugement ce qui se passe dans le moment présent (pleine conscience), pour bien jouer son rôle, il doit agir avec une réflexion consciente minimale – tout comme s'il descendait la rue en tentant de repousser une meute de zombies affamés de cervelle humaine. Il doit s'en remettre à un traitement automatique de l'information, qui s'applique aux décisions instinctives, intuitives, et aux actions commandées par un mécanisme évolutif aiguisé par des années de pratique (que possède Steven Yeun en tant qu'acteur). L'aptitude à se laisser complètement aller – à débrancher le mental conscient – et à devenir quelqu'un d'autre, un personnage qui tente de survivre à l'invasion des zombies, univers alternatif dans lequel les téléspectateurs pénètrent pendant une heure chaque semaine, est au cœur de son jeu.

Les pages qui suivent explorent trois domaines dans lesquels la recherche scientifique donne à penser que le non-mental peut vous aider à devenir plus productif, plus créatif, et mieux à même d'affronter les tracas et contingences de la vie quotidienne. Il peut se concevoir comme un spectre qui s'étendrait entre la simple distraction et la totale immersion dans le subconscient, mais ce n'est pas rendre justice au sujet. Au lieu de cela, nous examinerons en détail trois formes que peut prendre le non-mental, susceptibles de vous apporter une plus grande réussite et d'accroître votre bien-être : 1/ mettre à profit le pilote automatique, 2/ agir impulsivement et 3/ se fier à la prise de décision spontanée. Les personnes les plus souples psychologiquement – et qui réussissent le mieux – ont la faculté de passer alternativement de la pleine conscience au non-mental, au lieu de rester constamment rivés à l'un de ces deux modes. S'engager intentionnellement dans les trois voies indiquées plus haut procure un avantage de 20 % sur ceux qui adhèrent inconditionnellement à l'idée que la pleine conscience est préférable à la non-conscience.

Trois voies non mentales vers la réussite et le bien-être

> *La pensée consciente reste fermement sous le projecteur, alors que la pensée inconsciente s'aventure dans les recoins et les failles obscures et poussiéreuses de l'esprit.*
>
> Ap DIJKSTERHUIS et Teun MEURS

Mettre à profit le pilote automatique

Pour économiser de l'espace dans le cerveau, on s'en remet à la pensée heuristique, c'est-à-dire à des raccourcis cognitifs automatiques, et donc inconscients. L'une des fonctions habituelles de la pensée heuristique consiste à ranger les choses dans des catégories. À la poste, vous ne demandez pas à l'employée si elle parle la langue nationale. Vous l'avez rangée dans la catégorie « employée des Postes » et, pour cette raison, vous pouvez supposer à bon droit qu'elle parle la langue du pays, sait lire et écrire, connaît le prix des timbres, qu'elle pourra vous dire quelles modalités de paiement sont acceptées, etc. L'heuristique économise le temps et du précieux espace cognitif en n'encombrant pas inutilement le cerveau avec des tâches ennuyeuses.

Les recherches montrent qu'on est capable de situer inconsciemment les autres à une vitesse ahurissante. Dans une étude sur la première impression, il ne fallait aux participants qu'un dixième de seconde pour parvenir à des conclusions sur la personnalité des autres. Dans ce court laps de temps, ils jugeaient de leur loyauté, de leur stabilité affective, de leur gentillesse, leur enthousiasme, leur négligence, leur ouverture d'esprit et d'autres aspects de leur personnalité. Pour mettre en perspective les capacités stupéfiantes de notre mécanisme inconscient d'analyse, la lecture de ce paragraphe vous a pris deux cents fois plus de temps. Peut-être vous demandez-vous si ces évaluations éclairs sont exactes. Dans beaucoup d'études, les chercheurs ont constaté qu'elles le sont bien plus (70 % environ) que les résultats obtenus de manière aléatoire. Pas mal pour si peu de temps et d'effort !

1 – L'ÉVALUATION DE SITUATIONS SOCIALES MAL CONNUES

Une facette essentielle de la pensée en pilote automatique consiste à déterminer si quelqu'un est digne de confiance. Cette tâche délicate est d'une importance cruciale pour la bonne marche des relations sociales et commerciales, sans parler de la sécurité personnelle. Si vous vous trompez dans votre estimation, vous risquez de vous faire entourlouper, attaquer ou, à tout le moins, de perdre votre temps alors que vous pourriez nouer une relation amicale satisfaisante et enrichissante avec quelqu'un d'autre. Beaucoup de scientifiques pensent qu'on donne ou retire sa confiance en fonction de la réaction des autres aux signaux qu'on leur envoie. Si le comportement de quelqu'un reflète le nôtre, cela peut signifier que cette personne se soucie de nos besoins, de notre bien-être et n'est pas étrangère à nos valeurs.

Rick van Baaren et ses collègues de l'université Radboud à Nimègue ont observé que lorsque les serveurs d'un restaurant répètent la commande des clients (signe évident qu'ils sont attentifs), leurs pourboires augmentent de 68 %. Nous sommes certains que les clients font cela inconsciemment (sans calculer le montant du pourboire selon que le serveur a répété ou non leur commande). Cette simple action – répéter ce qu'a demandé le client – indique subtilement que le serveur est empressé et digne de confiance, dans le contexte du restaurant.

Les rapports sociaux sont parfois pénibles, notamment quand on n'est pas sur la même longueur d'onde, comme lorsque vous souriez et vous penchez vers votre interlocuteur pour lui raconter quelque chose en confidence et que celui-ci reste sur son quant-à-soi, ne laissant rien transparaître sur son visage. Un échange verbal qui n'est pas accompagné de signes, de mouvements et d'un certain effet de miroir met mal à l'aise. Les chercheurs ont régulièrement observé que nous préférons les gens qui imitent notre posture, nos émotions, nos gestes et même notre façon de parler – non pas, bien sûr, pour s'en moquer, mais par empathie. En revanche, l'imitation est inappropriée lorsqu'il y a rivalité avec quelqu'un d'autre ou lorsque nous demandons conseil sur un bien de consommation, par exemple.

Des psychologues des universités de Groningue, Duke et Yale ont étudié nos réactions à des « signes sociaux à connotation négative ». Dans une étude où les participants étaient accueillis par un professionnel très strict qui essayait d'imiter leurs mimiques et leur façon de parler au cours d'un dialogue, ils tremblaient littéralement, et avaient deux fois et demie plus froid que lorsque la même personne ne les imitait pas. Que se passait-il lorsqu'ils étaient accueillis par quelqu'un d'amical et enjoué ? Ils ressentaient seulement deux fois plus le froid après avoir passé un certain temps avec cette personne sympathique, mais qui ne les imitait pas, comme si leur corps avait été sensible à la relative fraîcheur de la réception qu'on leur avait réservée.

En gardant ces constatations à l'esprit, essayez d'imaginer ce qui se passe dans une étude où des personnes appartenant à différents groupes ethniques, après être entrées en relation, doivent deviner la température de la pièce. Entre deux personnes de la même ethnie, l'absence d'imitation par l'interlocuteur donnait une impression de froid plus grande, 2,47 °C pour être exact, alors qu'en parlant à un inconnu d'une ethnie différente, c'est au contraire sa volonté d'imiter son interlocuteur qui faisait paraître la pièce plus froide. Cette étude et d'autres similaires confortent l'idée que nous ressentons viscéralement les dissonances de comportement. L'imitation est généralement considérée comme un signe de rapprochement, et il est donc facile de comprendre pourquoi, si on ne s'attend pas à ce contact, l'imitation paraît suspecte. Considérez la baisse de température ressentie comme un signal ténu à la frontière de notre conscience, nous indiquant qu'il y a de meilleures façons de passer notre temps, moins lourdes de menaces, qu'avec la personne assise en face de nous.

Nous devons cette forme inconsciente de sauvegarde à des milliers d'années d'évolution. Interrogé sur la leçon pratique à en tirer, Pontus Leander, le principal auteur de l'étude, a répondu :

> Lorsque nous essayons d'établir un contact, peut-être ne devons-nous pas faire trop d'efforts, car cela peut facilement produire l'effet contraire (par exemple, tenter d'imiter l'autre dans des rapports interethniques). Ces études montrent qu'il est préférable de ne pas interférer avec certains processus automatiques. J'ai passé ma jeunesse dans le Sud et j'entendais souvent dire : « Si ça marche comme ça, n'en rajoute pas. » Peut-être cela est-il particulièrement vrai de l'imitation.

Nous préconisons la séquence suivante : 1/ dans les rapports avec un inconnu ou dans une conversation impliquant une question délicate, laissez le processus non mental remplir sa fonction ; 2/ faites l'effort conscient de noter tout changement intervenu dans votre corps ; 3/ demandez-vous si votre détecteur de menace n'en fait pas un peu trop. Nous parlons là des avantages complémentaires qu'on retire en commençant par le non-mental, puis en recourant à la pleine conscience dans la situation existant entre vous et les autres. Nous ne voyons aucun conflit entre les deux états mentaux. Ils travaillent en tandem, dans un certain ordre.

Nous n'avions auparavant jamais tenu compte de la première partie de la séquence – le recours au pilote automatique. Avant d'écrire ce livre, aucun de nous deux ne s'attardait sur la température ambiante lorsqu'il s'agissait de conclure un accord avec des nouveaux partenaires commerciaux ou de parler à des inconnus dans le hall d'un hôtel. Nous le faisons désormais. Nous sommes devenus conscients des avantages de la non-conscience. En plus de jauger l'attrait physique, l'intelligence, la curiosité et le caractère sympathique ou non de quelqu'un, nous n'oublions pas d'être attentifs à une éventuelle chute de température autour de lui. Auparavant, nous aurions dit : « Il fait un froid de canard par ici » ; maintenant, quand nous frissonnons et éprouvons le besoin de nous couvrir, nous nous contentons de le noter mentalement. Nous sommes devenus un peu plus méfiants et attentifs à des signes de menace ou de manipulation que nous n'aurions pas remarqués avant. Grâce à cette petite information supplémentaire, peut-être prenons-nous de meilleures décisions quand nous embauchons du personnel ou choisissons un chauffeur de taxi dans un pays étranger.

2 – RÉGULATION INCONSCIENTE DES ÉMOTIONS

Chose intéressante, ces processus automatiques s'appliquent aussi aux émotions. Leur saine régulation – la tentative de maîtriser ou modifier le type, l'intensité et l'expression de nos réactions au monde extérieur – a été associée à presque tous les aspects importants d'une vie bien menée. Par exemple, des chercheurs ont laissé supposer que l'incapacité à modérer ses émotions est en partie à l'origine de problèmes personnels tels que la dépression, l'agressivité, l'infidélité et, dans le domaine professionnel, le manque d'efficacité, la propension à voler et à harceler les autres. Sachant combien il est important et parfois difficile de maîtriser les émotions intenses comme la colère, la peur, la tristesse et la gêne, il n'est pas inutile de se demander si leur gestion consciente n'exige pas trop d'efforts et n'est pas trop lente pour être utile dans les situations délicates.

Dans de telles situations, nous éprouvons des émotions intenses et sommes poussés à agir, comme lorsque nous voyons un inconnu s'approcher de notre fille devant les toilettes d'un restaurant, lui chuchoter quelque chose à l'oreille et lui caresser le bras. Songez combien il est alors avantageux de pouvoir maîtriser ses émotions automatiquement, sans y penser, avant même de savoir exactement ce qu'on ressent, en évitant toute action impulsive, irréfléchie (dans le cas présent, empoigner une fourchette et se précipiter pour la planter dans la main de l'inconnu, et s'apercevoir en fin de compte que c'est le nouveau petit ami de notre fille). Ne pourrait-on pas entraîner son mental à se rendre utile avant même de savoir que son aide est nécessaire dans une situation difficile ?

Dans deux études, Iris Mauss, de l'université de Californie (Berkeley), et James Gross, de Stanford, ont demandé aux participants de déchiffrer des phrases incluant des mots liés soit à la maîtrise des émotions, comme « restreindre », « refréner » et « décontracté », soit à leur expression violente, tels que « déchaîner », « bouillir » et « exploser ». Les chercheurs voulaient savoir si le fait d'être discrètement conditionnés par ces mots influait sur la manière dont les participants géraient leurs émotions. Un acteur leur demandait de compter rapidement les lettres d'un article à moitié effacé puis les traitait d'incapables sur un ton de plus en plus impatient et irrité. Les participants confrontés aux mots du second groupe sentaient la colère monter bien plus (42,2 %) que ceux qui avaient vu les mots en rapport avec la maîtrise de soi. Une deuxième étude montrait que les participants mis en condition par de tels mots réagissaient à l'agression verbale de l'acteur désagréable avec un rythme cardiaque et une tension inférieurs.

Que nous apprennent ces recherches ? Premièrement, que des objectifs complexes, comme tolérer des gens déplaisants et maîtriser sa tension nerveuse, peuvent être atteints sans aucune intervention consciente et délibérée de notre part. Deuxièmement, que ces actes inconscients de régulation des émotions semblent ne rien coûter, en ce sens que la personne est non seulement moins tendue, mais aussi moins affectée physiologiquement. Troisièmement, que les interventions brèves, simples, à bas coût affectif et physique, nous amènent à réagir plus sainement aux situations difficiles. Cela veut dire qu'un puissant système, indépendant du mental, s'emploie déjà à réguler nos émotions et qu'en apprenant à influer sur lui, nous pouvons accroître son action bénéfique.

3 – CRÉATIVITÉ SPONTANÉE

Dans le monde des affaires et celui de l'éducation, on n'a que le mot « innovation » à la bouche, car elle a l'avantage d'être tangible, mesurable, d'accoucher d'idées créatives et de pouvoir être appliquée matériellement dans la réalité. Elon Musk, le « génie » concepteur des voitures électriques Tesla et SpaceX, illustre parfaitement comment l'ardeur créatrice peut être la cheville ouvrière des affaires. De fait, les entreprises – surtout celles parvenues à maturité – dépensent de grosses sommes pour des conseils en innovation sur leurs produits et leur gestion, ainsi que pour la formation à la créativité de leurs employés. Improvisation, prise de risques et acceptation des échecs limités sont au cœur de ces formations. Rien à redire là-dessus.

Autre idée mise en avant dans ces ateliers de créativité, celle que l'on peut consciemment accomplir sa tâche de manière créative. Plus on serait conscient, plus on serait réceptif aux élans créateurs. La pleine conscience est séduisante en raison de ses liens évidents avec l'action délibérée, régulière et appliquée. Cela s'accorde avec la conviction qu'une vie bien vécue ne doit pas et ne peut pas être facile. Le message est clair, mais trompeur. Les chercheurs se sont évertués à montrer combien est problématique l'incapacité de tenir en bride son mental en le laissant vagabonder. Quand l'esprit de votre enfant vagabonde en classe, est-ce le signe d'une déficience cognitive ? Dans un article sur la pleine conscience constructive, le psychologue Scott Barry Kaufman prend le contre-pied des recherches et idées récentes qui excluent les moments d'inattention et la flânerie mentale :

> Ce point de vue se tient lorsque le vagabondage de l'esprit est observé par un tiers et lorsque le coût de cette distraction est évalué en fonction de critères imposés par l'extérieur tels la rapidité ou la précision d'exécution, la facilité de lecture ou la compréhension, l'attention soutenue, etc.
>
> Il existe cependant une autre manière de voir ce vagabondage de l'esprit, un point de vue personnel, si l'on veut… Nous laissons notre esprit battre la campagne, par choix ou par hasard, parce que cela produit des résultats avantageux pour les buts et aspirations qui nous tiennent à cœur. Peu importe qu'on ait à relire trois fois la même phrase si ce moment d'inattention nous a permis d'avoir une bonne idée ou de comprendre un événement troublant.
>
> S'arrêter au beau milieu d'une histoire qu'on raconte ne prête pas à conséquence si cette interruption nous permet de retrouver un souvenir perdu qui rend l'histoire plus évocatrice et convaincante. Perdre deux minutes parce que nous avons loupé la bonne sortie de l'autoroute n'est guère gênant si cet instant de distraction nous permet enfin de comprendre la contrariété de notre patron à la réunion de la semaine précédente.

> Rentrer à la maison sans les œufs qu'on était allé chercher n'est qu'un petit tracas si pendant ce temps-là on a décidé de demander une augmentation, de quitter son travail ou de reprendre ses études.
> Dans cette perspective, on comprend mieux pourquoi les gens laissent volontiers leur esprit vagabonder.

Ce discours trouve un écho dans un essai de Thomas Pynchon sur l'indolence, où il écrit :

> […] ce que Thomas d'Aquin nomme l'Inquiétude d'Esprit – soit « courir après diverses choses sans rime ni raison » – si elle ressortit au pouvoir de l'imagination… est appelée curiosité. C'est précisément au cours de ces moments d'errance mentale que les écrivains font du bon travail, donnent parfois le meilleur d'eux-mêmes, résolvent des problèmes de forme, reçoivent les conseils de l'Au-Delà et vivent des aventures hypnagogiques qu'avec un peu de chance ils pourront se rappeler par la suite.

Imaginez que notre mental soit privé de la capacité de se mettre en veilleuse. Si nous ne pouvions résister à la force d'attraction des tâches en cours, nous en sortirions-nous mieux ? Serions-nous plus heureux et réussirions-nous mieux si nous exercions un contrôle autoritaire sur les errances de notre esprit ? Les activités qui ne requièrent aucun effort d'attention sont indispensables pour la conscience de soi, la réflexion et l'organisation. On peut arguer que notre cerveau a besoin de cette activité mentale sans contrainte pour découvrir et consolider l'information, de même que notre corps a besoin de sommeil, d'exercice et de vitamine D.

Avant de se lancer dans des formations spécialisées, cueillons les fruits qu'on a à portée de main en appréciant les états de repos du mental indispensables à la gestation d'intuitions créatrices. Après tout, voilà longtemps que la créativité est associée à l'incubation inconsciente des idées, des découvertes et des œuvres, comme le soulignent souvent les lauréats du prix Nobel et les artistes. La notion d'Euréka, ce jaillissement intuitif qui permet soudain de résoudre un problème ou de trouver une idée pertinente quand on s'y attend le moins, vous est sans doute familière. Il y a, semble-t-il, quelque chose d'inventif dans l'attention vague, distraite. Il se trouve que la recherche étaye l'idée selon laquelle la créativité se glisse en nous subrepticement.

Selon David Greenberg, auteur de *Presidential Doodles* [Griffonnages présidentiels], des documents historiques révèlent que vingt-six des quarante-quatre présidents des États-Unis gribouillaient pendant que leur esprit s'évadait quand les affaires d'État (réforme du Code des impôts ?) ne parvenaient pas à retenir leur attention. Ne vous hâtez cependant pas de clamer que c'est là une perte de temps et donc un gaspillage des deniers publics, car les scientifiques ont constaté que les griffonneurs se souviennent mieux (près de 25 %) de ce qui s'est passé pendant leur gribouillage que ne le font dans le même temps ceux qui ne griffonnent pas. Il peut sembler paradoxal que faire quelque chose distraitement rende en réalité plus attentif, mais faire des petits dessins n'exige que peu d'attention, ce qui permet à la fois de rester sur le qui-vive et de se recharger en énergie mentale, qui, autrement, serait pompée par des orateurs ennuyeux. Malheureusement, enseignants, parents et supérieurs hiérarchiques jugent souvent le griffonnage irrespectueux et le réprouvent.

Et s'ils partaient de prémisses différentes ? S'ils encourageaient au contraire les activités réclamant peu d'attention pour contrebalancer l'intense concentration ? On en a déjà un exemple dans les entreprises et les écoles où l'on diffuse une douce musique de fond pendant le travail ; la recherche montre que cela peut favoriser la concentration et soutenir une activité sereine, durable et exigeant une grande attention. Un autre exemple moins évident est donné par les compagnies aériennes qui permettent aux pilotes de faire un petit somme. Au cours d'un long vol intercontinental, vous vous attendez à un certain confort : un oreiller, une couverture, un film et des hôtesses de l'air aux petits soins et… bien éveillées. Heureusement, personne ne vous dit qu'on a demandé au pilote de faire une sieste de vingt-cinq minutes pendant que l'avion survole l'océan. Pas d'inquiétude. Les chercheurs de la NASA ont constaté que les pilotes qui faisaient un petit somme étaient 20 % plus rapides dans leurs prises de décision et commettaient 34 % d'erreurs en moins après leur réveil. On ne saurait sous-estimer le pouvoir que donne la mise en veilleuse stratégique du mental pour recharger son énergie. Comment obtenir autrement un gain d'efficacité de 34 % en moins d'une demi-heure ?

Pour en apprendre davantage sur l'origine des avantages de cette déconnexion du mental, adressons-nous au Dr Andrei Medvedev, professeur au Centre d'imagerie fonctionnelle et moléculaire de l'université de Georgetown. En 2012, son équipe a surveillé l'activité cérébrale d'adultes qui faisaient la sieste. Les chercheurs ont observé que, durant ces périodes de sommeil, l'hémisphère droit du cerveau – étroitement associé à la pensée créatrice – communiquait fréquemment avec l'hémisphère gauche. Medvedev a formé l'hypothèse que, pendant ce repos, l'hémisphère droit accomplit un important travail de nettoyage, ce qui facilite le transfert des informations et expériences récentes dans les centres de stockage.

C'est comme prévoir une révision de votre ordinateur pour sauvegarder automatiquement des dossiers et effacer l'information inutile, sauf qu'il se passe quelque chose d'inhabituel lorsque ce travail de catalogage mental s'accomplit. La collision accidentelle avec des souvenirs plus anciens aboutit à des combinaisons bizarres. Lorsqu'on dort, notre éditeur interne n'est pas de service et il n'est donc plus en mesure de déclarer certaines idées interdites ou de les biffer prématurément comme étant impraticables. Ce serait merveilleux si chaque nouvelle combinaison de pensées aboutissait à une percée créative, mais cette soupe conceptuelle est, hélas, souvent inexploitable. Il faut s'y attendre et l'accepter. On ne peut espérer un jaillissement continu d'idées fantastiques ; une bonne de temps en temps est déjà appréciable.

La créativité surgit des activités semi-automatiques les plus curieuses. Lorsque des chercheurs ont enquêté sur l'origine des idées les plus créatives trouvées par cent quatre spécialistes des relations publiques pour diverses organisations du Royaume-Uni, le bureau ne s'est pas révélé être la source de l'originalité. Les trajets entre la maison et le travail étaient la principale muse, talonnés par l'heure de la douche ou du bain. Appelons-les des foyers créatifs accidentels. Pour être pleinement créatif, vous devez profiter de ces « foyers » et d'autres du même genre : tondre la pelouse, faire la vaisselle ou votre jogging, promener le chien.

Mise en garde : l'activité sans recours au mental ne suffit pas à elle seule à engendrer la créativité. Sinon, nous n'aurions qu'à rêvasser en faisant la vaisselle pour être tous des Georgia O'Keeffe ou des Ernest Hemingway. Les activités de ce genre sont cependant le terreau où s'enracinent les meilleures idées. Les chercheurs ont découvert, par exemple, que les personnes les plus créatives et celles qui s'emploient le plus à augmenter leur créativité cherchent intuitivement l'inspiration dans des états non conscients. En particulier, elles sont plus aptes à faire le tri dans leurs rêves, par exemple, et à incorporer ce matériau dans leur vie éveillée. Par conséquent, planifions le non-planifié en faisant en sorte de passer du temps en dehors des activités dans lesquelles le mental s'évertue à créer. Et soyons prêts à saisir au vol les idées, n'importe quand, n'importe où, en gardant toujours un dictaphone à portée de main.

Agir impulsivement

Si vous appréciez quelqu'un de drôle, qui a son franc-parler, vous le qualifierez de spontané ; si vous ne l'appréciez pas, vous direz qu'il est impulsif.

Nous avons un rapport ambigu avec les actions accomplies sur un coup de tête. D'un côté, on a tendance à les trouver amusantes, mais de l'autre, elles nous semblent parfois idiotes. Une des raisons pour lesquelles l'impulsivité est mal notée est que nous ne prenons pas en compte les situations où l'action impulsive donne de bons résultats. Par exemple, une tempête hivernale est annoncée dans les jours qui viennent et au lieu de passer une journée de plus à la maison avec vos trois enfants, vous cliquez sur un site web proposant des offres de week-ends et vous réservez un vol familial pour Aruba où règne une température clémente. Choisir un livre au titre captivant chez un bouquiniste, entrer dans un nouveau café sur l'impulsion du moment, se lancer en un instant dans une aventure avec un(e) inconnu(e), engager la conversation avec quelqu'un d'intéressant rencontré par hasard – les réactions impulsives et les activités non planifiées, quoique risquées, peuvent être très réussies et plaisantes. C'est précisément le cas parce qu'elles sont improvisées et leurs conséquences incertaines, et qu'elles suscitent à la fois de l'anxiété et de la curiosité, dans ces moments où nous nous sentons bien vivants et tout à fait nous-mêmes, sans avoir besoin de recourir aux faux-semblants ou de faire bonne impression avant d'avancer d'un pas.

4 – Les effets libérateurs de la perte de contrôle

Imaginez que vous êtes mêlé à une conversation sur un sujet controversé, par exemple, la légalisation de la marijuana, la réduction des effectifs des pompiers et de la police pour cause d'économies budgétaires ou le partage de l'héritage de votre grand-père. Ces questions sont contentieuses en raison de leur importance pour les personnes directement concernées. L'une des plus sensibles sur le lieu de travail est celle de la diversité. Dans la plupart des pays modernes, on reconnaît que l'intégration sur la base de l'ethnie, du sexe, de l'orientation sexuelle, de la religion, de la nationalité d'origine ou du statut socio-économique est non seulement juste, mais a également ses avantages.

Nicky Garcea, consultante en Angleterre, a passé des années à diriger divers programmes. En arrivant dans une organisation, entreprise ou autre, elle mettait sur pied des ateliers sur l'importance de la valorisation des différences. Elle fut rapidement déçue par cette façon de procéder. « Attirer l'attention sur la spécificité de chacun, avoue-t-elle, c'était être quasi certain qu'il serait par la suite catalogué comme femme, Indien ou homosexuel. »

Beaucoup d'entre nous sont sur le fil du rasoir, partagés entre le désir de faire comme s'il n'y avait aucune différence entre les gens et celui de parler des différences possibles de manière sensée et respectueuse. Choisir le mot juste exige une énergie mentale considérable. Comme c'est le cas, par exemple, lorsqu'un Blanc cherche à discuter avec une Noire, mais ne tient que des propos anodins, légers et superficiels. Les deux interlocuteurs se sentent mal à l'aise. Ils devinent que le non-dit est l'essentiel. Deux personnes pleines de bonnes intentions en arrivent ainsi à rendre l'échange très difficile.

Mais que se passe-t-il si on épuise quelqu'un avant une conversation, de sorte qu'il n'a plus assez d'énergie pour cacher, omettre ou édulcorer ce qu'il pense ? Vous pouvez lui demander de courir cinq kilomètres ou de faire une grille de mots croisés géante avant d'entamer le dialogue. Prenons le cas de participants à une étude éprouvés intellectuellement ou physiquement avant d'engager une conversation potentiellement délicate avec une personne d'un groupe ethnique différent. Trop fatigués pour trouver les mots justes, ils étaient en fin de compte moins inhibés au cours de la conversation axée sur les différences personnelles entre ethnies et appréciaient cet échange 25,4 % fois plus. Par ailleurs, des observateurs noirs qui regardaient la vidéo du dialogue estimaient qu'ils avaient moins de préjugés. Enfin, les participants fatigués et désinhibés avaient davantage tendance, dans la proportion de 72,6 %, à discuter franchement de diversité et à aborder efficacement cette question sensible.

Un argument supplémentaire en faveur des actions impulsives ou moins préparées a une origine inattendue : le déclin des facultés cognitives qui précède les maladies cérébrales dégénératives chez les personnes âgées. Au cours d'une étude, les chercheurs ont informé des jeunes (dix-neuf ans en moyenne) et des adultes âgés (soixante-treize ans en moyenne) qu'ils participaient à une initiative communautaire visant à conseiller les adolescents ayant des problèmes. On leur faisait croire que la démarche consistait à leur prodiguer des conseils au moyen d'entretiens filmés en vidéo avec des gens ordinaires qui avaient connu une adolescence difficile (et non avec des thérapeutes professionnels). Les participants devaient choisir « leur » adolescent parmi des dossiers, ignorant que les mêmes éléments d'information se trouvaient dans tous : la photo d'une adolescente obèse, qui, en outre, était-il précisé, souffrait d'insomnies, de brimades, d'une incapacité à nouer des amitiés et d'un manque d'intérêt dans ses études.

Les participants devaient réfléchir au genre d'avis qu'ils souhaitaient donner. Les personnes âgées se montrèrent plus franches, abordant directement le problème de surpoids de l'adolescente et son manque d'attrait physique, évoquant les difficultés qu'elles avaient elles-mêmes connues à cet âge, expliquant comment elles les avaient affrontées et ce que leur avait appris le fait d'être rejeté et en situation d'échec. Les jeunes ne prirent aucun risque : 70 % d'entre eux ne parlèrent même pas du poids de l'adolescente. Plus intéressant encore, les personnes âgées aux capacités cognitives les plus diminuées (mesurées par un examen neuropsychologique complet) étaient les plus ouvertes : 80 % d'entre elles parlaient du poids et donnaient beaucoup de conseils.

Les chercheurs demandèrent ensuite à deux médecins spécialisés dans les problèmes d'obésité de regarder les vidéos des entretiens et d'évaluer la qualité des conseils prodigués. Il apparut que les adultes aux capacités mentales les plus faibles donnaient les meilleurs avis. Leur absence d'inhibition les rendait d'un abord plus facile, plus enclins à l'empathie et à aider, malgré la franchise avec laquelle ils abordaient la question délicate de l'obésité et de son rôle dans ses problèmes relationnels. Dans leur article, « Le risque d'incompréhension polie », Jean-François Bonnefon et ses collègues concluent que :

> La politesse taxe les ressources mentales et crée la confusion quant à ce qui est réellement signifié.
> Alors que cette confusion est fonctionnelle dans les situations à faibles enjeux, elle peut avoir des conséquences fâcheuses dans celles à enjeux élevés, comme piloter un avion en situation d'urgence ou aider un patient à décider d'un traitement.

Donner des conseils et faire office de mentor sont deux des principales fonctions des parents, des enseignants et des cadres supérieurs en tant que guides. Le fait de ne pas s'attaquer à des questions sensibles augmente la probabilité d'échec dans son travail, de gaspillage de temps, de voir ses relations se dégrader et de perdre de l'argent par défaut de communication. Lancez-vous dans ces conversations redoutées. Faites-le quand vous êtes légèrement fatigué et que vos défenses naturelles sont réduites ; cet état peut vous aider à tolérer le malaise et à tirer parti de sentiments moins conventionnels.

Se fier à la prise de décision spontanée

Nous vous mettons au défi de passer huit heures sans prendre de décisions en une fraction de seconde. Abstenez-vous de changer de voie en pleine circulation automobile, n'invitez personne à déjeuner lors d'une première rencontre, n'exprimez aucune pensée avant de l'avoir soigneusement soupesée, n'envoyez aucun courriel écrit à la va-vite et ne répondez pas immédiatement à ce qui est posté sur Facebook. Nous sommes prêts à parier que vous n'y arriverez pas. Peut-être le pourrez-vous pendant une heure. Si vous êtes en train de faire des achats dans une galerie marchande ou si vous regardez la télévision, vous ne résisterez pas plus de deux minutes.

On a tendance à prendre les décisions importantes après mûre réflexion. Nous aimons faire des choix après les avoir laborieusement pesés, par exemple en procédant à une analyse coûts/bénéfices, en consultant des spécialistes et en échafaudant des plans, alors qu'il suffit souvent de laisser la nuit nous porter conseil. Une manière de procéder plus intuitive semble presque New Age parce qu'elle est fondée sur l'existence de l'inconscient et la conviction que ce fantôme dans la machine peut se charger du gros du travail de décision, pendant que le mental conscient s'occupe d'autre chose. Selon le principe de la capacité cérébrale, lorsqu'il y a trop de données à digérer, la pensée consciente est contrainte par la nécessité de traiter toute l'information, de l'intégrer, d'en extraire les éléments pertinents et de comparer les différentes possibilités de choix jusqu'à ce que la meilleure soit sélectionnée. La pensée distraite n'est pas soumise à de telles contraintes parce que le traitement mental de l'information s'opère sans qu'on en ait conscience. Cela conduit à une règle générale contraire à l'intuition : lorsqu'il faut prendre des décisions complexes, après avoir consciemment réuni les informations, évitez d'y penser. Prenez votre temps et laissez choisir l'inconscient.

Nulle part cette règle n'est mieux vérifiée que dans les travaux d'Ap Dijksterhuis[1]. Ce psychologue hollandais a étudié pendant des années l'intelligence de l'inconscient. Dans une étude convaincante, il s'est demandé si les fans de football, obsédés par leur désir de pénétrer les arcanes de ce sport, sont mieux à même de deviner quelles seront les équipes gagnantes que les gens non informés, plus enclins à se servir de la page sports de leur journal comme litière pour le chat qu'à la lire. Il a brièvement montré aux deux groupes des statistiques sur les buts marqués, les passes décisives, la précision des passes, les interceptions du ballon et des faits ésotériques relatifs à diverses équipes professionnelles. Dijksterhuis voulait voir comment les deux groupes utilisaient l'information.

---

1. Bos, M.W., Dijksterhuis, A., & Van Baaren, R.B. (2011), « The benefits of 'sleeping on things' : Unconscious thought leads to automatic weighting », *Journal of Consumer Psychology*, 21(1), p. 4-8 ; Voir aussi : Pessiglione, M., Schmidt, L., Draganski, B., Kalisch, R., Lau, H., Dolan, R.J., & Frith, C.D. (2007), « How the brain translates money into force : A neuroimaging study of subliminal motivation », *Science*, 316 (5826), p. 904-906.

Pessiglione (2007) a testé cette idée en recourant à un système novateur d'incitation. On montrait aux participants d'une expérience des pièces de plus ou moins grande valeur qu'ils pouvaient gagner en serrant une poignée. Plus ils serraient fort, plus ils recevaient de pièces. Ils serraient évidemment d'autant plus fort que la valeur des pièces était élevée. Cependant, des pièces leur étaient montrées très brièvement – de manière subliminale –, de sorte que leur valeur ne pouvait être consciemment perçue. Même dans ce cas, les participants serraient plus fort quand une pièce de valeur était en jeu, ce qui conduit à la conclusion surprenante que la récompense potentielle n'a pas à être perçue consciemment pour déclencher l'effort.

Lorsqu'on leur donnait assez de temps pour soupeser les performances d'une équipe, les fans de foot faisaient mieux que les néophytes. Ils se servaient des informations qu'ils ressassaient à longueur de journée. Mais il arriva quelque chose d'étrange lorsque Dijksterhuis modifia les règles. Il laissa les sujets réfléchir pendant deux minutes seulement, puis les empêcha de penser au football en leur donnant à résoudre des équations d'algèbre. Pendant qu'ils planchaient sur ces problèmes mathématiques, Dijksterhuis les interrompait et leur demandait de deviner à brûle-pourpoint quelles équipes allaient gagner les prochains matchs. Les pronostics des néophytes étaient alors meilleurs que ceux des experts ! Pourquoi ? Parce qu'en l'absence de données pertinentes, les néophytes s'en remettaient à n'importe quelle information qui attirait leur attention – par exemple, la précision des passes entre joueurs par temps pluvieux ou venteux, statistique que les experts avaient pu négliger. La réaction instinctive des néophytes reposait sur l'information inhabituelle qu'ils avaient sous les yeux et que leur cerveau remarquait et retenait. Comme les experts, eux, disposaient d'un vaste stock de données sur leur sport favori emmagasiné dans leur cerveau, l'information essentielle, à valeur prédictive, ne ressortait pas ; il est très difficile de désapprendre des faits anciens et de se défaire des préjugés, ce qui est pourtant nécessaire pour assimiler les faits nouveaux.

Les résultats obtenus dans cette étude valent évidemment en dehors du domaine sportif. Les réactions viscérales sont tout aussi pertinentes dans le choix d'un médecin qu'effectuent des blessés, la décision prise par des obèses de se mettre au régime et de faire de l'exercice, ou le diagnostic porté par les médecins en cas de maladie grave. Dans une étude similaire, on demanda à des personnes possédant une solide formation en psychologie de quels troubles mentaux souffrait un patient. Dans un cas, ces experts lisaient le dossier médical du patient, puis disposaient de quatre minutes pour prendre une décision. Dans un autre cas, ils devaient traiter inconsciemment l'information contenue dans le dossier pendant quatre minutes également, en étant distraits par la résolution d'une charade. Les experts se trompaient plus souvent quand ils réfléchissaient davantage. En fait, ceux qui prenaient leur décision en y pensant le moins étaient cinq fois plus exacts dans leur diagnostic[1] que leurs collègues qui la prenaient en réfléchissant bien.

On le voit, la pensée inconsciente présente de nets avantages, surtout quand il s'agit de décortiquer, manipuler et synthétiser de grandes quantités d'information. Mais, évidemment, la pensée consciente a elle aussi des avantages marqués. Si, par exemple, vous savez que le fait d'avoir vue sur des arbres et des champs verdoyants est indispensable à votre qualité

1. L'expertise fait ici une différence cruciale. De toute évidence, un expert dispose d'une expérience et de connaissances importantes dans lesquelles il peut puiser inconsciemment. Cela n'est pas votre cas si vous devez prendre une décision dans un domaine qui vous est étranger. Et si vous manquez de connaissances en matière de troubles psychologiques, vous ne disposerez pas des mécanismes internes nécessaires pour prendre une décision à brûle-pourpoint.

de vie au travail, et qu'on vous propose un bureau plus grand et plus confortable, mais ne donnant pas sur l'extérieur, vous devez garder cela à l'esprit avant de vous décider. Sans quoi vous risquez d'être séduit par la perspective de disposer de plus d'espace et d'être surpris par la baisse de votre moral dans les mois qui suivent, confiné comme vous l'êtes dans votre nouveau bureau sans fenêtre. Il faut savoir ce qui compte le plus pour vous.

Prenons l'exemple de la décision, parfois difficile, de choisir quel appartement louer. Elle serait aisée si l'appartement que vous avez en vue présentait tous les avantages : loyer raisonnable, chambres spacieuses, belle salle de bains, espaces de rangement suffisants, balcon, quartier sûr et calme, parcs, commerces et transports publics à proximité. Dans la réalité, ce choix exige la plupart du temps des compromis. Le quartier est agréable mais les transports sont assez éloignés, l'appartement est spacieux mais sans beaucoup de charme. La majorité des gens soupèsent soigneusement défauts et avantages avant de se décider.

En 2011, Dijksterhuis et ses collègues effectuèrent une expérience dans laquelle les participants devaient choisir un ou deux appartements sur douze proposés. Comme dans la vie réelle, aucun n'était idéal. Les meilleurs appartements avaient huit côtés positifs et quatre négatifs ; les moins séduisants, huit négatifs et quatre positifs seulement. Lorsque les participants devaient se décider immédiatement après avoir été informés des caractéristiques des logements, ils ne faisaient le meilleur choix que dans 15 % des cas. Quand ils disposaient de quatre minutes pour évaluer consciencieusement chaque appartement, le chiffre grimpait à 29 %. Cela montre que la réflexion vaut mieux que l'achat impulsif, mais ni l'un ni l'autre ne semble entièrement sûr.

Chose intéressante, lorsque, dans des conditions de l'expérience encore différentes, les participants étaient distraits par une charade sans aucun rapport avec le choix de l'appartement, ils faisaient aussi bien que la fois précédente, jetant leur dévolu sur le meilleur dans 30 % des cas. Ce qui se passait lorsque les participants avaient le loisir d'envisager chaque appartement en pleine conscience pendant deux minutes, leur attention étant ensuite détournée pendant le même temps par une charade, est plus intéressant encore. Ceux qui passaient deux fois moins de temps à réfléchir, puis prenaient une rapide décision après s'être creusé les méninges à essayer de résoudre une charade, arrivaient à faire le meilleur choix dans 58 % des cas ! Après un temps de réflexion deux fois plus court, ils prenaient une décision deux fois meilleure.

Il est évident que réfléchir en pleine conscience ne suffit pas à conduire à la meilleure décision quand il faut faire son choix parmi de nombreuses options. Nous devons tirer parti des avantages respectifs des pensées conscientes et inconscientes. Découverte intéressante, mais en fin de compte incomplète, puisqu'elle ne nous dit pas par laquelle commencer. Par quel mode de fonctionnement de la pensée le processus de prise de décision doit-il débuter ? Dans une étude ultérieure, les chercheurs ont constaté que leur ordre de succession est important. Lorsque, dans leur recherche d'un appartement (pensée consciente), les participants disposaient de deux minutes pour réfléchir avant d'être distraits par un rébus (pensée inconsciente), ils choisissaient le meilleur appartement dans 57 % des cas. Lorsque l'ordre de succession était inversé, le chiffre tombait à 30 %.

Pas étonnant qu'il y ait autant de livres sur la pleine conscience et la pensée irrationnelle ! Nous n'avons pas fini d'apprendre comment fonctionner de manière optimale en tant que personnes entières, pleinement intégrées. Cette direction de recherche fascinante nous montre que la stratégie la plus efficace pour prendre des décisions complexes consiste à recourir avec souplesse à la pensée consciente, puis à la pensée inconsciente, dans cet ordre. Dans une situation cognitivement exigeante dans laquelle on a un grand nombre d'options possibles, la formule pour prendre la décision optimale serait la suivante.

1. Passer un petit moment à réfléchir à la situation en pleine conscience.
2. S'arrêter.
3. Passer à une autre activité sans aucun lien avec la situation pour une période d'incubation.
4. Prendre sa décision.

Interventions indépendantes du mental

Pendant des décennies, on a cherché à favoriser la réussite en augmentant la conscience de soi, mais les recherches évoquées dans ce chapitre laissent entrevoir une autre manière de procéder.

Nous proposons une stratégie d'accroissement de la conscience-inconscience pour nous aider à atteindre plus sûrement les buts qui nous tiennent à cœur et, par conséquent, pour vivre mieux. Nous avançons l'idée choquante que notre comportement peut être modifié de manière spectaculaire sans que nous en ayons conscience. Un traitement inconscient et subtil de l'information peut améliorer, rendre plus judicieuses et plus rapides nos prises de décision.

Prenons l'exemple de l'augmentation de l'efficacité. Dans un centre d'appel, on a testé une intervention à bas coût sur les employés en leur montrant une photo avant qu'ils n'appellent les clients. Sur l'une figuraient trois représentants de télémarketing souriant pendant un appel (image à connotation positive en rapport avec la situation), une autre montrait une athlète levant les bras triomphalement en franchissant vainqueur la ligne d'arrivée (image à connotation positive sans rapport avec la situation) et une troisième représentait l'immeuble où ils travaillaient. Le nombre d'appels aboutissant à un engagement d'achat de la part des correspondants augmentait de 58 % pour les employés qui voyaient les deux premières photos, alors qu'il n'augmentait pas pour ceux à qui on montrait la photo de l'immeuble.

Mais ce n'est pas le plus étonnant. Tenez-vous bien : les employés qui avaient sous les yeux la photo de leurs trois collègues souriants collectaient 85 % de fonds en plus que ceux qui voyaient celle de l'immeuble. Lorsqu'on leur demandait comment ils avaient fait pour améliorer autant leur rendement, aucun ne mentionnait la photo. Qu'est-ce qui est le plus sensé : acheter des affichettes encadrées à dix euros ou en dépenser des milliers en formations pour améliorer le moral, la motivation et la performance des employés ? Libérer le subconscient permet d'accroître l'efficacité et l'effet se fera sentir non pas pendant des heures, mais la semaine entière.

Venons-en maintenant à des problèmes sociétaux plus importants. Tenter de convaincre quelqu'un de cesser d'appliquer des stéréotypes aux personnes âgées, aux handicapés, aux homosexuels et aux membres d'une ethnie différente a pour effet imprévu de rendre ces stéréotypes plus présents à la conscience et donc de conduire à les utiliser. Dans une même veine, lorsque des fumeurs voient des publicités antitabac, ils finissent par fumer davantage. Aussi des chercheurs ont-ils réuni un groupe de Blancs qui reconnaissaient avoir des préjugés raciaux et désiraient éviter les contacts avec des Noirs, et ils se sont demandé si ces vues pouvaient être modifiées sans essayer de convaincre les participants qu'il importe de lutter contre les préjugés et le racisme.

On leur montrait sur un écran d'ordinateur des images et des mots à connotation positive se rapportant à des Noirs américains (la photo d'un enfant noir partageant son déjeuner avec un camarade de classe affamé) et on leur demandait de « se rapprocher » des Noirs en tirant une manette de jeu dans leur direction. Lorsqu'on leur montrait des mots et des images en rapport avec des Blancs, il leur fallait éloigner d'eux la manette. L'idée était qu'en associant de manière répétée des images positives de Noirs, en incitant à s'en rapprocher et à les apprécier, on pourrait chasser l'habitude irréfléchie de les considérer comme des ennemis à éviter. Les chercheurs ont constaté une diminution de 46,5 % des préjugés chez les personnes ainsi entraînées à associer les Noirs avec une attitude d'approche, comparées à celles qui n'avaient pas été reconditionnées. Mais ce recâblage du cerveau va-t-il jusqu'à modifier dans les faits le comportement des Blancs à l'égard des Noirs ? Étonnamment, la réponse est oui. Après avoir été habitués à associer sans y penser des visages de Noirs avec un mouvement d'approche au moyen d'une manette d'ordinateur, dans une conversation destinée à lier connaissance, les Blancs approchaient leur chaise six fois plus près de leur interlocuteur noir (un acteur chevronné qui était déjà assis à l'arrivée du participant). Le cerveau est un organe drôlement intéressant !

Pour ceux d'entre nous qui s'efforcent déjà de mieux apprécier la diversité, il est inutile de rappeler en quoi il est bénéfique de se trouver en présence de gens qui ne nous ressemblent pas ou n'ont pas les mêmes valeurs. Mais voici un fait important : nous avons tous autour de nous un cercle de personnes appartenant à la même famille d'esprit, personnes que, par facilité, nous trouvons plus estimables que le reste de l'humanité. Que nous soyons croyants ou athées, végétariens ou carnivores, féministes ou amateurs de pornographie, nous avons tous des préjugés, certains que nous reconnaissons, d'autres, plus nombreux, dont nous n'avons pas conscience. Les dernières recherches scientifiques nous montrent comment nous en défaire. Nous savons que, grâce à la répétition de mouvements, nous pouvons réorganiser les schémas de fonctionnement du cerveau afin de nous améliorer. L'entraînement au non-mental peut être ajouté à la panoplie de méthodes visant à favoriser la réussite et le bien-être.

Tirer le meilleur parti du non-mental

Nous nous démarquons du battage médiatique, scientifique ou grand public, vantant la supériorité de la pleine conscience sur… la conscience vide. Comprendre comment la pensée non consciente favorise la réussite donne un avantage par rapport à ceux qui activent la pleine conscience aussi souvent que possible. Même si vous le vouliez, il est physiquement intenable d'être sans arrêt sur le qui-vive. Pour tirer parti de la pensée non consciente, nous avons décrit ses avantages dans des aspects de l'existence aussi divers que la poursuite d'un but, la confiance à accorder aux autres, la créativité, les préjugés et les prises de décision complexes.

Dans certaines circonstances, la pensée non consciente nous permet d'être plus objectifs. Cette idée suscitera peut-être des réticences. Après tout, s'il semble intuitivement qu'on puisse prendre de bonnes décisions à l'emporte-pièce sur des questions réputées anodines, il paraît entendu que les décisions complexes exigent mûre réflexion. Nous sommes là pour vous dire que l'efficacité est souvent compromise par la croyance en la supériorité de la pleine conscience.

Les points clés

1. La pleine conscience peut être bénéfique, mais nous sommes aussi naturellement prédisposés à la non-conscience.
2. La pensée automatique permet d'économiser les ressources mentales.
3. La fatigue mentale peut conduire à une forme productive de désinhibition.
4. Le traitement inconscient de l'information aboutit souvent à une plus grande efficacité et à de meilleures décisions, surtout dans les situations complexes.
5. Les suggestions subliminales peuvent nous inciter à redoubler nos efforts pour atteindre un but.
6. Les tentatives pour oblitérer la non-conscience sont vouées à l'échec.

Reconnaître le pouvoir du non-mental est déjà un pas en avant. On peut aussi s'entraîner à exploiter cette ressource insuffisamment appréciée. Voici, à cette fin, quelques recettes supplémentaires.

1. Accordez-vous un délai très court – dix secondes – pour prendre une décision sur laquelle vous êtes resté bloqué depuis un moment. Par nécessité, elle sera ainsi prise sans réfléchir. Il y a toujours une raison pour ne pas partir en voyage quelque part. Il y a toujours une raison pour faire systématiquement les mêmes achats à l'épicerie. Prenez dix secondes, puis appuyez sur le bouton

« Soumettre » et mettez l'article litigieux dans votre chariot ou passez votre chemin sans gaspiller davantage d'énergie à cette décision.

2. Utilisez des signes ou des pense-bêtes représentatifs de vos objectifs. Voulez-vous être décontracté et serein dans une situation donnée ou franc et ouvert à toutes les sensations qui se présentent ? Voulez-vous avoir de hautes aspirations et êtes-vous prêt à prendre des risques pour les réaliser, ou refusez-vous de prendre des risques pour être certain de ne pas commettre d'erreurs ? Vous pouvez épingler dans votre chambre ou votre bureau des images et des mots évocateurs de buts particuliers et motivants.

3. Laissez votre esprit vagabonder de temps en temps. La pleine conscience est un état mental gourmand en énergie et ce n'est pas sans raison que notre cerveau n'est pas équipé pour la réaliser en continu. Lorsque notre esprit vagabonde, l'activité cérébrale est presque la même que pendant le repos. Les idées se bousculent et les bonnes surgissent par hasard. Les foyers, les associations et les entreprises peuvent encourager l'activité inconsciente stratégique. C'est une des nombreuses raisons pour lesquelles le jeu et l'activité physique pendant le temps libre doivent absolument être préservés.

4. Assignez-vous une ligne de conduite pour le recours à l'intuition. Lorsque vous avez une décision simple à prendre, mieux vaut le faire avec méthode, de manière logique et réfléchie. Si la décision à prendre est complexe, vous serez le plus efficace en prenant quelques minutes pour examiner

l'information disponible, puis en vous accordant une période d'incubation pendant laquelle vous ferez autre chose (« la nuit porte conseil »), avant de vous en remettre, sans réfléchir, à votre intuition.

Au lieu de donner la préférence exclusive à l'un des deux modes de pensée, la pleine conscience et le non-mental, nous vantons les mérites relatifs des deux. Si vous vous privez de la moitié de la pensée humaine, de la conscience humaine, vous réduisez artificiellement vos possibilités de réussite et de bien-être.

CHAPITRE 6
L'effet Teddy

Pouvez-vous imaginer le président de la République faussant compagnie à ses gardes du corps pour avoir du temps à lui ? En cette époque d'obsession sécuritaire, ce n'est pas facile. C'est pourtant ce qu'a fait le président des États-Unis Theodore Roosevelt en 1903, deux ans seulement après le début de son premier mandat. Au cours d'une visite officielle au parc national de Yosemite, il laissa en plan son escorte et s'esquiva en compagnie de deux gardes forestiers et de John Muir en personne. Ce dernier passa la majeure partie de ces quelques heures dérobées au protocole à prôner une politique gouvernementale de protection des régions sauvages plus volontariste. Ils passèrent la nuit sous des séquoias, et s'aventurèrent jusqu'au magnifique précipice de Glacier Point avant que Roosevelt ne rejoigne sa suite, perplexe, à leur hôtel dans le fond de la vallée. À l'occasion de cette escapade et de la nuit de camping la plus célèbre de l'histoire, l'entorse au protocole de Teddy a joué un rôle décisif dans l'adoption ultérieure d'une législation ambitieuse de préservation des zones sauvages.

Si vous croyez que cet acte d'indépendance a été une lubie passagère, vous vous trompez. À notre époque, pouvez-vous imaginer un chef de gouvernement nageant nu en hiver dans le Potomac, derrière la Maison-Blanche, pour se maintenir en forme? Teddy savait exploiter son image publique et manipuler les gens. Lorsque William McKinley se présenta à l'élection présidentielle en 1900, il choisit Theodore Roosevelt comme colistier. Ils furent élus et lorsque McKinley fut assassiné, le monde entier attendit que Teddy prenne les rênes du pouvoir. Il aurait pu attendre plus longtemps que prévu car Teddy était injoignable, occupé à faire de l'alpinisme dans le nord de l'État de New York. Il avait une haute idée de sa supériorité et de sa grandeur potentielle, et estimait qu'il méritait un traitement de faveur.

Le monde a besoin de gens comme Teddy, et pas seulement pour qu'ils se baignent nus dans le Potomac.

Roosevelt avait du panache, de l'audace, il était dynamique et prêt à accepter son côté obscur, comme peu d'hommes d'État – si tant est qu'il y en ait eu – l'ont fait avant et après lui. La médaille d'honneur du Congrès lui fut décernée comme soldat. Le paludisme, consécutif à une blessure infectée à la jambe, ne l'arrêta pas. Il explora la forêt amazonienne sur des centaines de kilomètres; en fait, son équipe descendit le *rio* da Dúvida plus loin qu'on ne l'avait jamais fait, rivière rebaptisée ensuite *rio* Roosevelt en souvenir de cet exploit. Au cours de la campagne électorale, avant l'étape de Milwaukee, quelqu'un tira sur lui presque à bout portant (la balle traversa le discours manuscrit qu'il avait dans sa poche de poitrine et se logea dans la cage thoracique), mais il décida de prononcer entièrement son allocution d'une heure avant de se faire soigner. En tant qu'homme d'État, il reçut le prix Nobel de la paix pour son action diplomatique. On le considère en outre comme le père fondateur du service des parcs nationaux, le premier système de ce genre au monde, dont la vocation était de protéger des zones naturelles ouvertes au public. De l'avis de tous, il fut un grand homme, généralement classé au quatrième rang des meilleurs présidents des États-Unis (après Abraham Lincoln, Franklin Roosevelt et George Washington).

Comment un être humain peut-il accomplir autant de grandes choses ? La réussite de Roosevelt reposait-elle sur son optimisme et sa compassion indéfectibles ? Les faits laissent entrevoir tout le contraire, la possibilité qu'il ait été l'une de ces rares personnes ayant aussi bien accès au côté obscur de sa personnalité qu'au côté lumineux. Il tirait le meilleur parti de l'ensemble. Edwin Lawrence Godkin, rédacteur en chef de l'*Evening Post*, consacra de nombreux articles au « tempérament belliqueux » de Teddy, déclarant que « son apport à la communauté serait grandement accru s'il pouvait d'une manière ou d'une autre avoir son content de bagarre ». Mais nous voyons les choses différemment : cette facette de l'entièreté, que nous appelons l'effet Teddy, permet de gérer les aspects sociaux de l'inconfort mental au lieu de les éluder.

Intéressés par le caractère adaptatif de certains traits sociaux apparemment négatifs, le psychologue Scott Lilienfeld et ses collègues ont examiné la carrière de quarante-deux présidents des États-Unis en tirant parti des connaissances de cent vingt et un biographes, journalistes et spécialistes. Ceux-ci devaient répondre à deux cent quarante questions relatives à la personnalité de ces présidents, et cette information était ensuite mise en regard de l'efficacité et des résultats de leur action, tels qu'ils ressortaient de sondages et autres données historiques. L'équipe de recherche de Lilienfeld se penchait en particulier sur les traits de caractère liés à la psychopathie, communément définie comme une dysfonction de la personnalité caractérisée par un comportement asocial, une aptitude réduite à l'empathie ou au remords et un manque de maîtrise de soi. La psychopathie en général et les psychopathes en particulier ont sans conteste mauvaise réputation. Mais les psychologues qui traitent de la question parlent d'une constellation de traits, dont certains sont très positifs : charme personnel, invulnérabilité aux effets paralysants de l'anxiété et courage physique.

Les chercheurs ont constaté que les présidents américains aux tendances psychopathiques les plus marquées – en particulier celles liées à l'intrépidité – étaient ceux qui avaient le mieux réussi leur carrière. Leur psychopathie était associée à un large éventail de qualités enviables, comme la capacité de convaincre, celle de faire face aux crises, d'entretenir de meilleures relations avec le Congrès, la propension à prendre des risques et à introduire de nouvelles législations, le fait de passer pour une figure d'envergure mondiale. Teddy était classé numéro un, et de loin, sur le chapitre de l'intrépidité, et numéro deux sur celui du narcissisme. Chose intéressante, dans une série d'études complémentaires dirigée par Sarah Smith, l'équipe de Lilienfeld trouva des résultats similaires chez le lycéen et l'homme de la rue psychopathes. Dans toutes ces études, on observait que la psychopathie était régulièrement associée à davantage d'altruisme et à des actes d'héroïsme plus fréquents.

Si vous avez de la cervelle et un cœur, vous n'avez certainement pas envie de ressembler à ces drôles d'oiseaux. Cela dit, votre probable disposition par défaut à jouer les gentils vous empêche de profiter des 20 % de réussite supplémentaire dont vous bénéficieriez autrement. Nous vous présentons un ensemble de recherches montrant l'intérêt du recours stratégique au côté obscur de notre personnalité, y compris à des comportements utiles qui font entorse aux règles : dominateurs, froids, téméraires, grandiloquents, manipulateurs, extravagants et égocentriques. Il se peut que vous ne soyez pas apprécié d'une minorité, mais personne n'a jamais obtenu de grands succès ni amené des changements novateurs en recueillant tous les suffrages. Ni Platon, ni Gandhi, ni Nelson Mandela. Si vous étiez capables de montrer autant d'intrépidité, de détermination et de dévouement à l'excellence, vous n'échapperiez pas non plus aux critiques, à la jalousie et aux inimitiés. Comme l'a montré Teddy Roosevelt, il n'est pas nécessaire de sacrifier ses relations intimes pour réussir. Sa première femme est morte jeune, mais son second mariage fut heureux et il eut cinq enfants de ce deuxième lit. Des comportements socialement gênants peuvent vous mettre sur la voie de la réussite sans vous aliéner vos proches.

Au cours de l'Histoire, l'effet Teddy a été pour les hommes d'État un moyen légitime d'acquérir du pouvoir et de favoriser le bien-être général. Pour motiver les hommes, augmenter l'efficacité et survivre, vous devez vous autoriser des actes de domination, d'agression, de manipulation stratégique et d'égoïsme (en donnant la priorité à vous-même, votre famille et vos proches). Cela vaut pour toutes sortes de leaders, chefs d'entreprise compris. En usant de l'effet Teddy, vous vous donnez le fameux avantage de 20 % que la plupart des gens négligent. Comme l'a démontré la vie de Theodore Roosevelt, la réussite ne s'obtient pas nécessairement aux dépens de ses proches. Teddy était aimé de sa femme, de ses enfants, des soldats sous ses ordres et du public en général.

Nous sommes les premiers à reconnaître que considérer la domination et l'agressivité comme des outils de développement personnel a quelque chose de rebutant. Dans notre monde moderne ultra-sensible, beaucoup d'experts dans l'art de gouverner nient la nécessité d'adopter des comportements réputés préjudiciables, prétendant que les succès qu'ils permettent sont de courte durée. Le mouvement contemporain en faveur de la positivité a mis l'accent sur les tactiques douces adoptées par des dirigeants[1] qui, d'après Tom Rath :

1. Achor, S. (2010), *The Happiness Advantage: The Seven Principles of Positive Psychology That Fuel Success and Performance at Work*, New York, Crown Publishing ; Achor, S. (2013), *Before Happiness: The 5 Hidden Keys to Achieving Success, Spreading Happiness, and Sustaining Positive Change*, New York, Crown Publishing ; Buckingham, M., & Coffman, C. (1999), *First, Break*

> […] accroissent délibérément le flot d'émotions positives au sein de leur organisation… Au lieu de se préoccuper de ce qu'ils peuvent *demander à* leurs employés, ces dirigeants positifs cherchent toutes les occasions d'*investir* dans tous ceux qui travaillent avec eux. Ils voient dans chaque contact avec les autres l'opportunité d'augmenter leurs émotions positives.

Cette façon de faire est tout indiquée avec des gens peu enclins à se mettre en colère, à se montrer revendicateurs ou inflexibles. Elle est parfaite avec les enfants qui sont intrinsèquement motivés à sortir les poubelles, tondre la pelouse ou faire leurs devoirs. Des études démontrent que les dirigeants possédant des traits de caractère vertueux sont capables d'amener autrui à mieux faire tout en les aidant à se

---

All the Rules What the World's Greatest Managers Do Differently, New York, Simon & Schuster.

Notre thèse sur la flexibilité psychologique et l'importance de l'entièreté peut être considérée comme une alternative à la positivité nécessaire prônée par les auteurs cités ci-dessus. Les points de vue des deux camps ne sont pas mutuellement exclusifs, car en aucun cas nous ne remettons en question l'importance des émotions positives, des tentatives de réguler ces émotions en amont, du bonheur, de la pleine conscience, de la gentillesse et autres atouts des relations interpersonnelles. Mais, comme des spécialistes des sciences sociales de plus en plus nombreux, nous pensons qu'il est temps d'estimer à leur juste valeur les avantages des émotions, des pensées et des comportements sociaux réputés négatifs. Nous affirmons que mieux vaut être psychologiquement flexible que s'en remettre à un seul type d'émotions, à une stratégie de régulation des émotions et à une seule facette de notre personnalité.

sentir en accord avec eux-mêmes. Presque toutes ces recherches ont cependant été menées dans des temps de prospérité, lorsque les besoins essentiels sont satisfaits et les familles moins accablées par les soucis financiers. Que se passe-t-il pendant les périodes difficiles ? Il est alors plus judicieux de profiter des avantages procurés par les côtés plus obscurs de la personne humaine.

Les trois volets de l'effet Teddy

Sans nier les dégâts potentiellement causés par une attitude émotionnellement détachée ou manipulatrice, nous affirmons que les tentatives de faire passer pour pathologiques certaines stratégies et de les éliminer en raison de leur malveillance apparente ont produit des dirigeants qui ont du mal à communiquer les mauvaises nouvelles, à se remettre des événements stressants, et qui rendent leurs employés ou les citoyens incapables de faire face à l'adversité. De même que les émotions négatives sont souvent fécondes, les stratégies négatives peuvent parfois amener d'heureux et surprenants résultats. Pour s'en faire une idée, examinons de plus près les trois facettes de l'effet Teddy : machiavélisme, narcissisme et psychopathie.

Observateur perspicace du comportement humain, Machiavel avait dispensé il y a cinq siècles des conseils en matière de gouvernement et de prise de décision dans son œuvre majeure, *Le Prince*. Le machiavélisme, le mode de pensée et d'action qu'il recommande, suppose un détachement dans la prise des décisions quotidiennes afin de ne pas compromettre nos projets à long terme par la recherche d'un bonheur immédiat. Les règles énoncées par Machiavel ne visent pas à inciter à faire le bien dans un monde idéal, mais à permettre d'effectuer le bon choix, au bon moment, pour de bonnes raisons, dans le monde tel qu'il est. Cela implique de cultiver la capacité d'appréhender les situations avec justesse et celle de passer alternativement de l'honnêteté à la tromperie, de l'agressivité à la gentillesse. « Il doit s'en tenir au bien aussi longtemps qu'il peut, mais, contraint par la nécessité, il doit être prêt à prendre la voie du mal. » La meilleure chose à faire ne peut l'être indépendamment de la situation dans laquelle elle doit être accomplie, argumente Machiavel avec force. Cela nous rappelle que Teddy Roosevelt a reçu la plus haute distinction militaire récompensant l'ardeur au combat, et également la plus prestigieuse honorant l'action pour la paix.

Le machiavélisme est généralement perçu comme moralement répugnant, et cela est vrai aussi du narcissisme. Les psychologues considèrent cependant que ce dernier présente à la fois des aspects positifs et négatifs. Le narcissisme se définit comme le sentiment exacerbé de son importance et de ses droits. Les narcissiques agissent dans l'espoir de gagner l'approbation et l'admiration d'autrui, et ils ne s'intéressent guère à ceux qui ne peuvent les leur témoigner. À l'actif du bilan, ils idéalisent les personnes de qui ils pensent pouvoir apprendre et se montrent déférents envers elles, à mesure qu'ils en retirent connaissances et savoir-faire. Ils sont en outre persuadés qu'ils ont quelque chose de spécial, ce qui leur donne le sentiment d'être habilités à agir à leur guise et la confiance nécessaire pour le faire.

Dans la mythologie grecque, Narcisse, jeune homme renommé pour sa beauté, se regarda dans une mare et tomba amoureux du visage dont il voyait le reflet, sans se rendre compte que c'était le sien. Incapable de s'arracher à la contemplation de l'image bien-aimée, Narcisse en oublia de boire, de manger et de dormir, et finit par mourir au bord de la mare. Cette légende nous met en garde contre les dangers de la vanité. Narcisse avait fait une fixation sur lui-même, et cette obsession avait pour origine son exceptionnelle beauté. Il était extraordinaire à ses propres yeux. Cela dit, le caractère superficiel de cette qualité particulière peut très bien ne présenter aucun attrait pour les autres.

Le narcissisme est-il bénéfique en quelque manière, en dehors des rares cas où il aide à reconnaître chez autrui des capacités surprenantes, au-delà de la simple beauté physique ? Le psychologue Roy Baumeister et ses collaborateurs ont étudié ces bons côtés du narcissisme et découvert que « les personnes ayant le sentiment que tout leur est dû ne faisaient pas état de désirs plus intenses ou plus faibles que leurs semblables, mais de moins de conflits inhérents à ces désirs ». Autrement dit, lorsque les narcissiques veulent quelque chose, ils le veulent sans regret, ni sentiment de culpabilité ou arrière-pensée. L'équipe de Baumeister concluait également que « les personnes ayant une haute idée d'elles-mêmes considèrent apparemment le fait qu'elles veulent quelque chose comme une raison amplement suffisante pour l'obtenir».

En d'autres termes, les individus fortement imbus de leur personne ont tendance à avoir de hautes ambitions que la plupart des gens jugeraient insensées, égoïstes ou irréalistes[1]. Au lieu de rêver, par exemple,

1. Peut-être vous demandez-vous si ce genre de gens s'évertuent réellement à atteindre des buts élevés. Ils estiment en effet avoir droit à ce qu'ils désirent sans rien avoir à faire pour l'obtenir. Dans la recherche décrite dans ce chapitre, on a évalué le narcissisme des participants en fonction, par exemple, de leur créativité et de leurs efforts pour atteindre leur but. Le narcissique moyen, qui ne répond pas encore aux critères du trouble narcissique de la personnalité, fait preuve de plus d'ardeur que les autres pour poursuivre des objectifs ambitieux et est moins découragé par les obstacles. Le narcissisme se manifeste en partie par de la vitalité et le désir de faire de grandes choses conformes aux idéaux élevés que l'on a de sa personne. Il importe de remarquer que le trouble narcissique de la personnalité diagnostiqué en psychiatrie conduit, par définition, à une détérioration du fonctionnement de l'individu dans la vie quotidienne. Dans l'édition la plus récente (la cinquième) du *Diagnostic and Statistical Manual of Mental Disorders* (DSM-V), les caractéristiques essentielles d'un trouble de la personnalité consistent justement en des détériorations du fonctionnement de l'individu (sur les plans personnel et interpersonnel) et dans la présence de traits pathologiques de la personnalité. Pour que le trouble narcissique de la personnalité soit diagnostiqué, il faut témoigner d'une tendance générale à la grandiloquence (en imagination ou dans le comportement), du besoin d'être admiré et d'un manque d'empathie, manifestations qui apparaissent au début de l'âge adulte dans les contextes les plus divers, comme indiqué ci-après :

– la conviction d'être meilleur que les autres (par ex., en exagérant ses talents et ses accomplissements) ;

d'animer une émission télévisée, les narcissiques seront plus enclins que les autres à faire ce qu'il faut

---

– la propension à fantasmer sur son succès, sa puissance, son brio et son pouvoir d'attraction ;

– la croyance qu'on est à part et agir en conséquence (par ex., en ne fréquentant que des personnes triées sur le volet ou d'un statut élevé) ;

– l'attente de louanges et d'une admiration constantes ;

– l'attente d'un accueil favorable à ses projets et désirs, ou que l'on s'y conforme immédiatement ;

– la tendance à exploiter les autres pour satisfaire ses propres besoins ;

– l'expression de dédain pour ceux que l'on juge inférieurs ;

– l'incapacité à tenir compte des sentiments et des besoins des autres ;

– l'envie ;

– la conviction que les autres envient ou sont jaloux de ses qualités, de son pouvoir d'attraction, de ses accomplissements et/ou de ses possessions ;

– la fragilité de l'estime de soi en cas de blessure d'amour-propre ou de rejet ;

– des dehors arrogants et froids.

De plus, les détériorations du fonctionnement de l'individu et l'expression des traits narcissiques de sa personnalité doivent être relativement stables dans le temps, et constants quelles que soient les situations. Elles ne sont pas mieux comprises comme normatives du stade de développement de la personne ou du milieu socioculturel. Elles ne peuvent être dues aux effets physiologiques directs de l'absorption d'un médicament, de l'usage d'une drogue ou de l'état médical général (par ex., dû à un traumatisme crânien). Les personnes qui répondent à tous ces critères sont handicapées dans la vie quotidienne et n'en ont souvent pas conscience par manque de pénétration et d'examen de soi.

Être narcissique ne signifie donc pas nécessairement remplir les critères du diagnostic du trouble psychiatrique correspondant.

pour essayer d'y arriver. La confiance qui anime les personnes à tendance égotiste découle de leur sentiment de ne pas être comme tout le monde. Il est possible que la conviction d'être unique et un fort sentiment de supériorité nous aient valu l'iPhone,

---

Des recherches récentes donnent à penser que le narcissisme est plus nuancé qu'on ne le pensait. Il a un côté sain, que l'on peut appeler l'admiration narcissique, et un côté malsain, la rivalité narcissique. Les narcissiques cherchent à atteindre leur but afin d'entretenir l'image magnifiée d'eux-mêmes en faisant leur propre promotion, en s'efforçant d'être uniques (en apposant leur cachet personnel sur le monde) et en adoptant une attitude charmeuse. Ces comportements peuvent avoir des effets sociaux désirables, comme le fait d'être jugé captivant (intelligent, intéressant, puissant, etc.), d'attirer les louanges, l'affection et le respect, d'être choisi pour diriger les autres, une hausse du statut social ou la réussite. C'est l'élément sain du narcissisme dont nous parlons dans ce chapitre. Nous ne suggérons pas d'exploiter ses éléments malsains ou mal adaptés, qui incitent à rester sur la défensive, à prévenir les images de soi négatives et les échecs en société. Cette attitude défensive se caractérise par un état d'esprit hostile et insensible – les autres sont dévalorisés et agressés afin d'écraser des rivaux potentiels dans la tentative d'établir sa suprématie.

En somme, le narcissisme est considéré à tort uniquement comme un défaut. Sa dimension malsaine, la rivalité, fait obstacle au succès, surtout dans les relations sociales. Mais il convient de ne pas simplifier à l'excès, car l'admiration narcissique est souvent une voie négligée vers de grands accomplissements et des effets sociaux largement positifs.

Back, M.D., Küfner, A.C., Dufner, M., Gerlach, T.M., Rauthmann, J.F., & Denissen, J.J. (2013), « Narcissistic admiration and rivalry : Disentangling the bright and dark sides of narcissism », *Journal of Personality and Social Psychology*, 105 (6), p. 1013-1037.

le Projet génome humain, Windows de Microsoft, l'émission *Apostrophes* et *Le Secret d'Élise*.

Pour l'homme de la rue, le machiavélisme et le narcissisme sont de peu de conséquence en comparaison de la psychopathie. Les tueurs en série psychopathes ont noirci l'image de ce trouble psychique aux yeux du public. On considère que les personnes atteintes de psychopathie sont incapables d'éprouver de l'empathie, et qu'une telle vie, dépourvue de toute relation affective, se traduit par l'absence de culpabilité, la violence, et finalement le meurtre. Les chercheurs en psychologie ont un point de vue différent, qui laisse entrevoir les bénéfices engendrés par les comportements négatifs appropriés aux situations à faibles enjeux.

Pour le dire simplement, l'action des psychopathes est insensible à la peur et autres émotions qui paralysent en général les personnes saines. Chez la plupart des gens, une violente prise de bec avec son conjoint entraîne une certaine diminution fonctionnelle, incapacité de se concentrer ou perte d'appétit. Prenons l'exemple d'un dentiste que nous connaissons. Lorsqu'on lui demanda en plaisantant comment il pouvait supporter de faire autant souffrir ses patients, il eut cette réponse toute prête :

> Quand je reçois mes patients, je me sens humain. Je vais les chercher dans la salle d'attente accueillante et chaleureuse, je leur souris et leur serre la main. Puis lorsque nous entrons dans le cabinet proprement dit, beaucoup plus froid, je change. À partir de ce moment-là, je

débranche mes émotions. Chaque patient devient une denture et un problème que je dois régler.

Chacun des trois éléments de l'effet Teddy – machiavélisme, narcissisme et psychopathie, que nous appellerons la Triade obscure – est pareil à une corde raide. Si vous vous penchez trop d'un côté, vous faites du mal aux autres ; si vous vous penchez trop de l'autre côté, vous êtes incapable de prendre des risques et d'être vraiment efficace. La Triade obscure est au cœur de chaque antihéros de fiction. Songez à Batman ou à James Bond du côté des hommes, à Scarlett O'Hara, Shéhérazade et Barbarella côté héroïnes. Leur indifférence les rend séduisants et fascinants, alors même que cette attirance nous dérange.

Vous n'avez pas été gentil

Après avoir redoré le blason de la Triade obscure, nous ne vous proposons pas de changer votre personnalité. Présentez des excuses quand il le faut, n'hésitez pas à faire du bénévolat et tenez la porte aux autres. En revanche, suivant le conseil de Machiavel, soyez conscient des situations dans lesquelles vous obtiendrez les meilleurs résultats possibles en faisant appel à votre Machiavel, Narcisse ou psychopathe intérieur. Si l'effet Teddy continue à vous rebuter, rappelez-vous que vous avez déjà adopté leur comportement dans une certaine mesure.

N'avez-vous jamais :

– attendu pour mettre en marche le lave-vaisselle que votre épouse entre dans la cuisine afin de bien lui montrer que vous participiez aux tâches ménagères ?
– fait du charme à quelqu'un pour le gagner à votre cause ?
– fait des compliments pour mieux faire passer une critique ?
– fantasmé que vous receviez un Oscar ?
– joué les victimes en rapportant un événement, pour tenter d'obtenir le soutien et la sympathie de vos amis ?
– menti ?
– appuyé sur le bouton de fermeture des portes d'un ascenseur en voyant arriver quelqu'un ?

Peut-être vous sentirez-vous mieux en sachant que nous nous sommes tous « mal » comportés pendant la majeure partie de notre existence. Les recherches sur le degré d'honnêteté des enfants en apportent confirmation. Angela Evans et Kang Lee ont enquêté sur l'intégrité morale de bambins de quatre ans. Avant de laisser chacun d'eux seul dans une pièce, Evans leur demanda de résister à la tentation de regarder ce qu'il y avait dans une pochette-cadeau posée à côté d'eux. Ils ignoraient évidemment qu'ils étaient observés et 80 % d'entre eux désobéirent à l'injonction. Lorsque Evans rentrait dans la pièce, elle voulait savoir si les petits coquins tenteraient de cacher leur mauvaise action. À sa grande surprise, 90 % n'hésitèrent pas à affirmer qu'ils n'avaient pas ouvert la pochette. Et écoutez bien : à chaque point de QI supplémentaire, les enfants avaient légèrement plus tendance à mentir. Une plus grande intelligence rend notre pensée plus analytique et nos stratégies plus élaborées pour nous montrer plus malin que les autres et mieux les manipuler.

Les recherches donnent à penser que, comme tout le monde, vous vous estimez meilleur que les autres. Elles montrent que la plupart des gens croient être au-dessus de la moyenne, ce qui est évidemment une impossibilité mathématique. Ainsi, 25 % des personnes interrogées dans une enquête ont répondu qu'elles faisaient partie du 1 % supérieur en ce qui concernait l'entente avec les autres. Dans une autre étude, 93 % ont déclaré qu'ils conduisaient mieux que la moyenne des gens. Quand on demandait à des couples dans quelle proportion chacun participait aux travaux domestiques, les pourcentages cumulés de leurs réponses dépassaient toujours 100 %. Chacun de nous vit dans une bulle narcissique, un préjugé autoentretenu qui donne à la plupart la confiance nécessaire pour affronter les complications et les incertitudes du jour.

La conviction d'être au-dessus de la moyenne trouve un écho dans d'autres études qui laissent supposer que le narcissisme – une forte dose d'ego – est en augmentation, aux États-Unis du moins. Un certain nombre d'enquêtes menées par Jean Twenge, de l'université d'État de San Diego, et Keith Campbell, de l'université de Géorgie, permettent de voir que les temps changent, comme l'aurait dit Bob Dylan. Dans l'une d'elles, l'équipe de Twenge a constaté que l'usage des pronoms pluriels tels que *nous* décroît lentement dans le parler de tous les jours au profit des pronoms à la première personne *je* et *moi*.

Cette tendance à se croire unique se manifeste également dans le choix des prénoms. Dans une étude portant sur ceux donnés aux enfants pendant plus d'un siècle, on a constaté que les parents en recherchaient de plus en plus des singuliers. Autrefois, on attribuait à 40 % des garçons un des dix prénoms les plus répandus à ce moment-là, par exemple John ou Michael, alors qu'ils ne sont donnés maintenant qu'à 10 % des nouveau-nés. Même nous, les auteurs de ce livre, Todd et Robert, avons nommé nos cinq enfants Violet, Chloé, Raven, Jayanti et Jedi. Hormis Chloé et Violet, très à la mode à l'époque de la rédaction du livre, les autres sortent tout à fait de l'ordinaire. À ce train-là, on attribuera à l'avenir aux enfants des nombres premiers en guise de prénoms pour être certains de se démarquer.

Oui, le narcissisme est bel et bien en hausse. On le remarque au travail : le nombre de personnes émotionnellement fragiles, méfiantes, vindicatives et désireuses d'être admirées augmente. On perçoit un changement profond dans le rapport à l'autre. On ne voit plus guère deux personnes se disputer, vider leur sac, puis le lendemain se donner l'accolade et retrouver le respect mutuel. Si vous menacez le sentiment de supériorité de quelqu'un, il riposte. La différence est que, depuis quelque temps, lorsque les gens se sentent agressés, ils réagissent avec férocité. Ils ne s'arrêtent pas tant qu'ils n'ont pas remporté la victoire.

Cette attitude est de plus en plus courante sur l'autoroute. Combien de fois cette semaine avez-vous défendu votre portion de bitume en collant à la voiture de devant, pour empêcher le conducteur à votre gauche ou à votre droite de se faufiler entre vous ? Lorsque vous vous comportez de cette façon, avez-vous perçu le surcroît de travail que vous imposez à votre organisme, la hausse de votre tension artérielle, la crispation de vos mains et de vos pieds ? Si ce n'est pas vous, ce sont des conducteurs belliqueux qui vous coincent, se sentant agressés personnellement si vous changez de voie pour sortir de l'autoroute.

Lorsqu'on prend du recul pour observer les comportements de ce genre, cette vulnérabilité narcissique, ce besoin de protéger agressivement ses plates-bandes comme en temps de guerre paraissent bizarres. C'est encore pire sur les réseaux sociaux, où les gens ont les pleins pouvoirs pour descendre quelqu'un en flammes et le dévaloriser. Il faut des mois, voire des années pour écrire un livre, tourner un film ou préparer sa participation à un championnat du monde. Quelques minutes suffisent pour rédiger une critique incendiaire. De telles rivalités et antagonismes, ces « jeux » malsains, stressent tous les protagonistes et nuisent à leur santé mentale.

Mais tandis que certains se lamentent de ces tendances décadentes, on oublie qu'un côté sain du narcissisme, baptisé *aspiration à la suprématie* et passé inaperçu, est aussi en hausse. Lorsqu'on veut gagner l'admiration des autres, on affiche des comportements charmeurs, assurés, dominateurs qui peuvent produire divers résultats enviables :

– réussite ;
– position de direction ;
– pouvoir et influence ;

– attrait et popularité ;
– aptitude à réaliser de grands rêves.

Les narcissiques ont une vision éminemment favorable d'eux-mêmes ; ils se croient uniques, visionnaires et talentueux, ce qui les pousse à poursuivre énergiquement leurs buts.

Il arrive que de bonnes gens agissent mal. L'effet Teddy est parfois à l'origine de comportements répréhensibles. Mais si vous adhérez trop fermement à ces idées, vous passerez à côté de quelques bonnes surprises. Qui croyez-vous être le plus enclin à venir en aide à un inconnu en difficulté, une personne à forte tendance psychopathique ou quelqu'un dépourvu de traits de caractère dits négatifs (quelqu'un de positif) ? Pour le savoir, le psychologue Mehmet Mahmut a fait appel à des acteurs professionnels afin de déterminer les conditions pour qu'un passant intervienne[1]. Il ne

1. Ces recherches ont permis de révéler toute une gamme de facteurs influents quand la psychopathie augmente la probabilité d'un comportement serviable ou coopératif. Cela inclut les situations dans lesquelles on ne sait trop si la personne confrontée à un problème est un inconnu, si le problème se pose dans un lieu public, si la personne en difficulté est proche, ni quel est son sexe ou celui du passant. Par exemple, lorsque la personne en difficulté ne sollicitait pas d'aide après avoir fait tomber une liasse de papiers, les hommes et les femmes à forte tendance psychopathique apportaient leur aide aussi souvent que les personnes normales. Ces recherches confirment que les traits obscurs de la personnalité ne sont pas systématiquement problématiques ; tout dépend de la situation. Nous nous privons d'atouts psychologiques à notre entière disposition lorsque nous étiquetons bons ou mauvais certains traits de caractère, comme la psychopathie.

s'est pas contenté de demander à un comédien d'appeler au secours, il a organisé une série de tests que devaient passer les piétons à leur insu. D'abord, ils croisaient un acteur qui faisait mine d'être perdu et demandait son chemin. Ensuite, ils tombaient sur une actrice qui avait fait tomber une liasse de papiers par terre. Enfin, ils rencontraient un troisième acteur assis seul à une table, le bras en écharpe, incapable de remplir son verre ou de prendre des notes dans un calepin.

Lorsque l'inconnu demandait son chemin, les piétons psychopathes avaient moins tendance à s'arrêter pour l'aider. Quand ils voyaient la femme stressée ramasser ses documents répandus au sol, ils apportaient leur aide aussi souvent que les personnes positives. Lorsqu'ils voyaient l'inconnu au bras cassé se débattre avec des actes simples, ils intervenaient plus volontiers et se montraient beaucoup *plus* serviables que les autres. Lorsqu'il y a une possibilité de faire preuve d'héroïsme, lorsqu'une manifestation de vertu fait bon effet auprès de spectateurs ou que les autres hésitent sur le parti à prendre, les psychopathes entrent en lice, alors que les gens plus compatissants tendent plus souvent à passer leur chemin[1].

Mahmut, M., & Cridland, L. (2011), « Exploring the relationship between psychopathy and helping behaviours », présenté à la Conférence annuelle de la Société pour l'étude scientifique de la psychopathie, Montréal, Canada.

1. Par souci de simplification, nous faisons comme s'il y avait une compétition entre les personnes compatissantes et les psychopathes. On avait demandé aux participants à cette recherche de remplir un questionnaire et il y avait plus de chances que ceux dont les résultats révélaient une tendance à la psychopathie mar-

Les personnes imbues d'elles-mêmes s'intéressent à ce qui fait de l'effet. Les êtres narcissiques ont soif d'admiration, et cela les incite à agir dans les situations qui attirent l'attention[1].

Hommes et femmes sous influence

Le mot « manipulation » est chargé de connotations négatives. On a tendance à considérer les escrocs, ou

---

quée s'arrêtent pour aider. Nous cherchons à déterminer pour quelles raisons la psychopathie incite à adopter un tel comportement. On peut aussi inverser la question et se demander pourquoi les personnes plus compatissantes et gentilles ne s'arrêtent pas. On ne peut que se livrer à des spéculations, mais l'une des raisons est que le courage implique qu'on soit prêt à connaître la douleur et l'échec. Les personnes compatissantes ont peut-être le désir d'aider, mais elles ne peuvent surmonter leur anxiété, leur timidité et leur manque de confiance en soi pour s'approcher de quelqu'un en difficulté qui ne demande pas qu'on l'aide. Le fait d'être compatissant est relativement indépendant du courage et de la tendance à la névrose. Savoir que quelqu'un est compatissant n'apprend rien sur son comportement dans les situations exigeant un certain héroïsme.

1. Cela ouvre le débat sur la question de savoir s'il existe des gestes vraiment altruistes ou si tous sont en fin de compte motivés par l'intérêt personnel. Nous jugeons cette question moins importante que le fait de savoir si quelqu'un a tendance à aider les autres ou à leur nuire. Nous nous intéressons plus aux actes qu'à leurs motifs. Dans cette optique, il serait faux de dire qu'une personne considérée comme gentille qui adopte un comportement généreux est meilleure ou pire qu'une autre moins aimable et plus psychopathe. Nous prônons une évaluation plus juste : une sorte d'empreinte sociale laissée par l'individu, mesurée en fonction de sa propension à aider.

celui qui a extorqué des milliers d'euros à un membre de votre famille, comme des manipulateurs. La manipulation consiste à exercer un contrôle, une influence, comme le fait, par exemple, une marque de bière en vous incitant à acheter son produit au moyen d'une publicité amusante qui vous procure un sentiment de bien-être. Ou comme un conducteur qui, en vous serrant, vous pousse à changer de voie pour le laisser passer. Ou encore comme un policier à la retraite qui montre sa carte au motard qui l'a arrêté pour excès de vitesse. Nous exerçons une influence sur autrui tous les jours.

L'une des raisons pour lesquelles le terme «manipulation» est si mal perçu tient au fait qu'il suggère un pouvoir qu'on acquiert sur quelqu'un d'autre. Par exemple, nous trouvons détestables certaines tactiques de vente, comme le recours au prix d'appel. Ainsi, les techniques appliquées dans le domaine de la vente d'automobiles semblent-elles carrément relever de la ruse et de la tricherie. Un vendeur que nous avons rencontré a reconnu proposer des prix ridiculement bas uniquement pour attirer les clients. Une fois qu'ils étaient entrés dans le parking, il recevait soudain un appel téléphonique et laissait les clients potentiels entre les mains d'un collègue, qui expliquait alors que le premier avait fait erreur, et que les voitures coûtaient beaucoup plus cher que ce qu'on les avait amenés à croire.

Les tactiques de ce genre nous répugnent à tel point que nous oublions une vérité toute simple: le client cherche à acheter une voiture et le vendeur s'efforce de faciliter le processus. Inciter le passant à entrer dans le magasin par la ruse est peut-être malhonnête, mais il est indispensable qu'il y vienne et cela est en définitive dans son intérêt.

Lorsque des organisations à but non lucratif cherchent à collecter des fonds, elles ont recours à une manipulation positive relativement inoffensive. Comme les annonceurs de produits alimentaires, les associations humanitaires ont intérêt à manipuler les gens pour recueillir des contributions. Elles cherchent donc tous les moyens possibles et imaginables pour y parvenir, et ces techniques font l'objet d'une véritable science. Daniel Feiler, de l'Institut des affaires Tuck de Dartmouth, a examiné les différentes méthodes utilisées par des ONG. L'une fait appel à l'égoïsme (donner de l'argent donne bonne conscience), l'autre à l'altruisme (donner de l'argent aide à lutter contre la faim dans le monde). Lorsqu'on utilisait une des deux méthodes, les donneurs potentiels d'une association d'étudiants se laissaient convaincre dans 6,5 % des cas. Lorsqu'on recourait simultanément aux deux méthodes, le pourcentage était divisé par deux. Apparemment, cela ne nous gêne pas qu'on nous sollicite, mais trop de sollicitations font l'effet d'une manipulation, ce qui nous rebute. Cette étude met en évidence ce qui est peut-être la règle numéro un des jeux d'influence : manipuler passe bien, tant qu'on ne se fait pas prendre en train de manipuler.

Le travail de la police fournit un autre exemple de manipulation et d'influence positives. Ses agents sont quotidiennement confrontés à des situations dans lesquelles ils doivent exercer une influence sur autrui dans l'intérêt de la sécurité publique. Ils convainquent par la douceur des candidats au suicide de ne pas se jeter dans le vide, des gens qui s'exhibent nus de se rhabiller, incitent les membres d'un couple querelleur à se calmer et négocient pour libérer des otages. Les policiers disposent d'un arsenal de moyens d'intervention matériels – armes à feu, gaz lacrymogènes, pistolets à impulsion électrique et menottes –, mais ils sont aussi formés à recourir au langage du corps et aux mots qu'il faut pour désamorcer les situations tendues. Un policier efficace doit passer maître dans l'art de manipuler.

En 2008, la ville de Portland, dans l'Oregon, a chargé une entreprise privée d'assurer la sécurité sur Pioneer Courthouse Square, une place du centre-ville. Les hommes d'affaires viennent y déjeuner, on joue aux échecs, on installe l'immense arbre de Noël de la ville sur cette place rebaptisée affectueusement la « salle de séjour de Portland ». Les agents de la sécurité, comme ceux des galeries marchandes, étaient avant tout censés être là à titre préventif et alléger le travail de la police. En cas de crime grave, celle-ci pouvait arriver rapidement sur les lieux, mais, en temps normal, elle voulait avoir les mains libres pour patrouiller dans les quartiers à forte criminalité. Cependant, les délinquants remarquèrent l'absence relative de policiers en uniforme, et bientôt, le standard du commissariat reçut entre trente et trente-cinq appels par jour signalant des ventes de drogue sur la place.

C'est alors qu'Adam Morengo entre en scène. Lui et son collègue, habillés en civil, arrivèrent sur la place pour réunir des informations sur ce commerce illicite. Au bout d'une demi-heure, Morengo avait identifié le principal dealer et ses cinq revendeurs, et il s'était fait une idée de la manière particulière dont s'effectuaient les ventes. De toute évidence, un détachement suffisant d'agents lourdement armés aurait permis d'appréhender les six délinquants, mais sans doute après une course-poursuite, des coups de feu éventuels et autres conséquences risquées.

Morengo opta pour la manière douce. Les mains vides, il s'approcha de manière décontractée du groupe de dealers. Il déclina son identité et les assura d'emblée qu'il n'avait pas l'intention d'arrêter qui que ce soit. Le chef de bande se montra très agressif et déclara : « Vous ne pouvez pas faire ce que vous voulez. On vous ferait flinguer en pleine rue. » Morengo persévéra.

« Les gars, dit-il, je ne vous manque pas de respect. Je ne vous accuse pas de quoi que ce soit et je ne vous maltraite pas. Mon seul but en venant ici est de voir si nous pouvons collaborer. » Cela provoqua un changement d'attitude des dealers. Ils cessèrent de poser et se montrèrent attentifs. La curiosité semblait l'emporter. Morengo exposa sa proposition :

« Ce qui m'importe, c'est que cette place reste sûre. Les gens y viennent avec leurs mômes et je veux être certain qu'il n'arrive rien de fâcheux. Je ne peux pas arrêter tous ceux qui enfreignent la loi par ici ; je n'ai pas les moyens qu'il faut. » Larges sourires de l'auditoire. « Je veux donc qu'on réfléchisse ensemble à la manière de rendre cet endroit sûr. »

Le chef de bande toisa Morengo et lui demanda :

« Vous nous donnez un sauf-conduit ?

— Absolument pas. Vous savez que si nous repérons un comportement illicite, nous devons agir. Vous savez aussi que plus ce comportement est évident et perdure, plus nous sommes obligés d'y mettre bon ordre. Par conséquent, si vous dealez, je peux vous assurer que vous serez arrêtés. Mais dans l'immédiat nous avons la possibilité d'éviter ennuis et arrestations. Alors, essayons de trouver un terrain d'entente. »

Il se peut que Morengo ait recouru aux techniques d'apaisement : garder les mains bien en vue, parler calmement, répondre aux questions et ne pas sourire (ce qui, on l'a vu à propos des études sur l'imitation, risque d'être mal interprété en pareilles circonstances). Il se peut qu'il ait témoigné aux dealers un respect auquel ils ne sont pas habitués de la part des policiers. Quoi qu'il en soit, les dealers proposèrent une solution : « Nous pouvons abandonner la place et faire nos affaires ailleurs. »

Morengo répondit qu'il apprécierait sincèrement et qu'il était content d'avoir trouvé avec eux le moyen de préserver la sécurité d'un important quartier du centre-ville. Sans sortir son arme ni élever la voix, il avait réussi à convaincre une bande de délinquants endurcis et bien armés de renoncer à pratiquer leur activité dans un endroit où elle était lucrative. Il s'avéra que tous furent arrêtés dans les vingt-quatre heures qui suivirent leur installation dans un autre quartier. Comme l'avait laissé entendre Morengo, la vente de drogue aux yeux de tous avait attiré là une phalange de policiers lourdement armés qui n'hésitèrent pas à appréhender ces jeunes délinquants dans ce quartier moins fréquenté.

Cette histoire montre l'étendue de la gamme de techniques utilisées pour influencer autrui, de la discussion ouverte à l'intervention armée. On peut les ranger dans deux catégories : la manière douce et la manière forte. La manière forte est moins déguisée, plus spectaculaire et, parfois, coercitive. On en a un bon exemple dans la façon dont Ronald Reagan vint à bout d'une grève nationale des aiguilleurs du ciel en 1981. Dans une allocution de trois minutes, l'ancien président déclara : « Ils sont en infraction et s'ils ne se représentent pas à leur poste dans les quarante-huit heures, ils auront perdu leur travail et leur contrat sera résilié. » Il ne leur tendait pas la main ni ne les invitait à s'asseoir à la table des négociations. C'était une position ferme et ce n'était pas du bluff : Reagan licencia plus de onze mille aiguilleurs du ciel.

La brutalité de cette façon de procéder est sans doute une des raisons pour lesquelles les gens voient d'un œil défavorable bon nombre de stratégies de l'effet Teddy. Lorsqu'on réfléchit à cette façon d'agir – en employant la manière forte – il importe de ne pas s'en tenir à la kyrielle d'escrocs et de dirigeants corrompus qui, au cours de l'Histoire, se sont livrés à des manœuvres frauduleuses pour tromper le monde ou détourner les fonds publics[1]. On en trouve de presque toutes les rencontres sportives professionnelles.

1. Prenons l'exemple fameux de Diederik Stapel. Vous n'avez probablement jamais entendu parler de ce spécialiste hollandais de la psychologie sociale, dont le principal titre de gloire est l'ingéniosité de ses recherches. Dans une étude, il examinait les effets du désordre ambiant sur les attitudes racistes. À cette fin, il garait une voiture à cheval sur le bord du trottoir, laissait par terre une bicyclette « abandonnée » et enlevait des dalles du trottoir. Les personnes qui répondaient au sondage à cet endroit adhéraient davantage à des stéréotypes raciaux que les sondés témoins interrogés ailleurs.

Les supporters acharnés, le visage peint et arborant des T-shirts aux couleurs de leur équipe favorite, accla-

L'ennui est que Stapel n'a jamais mené concrètement cette étude, ni quasi aucune autre, mais a fabriqué les résultats. Il recourait à un procédé compliqué pour tromper ses étudiants et ses collègues. Il organisait avec eux des réunions préparatoires. Les débats se poursuivaient jusqu'au moment où ils trouvaient un sujet de recherche captivant; ils mettaient alors au point l'expérience dans le moindre détail. C'est ensuite que commençait la tromperie. Stapel proposait une école où collecter les données. Bien que les étudiants aient souhaité obtenir une connaissance de première main en se rendant sur place, mener les expériences eux-mêmes et comprendre les procédés appliqués par ce chercheur doué et prolifique, Stapel insistait pour aller seul dans l'école en arguant qu'on le connaissait et lui faisait confiance. Nous savons maintenant qu'il prétendait s'être rendu dans ces écoles sans l'avoir fait, se dotait d'assistants imaginaires et collectait de fausses données. C'était également le cas des expériences qu'il menait dans les trains, les tribunaux et ailleurs. Ces données factices étaient communiquées à ses élèves. D'après le rapport d'enquête, il intimidait les étudiants qui lui posaient des questions. «Lorsqu'un jeune chercheur lui demandait de consulter les données brutes, Stapel l'accusait de "mettre en doute ses capacités et son expérience de professeur renommé".» Se vantant de son brio, il disait à un collaborateur chanceux: «Sois conscient que tu as de l'or dans les mains!» Contrairement à d'autres scientifiques qui ne parviennent pas à trouver des faits confirmant leurs hypothèses, Stapel constatait toujours que ses expériences se déroulaient comme prévu et ses étudiants semblaient donc excellents.

Alors qu'il avait déjà à son actif des dizaines de publications, sa tactique éveilla des soupçons et trois jeunes chercheurs présentèrent un rapport à son université. À ce jour, cinquante-quatre de ses articles jugés frauduleux ont été supprimés des revues scientifiques. Renvoyé de l'université, il a présenté des excuses.

ment celle-ci et huent sa rivale. Les fans de basket, par exemple, agitent des gros boudins en plastique qui font du bruit pour détourner l'attention des joueurs de l'équipe adverse au moment des lancers francs. Cette pratique est si répandue que, sur les conseils d'un neuroscientifique, les supporters des Mavericks de Dallas agitent leur boudin à l'unisson pour rendre l'effet de distraction visuelle plus efficace. Dans leurs deux premières tentatives concertées, ils sont parvenus à réduire d'environ 20 % le nombre de lancers francs réussis par leurs adversaires.

L'efficacité de la manière forte – surtout liée à l'agression – a été confirmée par la recherche scientifique. Dans une étude, des groupes d'une dizaine de personnes regardaient des athlètes participer à des épreuves. Les groupes avaient pour instruction d'acclamer les athlètes dans certaines conditions, de les huer dans d'autres, et de garder le silence dans le groupe témoin. Les performances des athlètes conspués étaient moins bonnes que celles de leurs collègues acclamés, ou que dans les moments où les spectateurs se taisaient.

Dans une autre étude, encore plus convaincante, les chercheurs ont observé les effets des huées dans des matchs de basket aux universités de l'Illinois et

---

Informations tirées de : *Stapel Investigation* (2012, November), « Flawed science : The fraudulent research practices of social psychologist Diederik Stapel », Tilburg, Groningen, Amsterdam : Comissions Levelt, Noort, Drenth, www.commissielevelt.nl/ ; Tom Bartlett (3 novembre 2011), « The fraud who fooled (almost) everyone », *Chronicle of Higher Education*. Tiré de : http://chronicle.com/blogs/percolator/the-fraud-who-fooled-almost-everyone/27917.

du Kansas. Ils s'intéressaient particulièrement aux performances des deux équipes dans les cinq minutes qui suivaient quinze secondes de chahut. Chose intéressante, ces manifestations extrêmes d'hostilité n'étaient relevées que dans la moitié des matchs. Mais quand elles se produisaient, elles avaient un impact immédiat. Les équipes locales se mettaient à marquer davantage, faisaient moins de fautes et contrôlaient mieux le ballon (leurs joueurs perdaient moins souvent la balle). L'équipe en visite, au contraire, marquait moins de points, perdait le ballon plus souvent et commettait plus de fautes. Les dix-sept mille supporters serrés dans les tribunes du stade de basket de l'université de l'Illinois n'étaient pas sociopathes ; c'étaient des individus normaux qui recouraient en cas de besoin à l'effet Teddy.

Prenons un autre exemple de manipulation caractérisée. Si vous franchissez la frontière entre la Virginie et le district fédéral de Washington en passant par le pont Theodore Roosevelt, au premier feu rouge, regardez à gauche. Vous verrez un homme en costume trois-pièces gris, tenant un carton portant ces mots : « J'ai besoin d'argent pour acheter de la cocaïne. » Souriant, il vous enjoint à mettre un billet dans son chapeau en feutre. Beaucoup de gens le conspuent et lui font signe de s'éloigner. Quelques mètres plus loin se tient un autre homme à la barbe broussailleuse et sale, enveloppé dans une couverture. Le regard suppliant, il arbore lui aussi son bout de carton : « Aidez-moi, j'ai faim. » Les conducteurs abaissent la glace et lui tendent un billet. À la fin de la journée, il a les poches pleines.

Nous avons parlé à ces deux hommes. Comme vous vous en doutez probablement, ils travaillent en équipe. Auparavant, ils faisaient la manche seuls, jusqu'au moment où ils ont commencé à comprendre ce qui leur rapportait le plus. Ils échangent leurs rôles au bout de quelques jours et s'amusent beaucoup. Ils récoltent beaucoup d'argent, beaucoup trop pour s'arrêter de mendier et travailler pour un salaire de misère dans un fast-food. Quel est le moment qu'ils préfèrent ? Lorsque certaines personnes éventent l'arnaque, sourient et les gratifient quand même d'une obole pour le spectacle.

Leur manœuvre ne leur inspire pas le moindre sentiment de culpabilité. Après treize années d'école à eux deux et avoir été victimes de mauvais traitements, tant physiques que psychologiques, dans leur jeunesse, ils ont trouvé une sorte de créneau. Il faut leur reconnaître de l'ingéniosité. Ils illustrent parfaitement comment la manipulation peut devenir un art, tant littéralement que métaphoriquement, et comment le travail bien fait donne aux autres le sentiment qu'on agit bien et justement. On ne peut avoir de véritable conversation avec quelqu'un et exercer sur lui une influence sans adopter par moments son point de vue, afin de comprendre ce qu'il veut et ce qui le pousse à agir.

La manière douce d'influencer autrui est plus subtile. Cette façon de faire, souvent fondée sur le charme et la séduction, peut inclure des insinuations, des sourires ou des mentions apparemment désinvoltes, pour en mettre plein la vue ou exciter la rivalité. La manière douce se définit en fin de compte par son caractère non conflictuel et l'inspiration de sentiments à la fois plaisants et déplaisants chez la personne visée.

Si les tactiques brutales vous répugnent, envisagez une approche douce, consistant à inspirer un sentiment de culpabilité. Étonnamment courante, elle se décline en trois volets : 1/ énumérer les nombreux sacrifices que vous avez consentis pour l'autre (afin d'activer un sentiment de réciprocité) ; 2/ lui rappeler ses obligations envers vous (pour activer son sens des responsabilités) ; et 3/ lui rappeler une circonstance où il s'est comporté comme il faut (pour lui montrer qu'il est facile de changer). Ne vous est-il jamais arrivé de dire des phrases du genre : « Non, non, ne t'occupe pas de moi, va au cinéma, je vais rester à la maison et nettoyer la cuisine » ou « Je suis presque sûr que ta sœur sera disposée à faire ça si tu ne le fais pas » ? Ce sont des exemples ordinaires de manipulation coercitive.

Chose intéressante, amener quelqu'un à se sentir coupable n'est pas une stratégie uniquement appliquée par des mères machiavéliques ou des amis intéressés. Elle peut aussi être un instrument bénéfique. Lorsque la grand-mère se plaint de ne pas recevoir de visites, ce n'est pas par perfidie. Elle ne fait que rappeler l'obligation bien réelle de remplir nos devoirs envers nos aînés et d'entretenir les relations avec eux. De même, lorsque le nouvel entraîneur de l'équipe de football des Timbers de Portland, Caleb Porter, a déclaré qu'il détestait perdre, il faisait pression sur les joueurs pour qu'ils ne le déçoivent pas. Et ça a marché. En une saison, il fit de son club, qui était parmi les derniers du classement, le vainqueur de sa ligue.

Un autre exemple de la manière douce nous est donné par Rachel Barnett, elle aussi de Portland, dans l'Oregon.

J'avais dix-sept ans. C'était la période de Noël et j'allais à la galerie marchande locale. J'avais quelques amis dans la voiture et je roulais à 110 à l'heure sur la nationale. Nous avons traversé une zone de travaux où la vitesse était limitée à 60. Un motard m'a fait signe de me garer sur le bas-côté. Il s'est approché de ma portière et j'ai immédiatement fondu en larmes. J'étais dans tous mes états, c'était la première fois que je me faisais coincer par la police de la route. Je n'ai pas essayé de m'arrêter de pleurer parce que je savais que ça ferait bon effet sur le policier. Il m'a demandé si je respecterais la limite de vitesse dorénavant. J'ai chialé encore peu, puis j'ai dit oui, et il m'a laissée partir.

L'histoire de Rachel est instructive parce qu'elle est à la fois authentique et un bon exemple de manipulation. Elle était réellement affolée et ne faisait pas semblant de pleurer comme l'aurait fait une psychopathe. D'un autre côté, elle ne s'est pas hâtée de dire au motard : « Ne faites pas attention. Je roulais trop vite et je mérite une amende, bien que je sois en train de pleurer. » Elle savait bien que son affliction lui attirerait probablement la sympathie du policier et qu'elle lui était donc utile.

La manière douce vise souvent à huiler les rouages des rapports sociaux par la flatterie, la réciprocité et l'énumération de personnes en vue que l'on connaît. Ces procédés sont couramment utilisés, parfois pour des motifs altruistes. Ainsi, une association humanitaire fait appel à une personnalité connue pour rallier les gens à sa cause. De même, on recourt souvent à la manière douce pour régler des conflits et des problèmes, surtout dans les relations amicales ou amoureuses. Le jeune homme, pour consoler sa petite amie, lui dit: «Ça doit être vraiment dur pour toi.» L'empathie peut avoir l'effet voulu, qui est d'abaisser le niveau de souffrance émotionnelle, ce qui le protège aussi bien que sa compagne. Le ton doit être évidemment convaincant et la sincérité est indispensable. Il peut aussi y avoir l'intention stratégique de remplacer le désir réflexe de donner des conseils par une expression d'empathie. En pareil cas, le geste est à la fois authentique et stratégique.

Le monde est un théâtre

Shakespeare disait que le monde entier est un théâtre et que les hommes et les femmes n'en sont que les acteurs; ils y font leurs entrées et leurs sorties. Un homme, dans le cours de sa vie, joue différents rôles, et les actes de la pièce sont les sept âges de la vie. Les psychologues le confirment. Ils décrivent même souvent les relations sociales en termes de rôles et de scénarios. Lorsque, par exemple, vous interagissez avec la caissière de l'épicerie locale, vous suivez une séquence assez prévisible. Vous lui demandez peut-être si elle va bien, et la réponse est presque toujours positive. S'il n'y a pas affluence, il se peut que vous échangiez des propos anodins sur le temps qu'il fait, les vacances qui approchent ou le peu de clients qu'il y a dans le magasin. Que vous le reconnaissiez ou non, une grande partie de votre comportement est conditionnée par la pensée que d'autres gens vous observent.

Cas typique: alors que vous regardez les nuages en allant poster une lettre, vous trébuchez en marchant sur votre lacet défait et courez quelques mètres pour donner le change. C'est fascinant et amusant à regarder, quand on pense au motif de ce comportement.

L'idée que le monde est une scène de théâtre et que les gens autour de vous sont des spectateurs crée une opportunité qu'on peut tourner à son avantage et à celui des autres. Dans les négociations commerciales, les conférences de paix internationales et les médiations judiciaires, il y a toujours une certaine mise en scène. Dans les discussions délicates, les gouvernements en désaccord conviennent souvent de ne pas rendre publiques les déclarations qui sont faites. Leur publication aurait pour effet de camper les deux parties sur leurs positions et d'envenimer la situation.

Jeff Dahl, un avocat qui s'occupa d'affaires de préjudices personnels pendant plus de dix ans en Floride, montre bien en quoi l'art de la mise en scène, tout en étant de la manipulation, peut être dans l'intérêt de tous. En Floride, comme dans beaucoup d'autres États, on préfère aboutir à un règlement à l'amiable plutôt que d'encombrer les tribunaux avec des procès. À un certain moment, il fit office de médiateur entre un plaignant de trente ans, qui avait été blessé dans un accident de la route, et la compagnie d'assurances. Dahl plaça le plaignant et son avocat dans une pièce, le représentant de la compagnie d'assurances dans une autre. Les deux pièces étaient séparées par une cloison en verre et de l'une on voyait très bien l'autre partie en présence.

Dahl passa une grande partie des deux heures suivantes à aller d'une pièce à l'autre, écoutant patiemment ce que chacun avait à dire et validant ses revendications. La compagnie d'assurances accepta de verser une indemnité de soixante-dix mille dollars, exactement la somme souhaitée par le plaignant, comme Dahl le savait. Il s'attendait donc à conclure un accord. Malheureusement, lorsque le plaignant prit connaissance de l'offre, la perspective de recevoir tout cet argent le grisa et il réclama davantage. Dahl savait que le représentant de la compagnie d'assurances n'était pas habilité à verser une somme supérieure. Craignant que la tentative de médiation échoue et aboutisse à un procès, Dahl décida de jouer la comédie.

Il entra dans la pièce où le mandataire de l'assurance attendait de savoir si son offre avait été acceptée. Au lieu de lui apprendre que le plaignant voulait plus, Dahl déclara : « Je voudrais savoir si votre proposition de soixante-dix mille dollars est sérieuse et si c'est votre meilleure offre. Si tel est le cas, il est inutile que vous restiez davantage. Plus rien ne nous retient ici. » Sur la suggestion de Dahl, l'assureur entreprit de ranger ses affaires pour s'en aller.

Dahl en profita pour se précipiter dans l'autre pièce, paniqué. « Oh, non ! lâcha-t-il. L'assureur s'en va en emportant son offre ! Vous feriez mieux de l'accepter tout de suite avant qu'il ne soit trop tard et tout le monde pourra rentrer chez soi content. » Quelques minutes plus tard, les deux parties signaient l'accord. Il est important de garder à l'esprit que ce qu'avait fait Dahl, bien que ce fût, à strictement parler, de la manipulation, était dans l'intérêt de toutes les parties, et ça avait réussi.

En quoi les artifices de ce genre s'appliquent-ils à vous et à votre réussite personnelle ? Vous n'aimez pas mentir. D'aucuns ont une attitude tranchée sur le mensonge. C'est pourquoi, étrangement, beaucoup sont de piètres conteurs. Combien de fois n'avez-vous pas entendu un ami essayer de raconter une histoire vraie et se noyer dans les détails au point de gâcher son effet ? « C'était au cours de maths qui commençait à neuf heures… non, attends, je crois que c'était à dix heures. » L'un des avantages d'une petite dose de psychopathie tient à une certaine fluidité dans les rapports sociaux, qui vient de ce qu'on ne s'attarde pas sur des détails insignifiants, quoique exacts. Les psychopathes voient le tableau d'ensemble et présentent les choses de façon à aboutir au résultat qui compte. D'autres gens auront du mal à passer la vérité sous silence, surtout parce que cela sent la trahison ou semble inspiré par des motifs immoraux. Si vous mettez en balance l'idée que la vérité n'a rien de tranché, et la conviction que votre action devrait favoriser le bien-être d'autrui, la psychopathie fait soudain figure d'outil plus acceptable.

Mais qu'est-ce qui permet à des gens comme Dahl de se montrer si habiles dans des situations tendues ? Dahl est aimable, il est doté d'une conversation agréable et personne ne songerait à voir en lui un psychopathe. Il n'en est pas un et en possède pourtant certains traits avantageux : il a l'esprit vif et une capacité remarquable à garder son calme dans les situations stressantes. Le détachement émotionnel qu'on associe parfois aux tueurs en série est également utile aux médiateurs, ainsi qu'aux médecins des services d'urgence et aux négociateurs pour la libération des otages. En fait, c'est un des éléments de l'art de la mise en scène: bien connaître son rôle. Les personnes atteintes de psychopathie ont la conviction que ce qu'elles font est juste, de même que les acteurs sont de plus en plus confiants en eux à mesure qu'ils mémorisent leur rôle. Quand les choses ne vont pas bien, on peut aussi recourir à l'improvisation, autre talent commun aux acteurs et aux psychopathes légers.

Autre manière encore d'user de la mise en scène à son avantage quand on cherche à influencer autrui, c'est justement d'agir comme un metteur en scène et d'attribuer à chacun un rôle particulier. Les spécialistes de psychologie sociale savent depuis longtemps que les rôles joués par les gens – fille, mari, garde du corps, patron, bénévole – ont un effet sur leur comportement. Une des preuves classiques de ce phénomène est fournie par la célèbre expérience sur les prisons menée à Stanford par Phil Zimbardo, expérience au cours de laquelle il assigna à des étudiants le rôle de détenu et à d'autres celui de gardien. L'expérience durait plusieurs jours et les «gardiens» se livraient à de plus en plus d'abus. Ils obligeaient les détenus à faire un grand nombre de tractions, interrompaient leur sommeil et les isolaient. Et, ne l'oublions pas, ces «gardiens» étaient des étudiants sains d'esprit quelques jours plus tôt seulement.

Les rôles peuvent avoir des effets incroyables, et pas seulement parce qu'ils aboutissent à des comportements déplorables. Prenez l'exemple édifiant de Lin Hao, cet écolier chinois qui marcha en tête de la procession au côté du basketteur Yao Ming pendant la cérémonie d'ouverture des jeux Olympiques d'été de Pékin en 2008. Quelques mois avant les jeux, la ville de la province du Sichuan où il habitait fut frappée par un violent tremblement de terre, qui détruisit une multitude d'immeubles et fit près de soixante-dix mille victimes. Lin, qui n'avait que neuf ans à l'époque, connut son heure de gloire pour avoir sauvé deux de ses camarades coincés sous les décombres de l'école. Lorsqu'on lui demanda d'où lui venait un tel héroïsme, il répondit : « Je suis le chef de classe. L'héroïsme, c'est ma partie. »

L'une des façons les plus aisées de manipuler les gens pour qu'ils deviennent des travailleurs énergiques est de leur assigner des rôles susceptibles de tirer le meilleur d'eux-mêmes. Lorsque Peter Lindberg, un Américain expatrié, prit un travail de professeur d'anglais à Taiwan, il remarqua un énorme changement chez ses élèves dès qu'ils adoptaient des prénoms anglais. Ces enfants réservés, à la voix douce, devenaient soudain aussi communicatifs que des Américains. Les entreprises modernes comptent de plus en plus sur le pouvoir transformateur des rôles en distribuant des titres tels que directeur de l'apprentissage ou directeur du divertissement. Si ces rôles peuvent paraître un peu kitsch, ils font néanmoins office de carte blanche pour agir d'une certaine manière.

Deux narcissiques valent mieux qu'un

Intéressé par les effets du narcissisme au sein des groupes, Jack Gonçalo et son équipe de recherche de l'université Cornell formèrent des cellules de quatre personnes à qui on demandait de jouer le rôle de conseillers en organisation auprès d'une entreprise confrontée à de graves problèmes. Leur objectif était de trouver des idées d'action novatrices pouvant être appliquées de manière réaliste. Non seulement les membres des équipes voulaient réussir, mais ils savaient en outre, pression supplémentaire, que deux spécialistes en psychologie de l'organisation évalueraient indépendamment leurs idées pour sélectionner les meilleures.

On donna plusieurs semaines à soixante-treize équipes pour mener à bien le projet. Auparavant, les traits de caractère narcissiques des deux cent quatre-vingt-douze conseillers avaient fait l'objet d'une évaluation ; à la fin de la période, on les interrogea sur la dynamique de leur groupe – comment, par exemple, les idées avaient été débattues et si toutes les alternatives possibles avaient été prises en considération avant de prendre les décisions. Battant en brèche l'*a priori* selon lequel les opérations menées par des personnalités narcissiques sont fondamentalement mauvaises, les chercheurs constatèrent que si leur nombre était insuffisant ou excessif, la dynamique et la créativité du groupe n'étaient pas optimales (au regard de l'évaluation par les experts de la valeur des solutions proposées pour l'entreprise). Mieux valait qu'il y ait deux personnalités narcissiques plutôt qu'une seule ou aucune, tant du point de vue du fonctionnement du groupe que de celui de la qualité des idées produites.

Peut-être vous demanderez-vous pourquoi intégrer des personnalités narcissiques à votre équipe. La raison pour laquelle deux personnalités narcissiques obtiennent d'aussi bons résultats est que les normes et les règles brident souvent la pensée créatrice, et qu'on est mieux armé à deux pour les enfreindre. Pour être créatif, il faut remettre en question les présupposés suivant lesquels les choses sont censées se faire. Convaincus d'être à part et pleins de fantasmes, les narcissiques ne se soucient guère d'être en conformité avec les codes sociaux. Des idées qui, sinon, auraient pu être prématurément rejetées comme absurdes ou impraticables deviennent méritoires. Dans un article de la *Harvard Business Review*, Michael Maccoby cite de nombreux exemples de personnalités narcissiques ayant réussi, des personnes capables d'amener les autres à cesser de palabrer et à agir.

> Au cours de l'Histoire, des personnalités narcissiques sont toujours apparues pour inspirer les autres et façonner l'avenir. Lorsque les arènes politiques, militaires et religieuses dominaient la société, c'était des Napoléon Bonaparte, des Mahatma Gandhi et des Franklin Roosevelt qui décidaient de l'avenir. Mais parfois, lorsque les affaires devenaient le moteur du changement social, elles aussi généraient leur lot de leaders narcissiques. Ce fut vrai au début du XXe siècle, lorsque des hommes comme John D. Rockefeller, Thomas Edison et Henry Ford exploitèrent de nouvelles techniques et restructurèrent l'industrie américaine… Des figures

comme Jack Welch et George Soros sont des exemples de narcissiques inventifs. Ce sont des stratèges doués et créatifs qui ont une vue d'ensemble, trouvent un sens au projet risqué de changer le monde et veulent laisser une trace. De fait, une des raisons pour lesquelles nous avons besoin de narcissiques productifs dans les époques de grande transition, c'est qu'ils ont l'audace d'imposer les transformations massives que la société subit périodiquement. Les narcissiques inventifs ne sont pas seulement prêts à prendre des risques pour faire avancer les choses, mais ce sont aussi des charmeurs capables de convertir les autres par leur rhétorique.

Les narcissiques veulent faire quelque chose d'ambitieux, qui attire l'attention. Ce sont souvent eux qui donnent le ton : lorsqu'ils vont contre les usages établis, les autres suivent. La première règle de la créativité, c'est d'être capable d'oser ce qui est mal, de prendre le risque de commettre des erreurs et d'être le point de mire du public. Dans un groupe, le narcissique a droit à des regards désapprobateurs et à des rires moqueurs. Mais deux narcissiques deviennent une puissante faction minoritaire qu'on ne peut plus ignorer. Ils incitent les gentils membres compatissants et non narcissiques de l'équipe à changer de tactique, à s'insurger contre le *statu quo* et à chercher à faire quelque chose digne d'admiration.

L'effet Teddy favorise la créativité d'une autre façon encore : il rend raisonneur. L'ennui avec les personnes créatives est qu'elles ont tendance à s'enticher de leurs propres idées. Cela tient en partie au fait que la création est vécue comme une plaisante catharsis et qu'on confond souvent ce qui fait du bien avec ce qui est bien. Prenez le New Coke ou la Suzuki X90 à la forme si bizarre. Ces produits ont dû paraître fantastiques dans la salle de conférences, et se sont révélés être des échecs commerciaux. Une certaine dose de critique négative ou de ce qu'on appelle le réalisme dépressif peut faire fonction d'antidote à cette tendance à tomber amoureux de ses idées. Hans Eysenk, l'un des pionniers des tests d'intelligence et de personnalité, est connu pour avoir dit que les seules séances utiles de remue-méninges étaient celles où se manifestait une critique virulente. Pourquoi tant de parents, d'enseignants et d'organisations ignorent-ils ce conseil ?

Les dirigeants d'organisations désirent de la créativité, mais maîtrisée. C'est pour eux un vrai casse-tête quand des personnes pleines de ressources et capables de résoudre les problèmes ont du mal à respecter les règles et à veiller aux détails. Dans les affaires, on adore les idées nouvelles, mais on déteste l'incertitude qui va avec. Y a-t-il moyen de résoudre ce paradoxe ?

Imaginez que vous vous trouviez à la place d'un des sujets de cette recherche menée depuis plus de dix ans par Jennifer Mueller. Vous êtes en plein travail, quand un collègue annonce un nouvel apport de capitaux dans la société. Vous pourriez bénéficier d'une partie de cette manne, mais pour éviter de longs débats sur la question de savoir qui a le mieux contribué à la prospérité de l'entreprise et mérite le plus de recevoir ce bonus inattendu, sa répartition sera déterminée par tirage au sort. Vous êtes tout excité, anxieux et perplexe. Puis on pose à chacun des participants quelques questions sur ordinateur. Dans cet état mental d'incertitude (l'argent sera distribué de façon aléatoire, indépendamment des mérites de chacun), l'attitude change-t-elle relativement au *statu quo* ? Quand on a des doutes, aspire-t-on davantage à la certitude et est-on par conséquent moins ouvert aux idées nouvelles ?

Les chercheurs savaient qu'il était inutile de demander à chacun de but en blanc s'il appréciait la créativité. Tout le monde sait que la « bonne » réponse est oui et infléchira probablement la sienne dans ce sens. Pour éviter cet écueil, Mueller et ses collègues recoururent à des tests sur ordinateur sur les temps de réaction – difficiles à truquer – afin de déterminer si les participants avaient des *a priori* inconscients contre la créativité. Les résultats n'auraient pu être plus clairs. 95 % répondirent que oui, la créativité, c'est formidable ! Cependant, lorsque l'ordinateur évalua leurs associations mentales automatiques, on constata que les personnes en proie au doute rattachaient la créativité à des mots comme « vomir » et « souffrance ».

Nous en arrivons au fameux avantage de 20 %. Lorsque nous voulons éliminer l'incertitude, nous manifestons des attitudes négatives à l'égard de la créativité. Pour être ouvert et réceptif aux idées nouvelles, il faut être ouvert et réceptif à l'inconfort mental. L'effet Teddy nous a enseigné que l'exemple des personnalités narcissiques peut nous aider à vaincre cet inconfort. À ce stade, vous ne serez pas surpris d'apprendre que les personnes à l'ego surdéveloppé supportent mieux l'incertitude. Elles éprouvent ouvertement des craintes, sans hésiter à le montrer, trop occupées qu'elles sont à tendre vers la manière de vivre admirable à laquelle elles aspirent par-dessus tout et dont elles se jugent dignes. À quoi emploieriez-vous votre temps si vous n'étiez pas occupé à gérer votre [insérez le mot correspondant au sentiment, au besoin, au souvenir ou à la pensée pénible qui vous tracasse le plus] ? À quoi avez-vous renoncé, comment votre espace vital s'est-il rétréci progressivement en tentant de ressentir moins de gêne socialement ?

L'effet Teddy a-t-il un effet néfaste sur le monde ? C'est possible. Mais il peut aussi être source de beauté, de bonheur, de sens et de développement, et lorsqu'on est capable d'en recueillir ces bienfaits, on en sort renforcé, plus à même de se remettre des déconvenues et plus agile mentalement. Les comportements obscurs décrits dans ce chapitre participent d'un schéma directeur génétique et on en trouve la trace chez des enfants de seulement quatre ans. Ils sont inscrits dans la société qui aime que ses dirigeants et ses membres en général – athlètes, chirurgiens, représentants de l'ordre, militaires – soient imperturbablement positifs. Dans le contexte adéquat, nous pouvons tous tirer parti du machiavélisme, du narcissisme et de la psychopathie pour garder notre sang-froid dans des situations tendues, charmer autrui et croire en notre capacité à réaliser nos rêves. Soyez prêt à utiliser cette partie de votre répertoire psychologique si besoin, et vous obtiendrez l'avantage de 20 % nécessaire en fin de course. Tout le monde a ces outils à sa disposition, et pourtant beaucoup d'entre nous ne s'en servent pas car ils préfèrent se sentir bien dans l'immédiat plutôt que faire ce qu'exige la situation pour s'accomplir *et* réussir.

L'idée, étayée par la recherche scientifique, est de vous inciter à dévier d'une attitude compatissante et aimable lorsque les circonstances le justifient. Il faut parfois savoir se montrer péremptoire et manipulateur, non seulement pour votre bien, mais aussi pour celui de votre entourage, qu'il s'agisse de subordonnés, de collègues ou de membres de votre famille. En apprenant à recourir tant à la manière forte qu'à la manière douce dans vos rapports avec autrui, vous vous donnerez le petit plus nécessaire pour que votre travail et votre vie soient pleinement accomplis.

Les points clés

1. Tout le monde, sans exception, manipule les autres.
2. Le faire efficacement est affaire de dosage et de circonstances.
3. Il est essentiel de distinguer les aspects néfastes de l'effet Teddy des aspects bénéfiques de la psychopathie, tels que la propension à la domination dénuée de crainte, et de ceux du narcissisme, comme la confiance en soi inébranlable, qui stimulent le courage, la créativité et l'aptitude à commander.
4. Certains des plus grands dirigeants de l'Histoire possédaient ces traits de caractère et étaient prêts à prendre des risques et à s'attirer des inimitiés pour poursuivre les buts ambitieux auxquels ils tenaient.

5. À petite dose, le narcissisme, la psychopathie et le machiavélisme (insuffisamment utilisés dans les relations humaines) peuvent être extraordinairement efficaces pour convaincre les autres, satisfaire amis et clients, motiver autrui et favoriser un sentiment d'intimité et de confort affectif.

CHAPITRE 7

Tour d'horizon

La conscience ne s'éveille jamais sans douleur. Les gens font n'importe quoi, aussi absurde que cela soit, pour éviter de se retrouver face à leur âme. On n'atteint pas la lumière en imaginant des êtres de lumière, mais en amenant l'obscurité à la conscience.

C.G. JUNG

Nous vivons une époque peu ordinaire. Autrefois, c'étaient les plus solides qui réussissaient : les guerriers montrant de quoi ils étaient capables sur le champ de bataille, ou les joueurs de football capables de prouesses sur le terrain. Cela a changé. De nos jours, ce sont les maniaques de l'informatique qui mènent la danse. Ce sont eux qui créent les gadgets électroniques devant lesquels on s'extasie. Les sorciers de la technique et les forts en maths sont en tête du hit-parade des milliardaires. Les réalisateurs de science-fiction tournent les films dont les super-héros attirent les foules. Alors qu'il y a quelques années, parler de *Star Trek* était mal vu, un emblème évoquant le film sur un T-shirt est maintenant le signe qu'on est au parfum, cool et rétro. Les gamins qui se demandaient si *L'Empire contre-attaque* était meilleur que le premier épisode de *La Guerre des étoiles* sont maintenant des chefs d'entreprise dont les décisions affectent notre manière de vivre, de nous distraire, de communiquer et d'investir.

Ce règne d'ados attardés fous d'informatique est précisément la raison pour laquelle nous jugeons approprié de citer un exemple inhabituel d'entièreté : Aquaman. Au cas où vous ne seriez pas un fan de bandes dessinées, nous allons vous présenter Aquaman, super-héros qui évolue dans le même univers imaginaire que Batman, Superman et Wonder Woman. Souverain du royaume sous-marin d'Atlantis, il est capable de respirer sous l'eau, nage comme un poisson, communique mentalement avec toute la vie marine et, surtout, est vêtu d'une magnifique tenue dorée. Toutes ces qualités lui permettent d'être à la hauteur lorsqu'un requin est pris de folie sanguinaire, un navire chavire ou une ville entière est engloutie dans la mer à la suite d'un tremblement de terre. Hélas, cent pour cent des nettoyages ethniques, des braquages de banque, et, dans l'univers des bandes dessinées, des tentatives de domination du monde par des super-méchants ont lieu sur la terre ferme, hors du champ des compétences d'Aquaman.

C'est pourquoi, parmi les amateurs de *comics*, Aquaman passe pour être le super-héros le plus minable de tous les temps. Spiderman est un petit plaisantin doué d'une force herculéenne et de sens aussi aiguisés que ceux d'une araignée. Wolverine est un mauvais garçon solitaire aux griffes d'acier. Wonder Woman est belle, plus forte que Superman lui-même et en plus elle a des principes. Mais Aquaman ? Un formidable nageur capable de respirer sous l'eau ? On pense plus à Laure Manaudou qu'à Tony Stark.

Il est pourtant puissant, beaucoup plus qu'on pourrait le penser de prime abord. D'abord, son territoire couvre 70 % de la surface de la planète, ce qui n'est pas rien. Par contraste, le mélancolique et un tantinet névrosé Batman limite ses rondes à une seule ville. Ensuite, Aquaman communique avec les pinnipèdes, tels les phoques et les morses, qui sont à même, naturellement, d'aider à lutter contre la criminalité sur les côtes, les atolls et les bancs de sable tant qu'ils gardent leur humidité. Si l'on tient compte de ces précieux auxiliaires, on peut estimer sans risque d'erreur qu'Aquaman est le principal gardien de 80 % de la biosphère. Impressionnant, même si cela laisse 20 % de la Terre sans protection.

Pour étendre son champ d'action à 100 % de la surface du globe, notre super-nageur à trident doit faire appel à son agilité émotionnelle, cognitive et sociale. Commençons par la dernière de ces trois formes d'agilité. Aquaman est un charmeur. En tant que roi d'Atlantis, il n'hésite pas à jouer les hôtes pour ses super-collègues. Ce faisant, il entretient de bonnes relations et peut ainsi étendre le champ de sa lutte contre le crime. Dans un arc narratif intitulé « La tranchée », Aquaman fait la preuve de son flair et de son aptitude à utiliser les règles du jeu social à son avantage lors d'un entretien avec un blogueur dans un restaurant du bord de mer. Ce dernier lui demande: «Quel effet ça fait de n'être le super-héros favori de personne?» Au lieu de le contredire, Aquaman donne à la serveuse un pourboire suffisamment généreux pour qu'elle puisse envoyer ses enfants au collège. «Maintenant je suis bien le super-héros favori de quelqu'un, non?» D'où sort-il, cet argent? Où le garde-t-il dans son étroite combinaison? On n'en a pas la moindre idée.

Lorsqu'il perçoit des menaces hors de son territoire aquatique, Aquaman ne va pas ruminer dans une grotte sous-marine. En tant que membre de la Ligue des justiciers, il influence et persuade une assemblée des plus puissants super-héros de la planète, dont Batman, Superman, Wonder Woman, Flash et Green Lantern, de prendre des risques graves, voire mortels. Doté d'une agilité cognitive suffisante pour reconnaître sa propre vulnérabilité et de l'agilité sociale nécessaire pour compenser ses points faibles (grâce à des alliances stratégiques), Aquaman puise dans les 20 % marginaux.

Il peut paraître idiot de s'étendre si longtemps sur un héros de fiction, mais Aquaman symbolise les principales thèses exposées dans ce livre. Il met parfaitement en évidence comment nous avons tous tendance à nous focaliser sur les 80 % de notre univers qui nous sont familiers, et dans lesquels nous sommes à notre aise. Il illustre aussi à merveille comment nous pouvons tirer parti des 20 % restants pour augmenter notre efficacité. Dans les divers chapitres de ce livre, nous avons fait un tour d'horizon des recherches scientifiques pour montrer que notre approche culturelle du bonheur a besoin d'être radicalement révisée et comment nous devons nous y prendre pour y parvenir. Les faits saillants sont les suivants :

– la dépendance au confort réduit notre immunité aux expériences négatives (chapitre 2) ;
– les émotions négatives représentent une ressource insuffisamment appréciée (chapitre 3) ;
– la poursuite du bonheur risque de nous affaiblir (chapitre 4) ;
– le non-mental est bénéfique, surtout quand il alterne avec la pleine conscience (chapitre 5) ;
– le machiavélisme, le narcissisme et la psychopathie procurent un avantage dans les rapports difficiles et complexes avec autrui (chapitre 6).

Il est temps maintenant de se défaire de l'obsession du bonheur pour adopter une définition plus large de la réussite. Rendons son dû à Aquaman.

Reconnaître son *a priori* en faveur du positif

Vous ne vous en rendez peut-être pas compte, mais vous avez sans doute un préjugé en faveur de la positivité dont vous n'avez même pas conscience, cela vaut la peine d'être répété. Rassurez-vous, vous n'êtes pas le seul. Cela vaut pour la majorité des Occidentaux, surtout les Américains et les Anglo-Saxons.

Commençons par votre sourire. Si vous êtes sorti de chez vous aujourd'hui, vous avez certainement souri à quelques personnes, livreurs, commerçants, collègues, et même à des inconnus. Saviez-vous que les Américains sont connus pour être souriants ? À tel point que le guide *Lonely Planet* pour la France leur conseille de ne pas sourire à des inconnus dans la rue. Ce qui serait jugé normal aux États-Unis risquerait de passer pour de l'idiotie dans les rues de Paris. En fait, la propension à la positivité des Américains est si répandue et si forte qu'elle conduit à ce qu'on appelle un *accent non verbal*. De même qu'on a un accent quand on apprend une deuxième langue ou que l'on conserve l'accent de sa région natale lorsque l'on déménage, il existe aussi des accents culturels exprimés par des expressions faciales et d'autres formes du langage du corps.

Ainsi, dans une étude, on demanda à des Américains de deviner la nationalité d'Américains et d'Australiens simplement en regardant leurs photos. Lorsque les expressions faciales saisies sur les clichés étaient neutres, les participants auraient obtenu de meilleurs résultats en jouant à pile ou face. Mais lorsque les visages étaient souriants, les Américains étaient prompts à discerner l'accent non verbal, et la justesse de leurs réponses grimpait à près de 60 %. Il semble que nous ayons le chic pour remarquer d'infimes variations dans l'activation des muscles autour des yeux et d'autres traits similaires qui rendent les sourires subtilement distincts les uns des autres. Sourire est simplement la manifestation extérieure d'une tendance à la positivité profondément enracinée, commune aux Occidentaux.

Ce *biais optimiste* est la tendance à surévaluer artificiellement… à peu près tout. Cela vaut particulièrement pour les évaluations portant sur de vastes catégories abstraites. Par exemple, lorsque des chercheurs demandent s'ils jugent satisfaisante l'éducation ou la vie sociale, il est beaucoup plus probable que les Occidentaux* expriment leur enthousiasme que les Asiatiques. Cela est vrai même lorsque les Américains ont des griefs précis, portant par exemple sur le prix élevé des livres scolaires, des leçons ennuyeuses ou l'heure matinale du début des cours. La raison en est qu'il est difficile d'évaluer le système éducatif globalement. Comment lui attribuer une seule note de 0 à 100 ? Il en va de même de chaque aspect de la vie en société. Lorsqu'ils sont tenus de se prononcer sur ces questions, les Américains reprennent d'instinct leur attitude générale, qui est imperturbablement optimiste.

Notre tendance collective à la positivité se reflète en effet avant tout dans notre optimisme. Des chercheurs ont constaté que, comparés aux Japonais, les Américains étaient plus enclins à croire que des événements favorables se dessinaient à l'horizon. Interrogés sur des événements positifs ordinaires – par exemple tomber par hasard sur un vieil ami – et des événements négatifs du même ordre – comme échouer à un examen – les Américains estimaient qu'ils avaient deux fois plus de chances qu'il leur arrive quelque chose de favorable que leurs frères et sœurs, et 1,5 moins de chances qu'eux de subir des avanies. Quelle différence avec les Japonais, qui estimaient avoir 2,5 plus de chances de jouir de malchance au cours de leur vie

* On pourrait objecter que les Français, râleurs impénitents, font exception (N.d.T.).

que leurs proches ! Cette vision pessimiste est précisément le genre de négativité catastrophiste qu'évitent les Américains, mais le Dr Chang remarque que l'optimisme risque de faire long feu. S'attendre au pire, ce qu'on appelle parfois le *pessimisme défensif*, peut avoir du bon.

Ceux qui adoptent cette attitude « espèrent le meilleur mais s'attendent au pire ». On peut avoir l'impression que ces gens-là doivent remédier, améliorer ou optimiser certains traits de leur caractère, mais il faut s'en garder. Ils ne portent pas nécessairement des lunettes noires sans arrêt ni n'échouent en toutes circonstances. Même s'ils ont connu le succès par le passé, ils savent que les choses peuvent se passer autrement cette fois-ci. Ainsi lorsqu'une maman doit prendre l'avion avec trois enfants hyperactifs en bas âge, elle adoptera peut-être une stratégie de pessimisme défensif pouvant se décomposer comme suit :

– s'attendre à ce que ça ne se passe pas bien (les passagers voisins vont nous prendre en grippe, ce qui n'est pas grave puisque de toute façon ces deux heures de vol vont être pénibles) ;
– imaginer en détail tout ce qui peut aller de travers (les enfants vont arracher la perruque de quelqu'un et la lancer comme un Frisbee, le pilote va apparaître sur l'écran et demander aux passagers d'avoir à l'œil sa rangée, afin de savoir qui sera responsable en cas d'accident, etc.).

Au lieu de voir la vie en rose et d'esquiver les sentiments et pensées négatifs, les pessimistes défensifs imaginent ce qu'ils éprouveraient si les choses tournaient mal. Julie Norem a constaté qu'après avoir brisé l'hégémonie de la positivité, ces pessimistes font face très efficacement aux menaces d'échecs et de déceptions. En imaginant le scénario catastrophe, ils traduisent leur anxiété en action et mettent en œuvre des stratégies propres à limiter les dégâts.

Peut-être vous demandez-vous s'il ne vaudrait pas mieux être efficace en conservant sa bonne humeur qu'en la perdant ? Les équipes de recherche de Norem et Chang ont résolument écarté cette possibilité. Lorsque des optimistes stratégiques et des pessimistes défensifs jouaient aux fléchettes, ils obtenaient dans l'ensemble d'aussi bons résultats, mais ils n'atteignaient pas leurs meilleures performances de la même manière. Avant de commencer la partie, certains écoutaient des cassettes relaxantes (« Entendez le murmure des vagues qui roulent sur l'océan scintillant au soleil… »). D'autres s'imaginaient en train de manquer la cible. Lorsque les optimistes lançaient leurs fléchettes, leurs tirs étaient environ 30 % plus précis quand ils s'étaient détendus que lorsqu'ils avaient visualisé de mauvais résultats. L'inverse était vrai pour les pessimistes : leurs tirs étaient plus précis dans la même proportion quand ils s'étaient imaginé rater la cible au lieu de se relaxer ou de visualiser des bonnes performances. Les recherches de Norem laissent supposer que « l'humeur positive nuit aux performances des pessimistes défensifs ». Quand ils sont de bonne humeur, ils sont satisfaits d'eux-mêmes et libérés de l'anxiété qui mobilise leurs efforts. Si vous voulez saboter les performances des pessimistes défensifs, faites leur bonheur.

Les individus de ce type ne ressentent pas les émotions négatives aussi intensément que ceux qui sont plus souvent d'humeur optimiste[1]. Autrement dit, lorsqu'ils se trouvent au creux de la vague, ils sont moins durement atteints. En fait, les recherches montrent que les pessimistes défensifs se tirent mieux des situations difficiles et stressantes que les optimistes. À Singapour, lorsque le gouvernement annonça une vague de syndrome respiratoire aigu sévère (SRAS), les pessimistes, plus inquiets que les optimistes, anticipèrent davantage ; leur vision sombre de la situation leur permit de se protéger plus efficacement de la maladie, eux et leurs familles.

Que vaut la positivité s'agissant des grandes questions sociétales, comme les préjugés contre les femmes, manifestes dans les disciplines scientifiques et techniques, où les hommes obtiennent de meilleurs résultats qu'elles ? Environ 60 % de ces préjugés peuvent être attribués au milieu socioculturel et à un conditionnement antérieur, mais sur les 40 % restants, la majeure partie résulte du sentiment d'infériorité,

1. Le chercheur Shigehiro Oishi et ses collègues ont été les premiers à enquêter sur les différences interculturelles dans l'architecture des émotions. L'une de leurs découvertes les plus étonnantes a trait au nombre d'événements positifs nécessaire pour effacer la douleur psychologique causée par les événements négatifs. Pour les Occidentaux, presque deux événements positifs sont requis alors qu'un seul suffit aux Japonais.

Oishi, S., Diener, E., Choi, D.W., Kim-Prieto, C., & Choi, I. (2007), « The dynamics of daily events and well-being across cultures : When less is more », *Journal of Personality and Social Psychology*, 93, p. 685-698.

d'être dépréciées et même prédisposées à l'échec, auquel sont en proie les femmes. Vous interpeler avant un examen sur le fait que vous êtes une femme déclenche ce sentiment négatif et vous conduit à faire encore moins bien. Mais, chose étonnante, celles qui adoptent l'attitude pessimiste défensive et imaginent qu'elles vont échouer à l'examen font disparaître ces stéréotypes sexuels négatifs et leurs résultats ne s'en ressentent pas.

Il se produit à peu près la même chose quand on se tourne vers les stéréotypes négatifs relatifs aux capacités intellectuelles des étudiants noirs par rapport à celles des blancs, et aux résultats inférieurs des étudiants appartenant à des minorités ethniques. Dans les universités à prédominance blanche, où ces stéréotypes liés à la prétendue infériorité intellectuelle des minorités risquent de paralyser les étudiants noirs, les chercheurs ont observé de près l'attitude pessimiste défensive. Ils ont découvert que les étudiants noirs qui adoptent cette attitude en classe («J'essaie d'imaginer comment arranger les choses si ça se passe mal», «Je commence souvent par m'attendre au pire, quoique j'aie de bonnes chances de bien m'en sortir») abandonnent moins souvent leurs études et décrochent de meilleurs diplômes. L'idée générale est que des stratégies psychologiques simples peuvent résoudre efficacement des problèmes sociaux tenaces, si et seulement si on est disposé à sortir de la perspective limitée de la positivité.

Même les optimistes recourent au pessimisme, sans vraiment s'en rendre compte. Ils se laissent aller à ce qu'on appelle le *pessimisme rétroactif*. Lorsqu'on échoue dans quelque domaine, on se prémunit inconsciemment contre la douleur psychologique produite en remontant mentalement dans le passé afin de le réévaluer. Dans cette nouvelle version, revue et corrigée, on est beaucoup plus pessimiste quant à ses chances de réussite. On se dit après coup que si les circonstances étaient contre soi, l'échec était quasi certain.

Voici comment les chercheurs découvrirent ce phénomène. Ils présentèrent aux participants un scénario. La scène se passe dans un laboratoire scientifique pour un travail d'assistant. Le scénario comporte des éléments positifs et des éléments négatifs, par exemple trouver d'excellentes idées de recherche, mais aussi détruire du matériel coûteux. Les chercheurs demandaient aux participants d'évaluer leurs chances de succès. Ils leur communiquaient ensuite un dernier élément du scénario, qui consistait à qualifier la situation finale soit de réussite retentissante, soit d'échec pitoyable. Dans le cas de l'échec, les optimistes étaient beaucoup plus enclins à considérer celui-ci comme inévitable. Le présenter de cette façon le rend plus facile à digérer.

Les recherches sur les effets avantageux du pessimisme ainsi que les études sur l'*a priori* en faveur du positif nous apprennent qu'il est grand temps de réévaluer nos croyances obsolètes. Une compréhension nouvelle de ce que signifient la réussite et la santé mentale est nécessaire, de même qu'il est nécessaire de considérer le positif et le négatif comme parties d'un tout, plus vaste et plus viable.

Tel est le Graal de la psychologie : la plénitude, l'entièreté. La médecine ne consiste pas seulement à prescrire de la pénicilline et à remettre des os en place, mais à se préoccuper de la santé globale. Les romans et films de science-fiction dépeignent souvent un futur où du nano-matériel et des pilules permettront de modifier l'ADN afin de réparer des cellules endommagées, rallonger la vie et jouir d'une santé parfaite. Dans le même esprit, les psychologues se sont lancés dans la quête de la *plénitude*, qui trouve sa pleine expression dans l'autodétermination.

La notion de plénitude ou entièreté (*wholeness*) s'est insinuée dans tous les domaines de l'existence. Elle est connue sous de nombreux aspects et se décline sous de multiples formes. Au travail, par exemple, il est à la mode chez les chefs d'entreprise et les gestionnaires de parler de «performance optimale», de «plein engagement» et d'«aptitude au service». En matière de parentage, on l'appelle «formation de l'identité» ou «maturité». La plénitude est à la psychologie ce que l'illumination est à la spiritualité.

Les psychologues modernes d'avant-garde n'ignorent pas les névroses, les souffrances affectives et la face obscure de la nature humaine. Celles-ci peuvent s'exprimer sous forme de troubles qu'il est nécessaire de soigner, de la même façon qu'un cancer doit être traité. Mais ces psychologues diffèrent de leurs collègues en ce sens qu'ils considèrent les états mentaux pathologiques non seulement comme un aspect inévitable du développement personnel, mais aussi comme des outils à part entière, facteurs de succès. Roy Baumeister, psychologue novateur de l'université d'État de Floride, se démarque de ses pairs en adoptant une vision plus globale des aspects lumineux et obscurs de la nature humaine. « À la différence de la plupart des gens, je vois le monde en termes de conciliation. Les bonnes actions vont souvent de pair avec les mauvaises. Ce qu'on fait est entaché de corruption. On gagne de l'argent en profitant du système. Mais c'est en général pour subvenir aux besoins de sa famille. » Carl Gustav Jung a exprimé cela de manière poétique : « Une personne entière est celle qui a à la fois marché avec Dieu et combattu le diable. »

Prenons, par exemple, une étude récente d'Alison Wood Brooks, de la Harvard Business School. Elle a remarqué, comme d'autres avant elle, que les gens se crispent quand la qualité de leur performance est en jeu, que ce soit en chantant du karaoké ou en passant un examen. L'anxiété est si fréquente dans de telles situations que beaucoup d'universités permettent certains accommodements pour les étudiants qui en sont le plus gravement victimes au moment des examens. Beaucoup tentent de ralentir leur rythme cardiaque en prenant de profondes inspirations, en écoutant de la musique relaxante ou en détendant leurs muscles, méthodes qui ne sont pas sans rappeler la devise de la Seconde Guerre mondiale déjà mentionnée : « Restez calmes et continuez. » Brooks est intelligente et elle a compris qu'on pouvait procéder autrement. Comme nous l'avons laissé entendre au chapitre 3, l'anxiété est avant tout un état de grande excitation affective. Brooks était curieuse de voir si on ne pouvait pas utiliser à bien cet état émotionnel amplifié.

Elle obligea près d'une centaine de participants à une étude à chanter du karaoké. Elle leur fit interpréter les premières mesures de la chanson à succès de Journey « Don't Stop Believin' ». Si vous êtes comme nous, le seul fait de penser à ces paroles fait battre votre cœur plus fort. Avant de chanter, elle leur demanda de s'autoévaluer sérieusement, en leur enjoignant de manière aléatoire de se mettre dans un certain état d'esprit. Les uns devaient reconnaître qu'ils étaient anxieux, les autres avaient à reformuler les choses en se disant : « Je suis excité(e). » Constatation intéressante, alors que les membres des deux groupes étaient aussi anxieux les uns que les autres, ceux du second donnèrent une meilleure interprétation. La qualité de l'interprétation, évaluée par un programme informatique sophistiqué, était de 80 % pour le deuxième groupe, de 56 % seulement pour le premier.

Brooks appliqua ensuite la même méthode à la prise de parole en public : les « excités » (par opposition aux « calmes ») furent jugés plus persuasifs, plus compétents et plus assurés. Brooks enfonça le clou en répétant l'expérience avec la résolution de problèmes mathématiques. Elle conclut que notre relation à ce que nous éprouvons compte plus que ce que nous pensons. Chez les personnes capables de requalifier, même artificiellement, leur anxiété en excitation, se produit un passage subtil mais fécond de l'état intérieur à la situation extérieure. Brooks appelle cela l'*état d'esprit opportuniste*.

Nous déclarons sans ambages qu'envisager le côté obscur de la nature humaine en termes d'opportunités est une attitude radicale et saine. Récapitulons la thèse principale de ce livre : se couper des aspects dits négatifs de notre architecture psychologique naturelle limite notre potentiel. Au contraire, non seulement accepter, mais aussi adopter pleinement les aspects les moins plaisants de notre personnalité, ne serait-ce que pour de courtes périodes, maximise nos chances de réussir véritablement et de devenir entiers. C'est cela la vraie plénitude et non un bonheur borné.

Ce n'est pas une voie facile, mais c'est la bonne

Nous participions à une émission de radio dont l'animateur prétendait nager dans le bonheur depuis des décennies et s'en vantait ouvertement, comme s'il avait atteint une sorte d'illumination émotionnelle, un nirvana. À nos yeux, il paraissait totalement coupé de la réalité. N'avait-il jamais perdu un être cher ? Jamais subi de revers ? Jamais été témoin d'injustices ? Nous étions moins curieux de savoir comment il réussissait à être si heureux malgré les épreuves inévitables que pourquoi il tenait tant à l'être. Une vie réussie est certainement agréable et heureuse, mais elle n'est pas que cela. Le vrai bonheur ne se résume pas à des moments fugitifs de plaisir. Nous proposons ci-dessous une matrice qui, selon nous, est essentielle à une vie réussie et satisfaisante, le genre de vie à laquelle aspirent la plupart d'entre nous.

Comme dans la réalité, cette matrice des expériences de vie est riche et variée, et présente même parfois des contradictions. Voici deux dimensions primaires qui définissent la bonne vie : 1/ plaisir/sens ; et 2/ nouveauté/stabilité. Autrement dit, les gens veulent à la fois éprouver du plaisir et mener une vie pleine de sens, et ils désirent aussi trouver un juste équilibre entre une certaine dose d'expériences nouvelles et un minimum de prévisibilité. Il existe certainement des différences individuelles dans la manière dont on pondère ces différents facteurs, mais le schéma général s'applique à tout le monde. Non que ce soit là une vérité empirique et qu'il n'existe pas d'autres dimensions, mais ces deux axes recouvrent une très large gamme d'expériences quotidiennes. Nous nous pencherons sur ces deux couples de valeurs dans les deux sections suivantes.

PLAISIR ⟷ SENS
NOUVEAUTÉ ⟷ STABILITÉ

Équilibrer plaisir immédiat et sens ultérieur

C'est une chose de vous inciter à vous battre avec le diable et une tout autre de vous épauler dans ce combat. Dans les chapitres précédents, nous avons présenté une pléiade d'études et exposé une multitude de résultats de recherches qui vous ont convaincu, nous l'espérons, que ces états mentaux empoisonnants valent peut-être plus qu'il n'y paraît à première vue. Les sceptiques nous accuseront de vanter la colère, d'abdiquer la pensée rationnelle et d'encourager la manipulation d'autrui. Il est facile de nous présenter comme des cyniques, des égoïstes et des personnes mal intentionnées à ceux et celles qui n'auraient pas lu ce livre. Vous en savez heureusement plus long.

Nous allons profiter de vos bonnes dispositions pour vous faire quelques suggestions sur la manière de mener une vie pleine et entière, et de mieux réussir, aussi bien au travail que chez vous.

Comme nous l'avons vu, la plénitude est fondée sur un ensemble d'aptitudes[1] qui toutes reposent sur la souplesse psychologique. Nous avons décliné celle-ci en agilité mentale, agilité émotionnelle et agilité sociale. L'idée de base est que tous les états psychologiques ont une valeur instrumentale. C'est-à-dire qu'ils ont leur utilité dans des buts spécifiques, comme de retrouver les clés de sa voiture, assurer sa sécurité dans un parking en sous-sol, négocier un contrat commercial ou discuter avec l'instituteur de votre enfant. Au lieu de voir dans vos pensées et vos sentiments des réactions à des événements extérieurs, nous soutenons qu'il est préférable de les considérer comme des outils à utiliser selon ce qu'exigent les circonstances. En clair, cessez d'étiqueter bons ou

---

1. Kashdan, T.B., & Rottenberg, J. (2010), « Psychological exibility as a fundamental aspect of health », *Clinical Psychology Review*, 30 (7), p. 865-878. Pour plus de détails, voir la revue récente effectuée par l'un des chercheurs qui nous a amenés à nous défaire de l'obsession de la positivité pour prôner la souplesse émotionnelle, cognitive et sociale : Bonanno & Burton (2013).

Dans ces deux articles, vous trouverez des références aux études originales menées par George Bonanno, Lisa Feldman Barrett, James Gross, Charles Carver, Cecilia Chang, Jack Block et d'autres chercheurs disposés à tester la supériorité de la flexibilité psychologique sur un ensemble limité d'émotions, de stratégies régulatrices et de comportements interpersonnels. Nous sommes très reconnaissants à ces scientifiques pour leurs recherches audacieuses et leurs prédictions risquées.

mauvais, positifs ou négatifs vos états intérieurs, et commencez à les juger utiles ou inutiles dans telle ou telle situation.

Un des domaines d'élection où mettre en pratique cette suggestion est l'un de ceux où vous vous y connaissez le mieux : le bonheur, cet état délectable et fuyant auquel nous aspirons tous. Dans les milieux scientifiques, la question est à l'ordre du jour et sujette à controverse. D'une part, il existe une longue tradition de chercheurs qui ont étudié ce qu'on appelle l'*hedonia*, décrite par le philosophe et écrivain Richard Kraut comme « la conviction qu'on obtient les choses importantes que l'on veut, ainsi que certains affects agréables associés à cette conviction ». *Hedonia* est ce sentiment de bien-être éprouvé en voyant le premier exemplaire imprimé de son nouveau livre, en franchissant la ligne d'arrivée après avoir couru un marathon, après avoir bien fait l'amour, en apprenant qu'on vous a accordé une importante augmentation ou en participant à une fête où tout le monde se sent bien, chante, danse et batifole. Excellent. Adjugé !

D'autre part, il y a les chercheurs qui se sont intéressés à l'*eudaimonia*, terme rendu célèbre par Aristote, qui consiste essentiellement à se comporter vertueusement et à s'efforcer de développer pleinement son potentiel. L'activité eudémonique, c'est passer du temps à aider son prochain, à persévérer dans la poursuite d'un but valable malgré les obstacles, exprimer sa gratitude envers quelqu'un qui nous a prêté assistance et s'efforcer d'exceller dans le développement et l'usage de ses qualités et talents, qu'il s'agisse de faire du surf, d'être honnête ou pleinement attentif quand quelqu'un parle. Voilà qui semble tout à fait souhaitable. Également adjugé ! Au cours de cet inventaire des voies de la sagesse, une querelle académique s'est déclenchée autour de ces genres de félicité. Certains, de manière tout à fait compréhensible, sont mal à l'aise avec l'idée qu'on puisse passer sa vie à s'amuser et s'adonner aux plaisirs. À leurs yeux, c'est là une existence superficielle, alors que la recherche de l'authenticité et la poursuite de buts dépassant les préoccupations personnelles permettent d'atteindre une forme de bien-être plus profonde et plus vraie. De prime abord, se complaire dans les plaisirs – l'hédonisme – semble être un raccourci d'un niveau inférieur dans la quête d'un sens de la vie. Quant à nous, l'idée même d'évaluer les plaisirs et de décider lesquels méritent des louanges et quels autres un blâme ne nous séduit guère.

Nous nous rappelons les conversations que nous avons eues ces dernières années avec des gens évoquant leur connaissance d'un grand film comme *Citizen Kane* ou d'un excellent livre comme *La Conjuration des imbéciles*, avant de déclarer fièrement : « Mais je ne vais pas au cinéma et ne lis pas de romans. Je n'ai pas de temps à perdre. » Nous répondons généralement quelque chose du genre : « Vous estimez donc que lire de bonnes histoires, aller voir un film de qualité ou trouver des idées originales représente une perte de temps, n'est-ce pas ? » À ce point de la conversation, ils se rétractent d'ordinaire, disant : « En fait, il y a un film que j'aime vraiment... » On estime bien trop souvent que la source de notre bonheur vaut mieux que les autres, malgré le nombre infini de possibilités qui nous sont offertes. Pour nous, l'essentiel est de se passionner pour quelque chose et de s'adonner sans réserve à cette passion. Surtout si elle correspond à notre personnalité, à ce qui nous intéresse fondamentalement et à ce que nous voulons incarner dans notre vie.

Cela dit, ne vous hâtez pas trop de rejeter le plaisir comme un passe-temps trivial ou égoïste. Le plaisir est merveilleux. Nous avons récemment mené une étude sur la question avec un échantillon de deux cent cinquante mille participants appartenant à une trentaine de pays. Le plaisir est un phénomène universel et partout dans le monde on aime les sensations fortes, la détente, la bonne chère, la musique, faire l'amour et autres plaisirs ordinaires. En fait, lorsque les gens évoquent leurs meilleurs moments, ce sont souvent ceux des petits plaisirs de la vie quotidienne. Déguster son café matinal à petites gorgées, se faire masser, regarder le coucher du soleil, faire de la varappe ou se blottir avec ses enfants sous une couverture chaude : telles sont les activités dont on peut tirer une jouissance réelle sans prétendre atteindre quelque profonde vérité ni connaître une quelconque élévation spirituelle.

Malheureusement, la dichotomie plaisir/sens ignore le fait qu'il est rare que les gens soient uniquement hédonistes ou en quête de sens. Nous ferions mieux de nous demander à quels moments donner un sens à sa vie et à quels autres s'adonner au plaisir.

Une façon de répondre à cette question consiste à évaluer le temps pendant lequel vous vous trouvez déjà dans l'un de ces deux états désirables.

C'est précisément ce que la psychologue Jinhyung Kim et ses collègues de l'université nationale de Séoul ont fait récemment au cours d'un programme de recherche. Dans diverses études, l'équipe de Kim a demandé aux participants de prendre un calendrier et de noter leur emploi du temps de la semaine (prévision à court terme) ou celui de la semaine correspondante un an plus tard (prévision à long terme). Ils avaient le loisir d'écrire tout ce qu'ils voulaient. Ils mentionnaient entre autres choses flâner et danser avec des ami(e)s jusque tard dans la nuit, regarder une émission télévisée distrayante, aller au parc aquatique, jouer du piano avec aisance devant une nombreuse assistance, écouter des amis parler de leurs ennuis, respecter un emploi du temps régulier pour pouvoir se lever tôt et faire de la gym. Après quoi, l'équipe rangeait chaque activité dans la catégorie « recherche du plaisir », « quête de sens » ou aucune des deux. Les chercheurs constatèrent que les participants faisaient 34 % plus de projets liés à la quête de sens dans un avenir lointain que dans l'immédiat. La préférence pour le sens par rapport au plaisir s'affirme quand on songe à un futur distant.

Ces recherches concordent avec un article récemment publié par Roy Baumeister et ses collègues. À partir d'un échantillon de près de quatre cents adultes, ils ont représenté graphiquement les moments vécus consacrés au plaisir et à la quête de sens. Ils ont observé que le plaisir était fortement corrélé à la pensée orientée vers le présent et la quête de sens à celle tournée vers le passé, comme dans le cas de grands-parents se rappelant le temps où ils élevaient leurs enfants, ou vers l'avenir, comme dans les cas où l'on échafaude des projets importants.

L'essentiel est que la recherche du plaisir et celle du sens alternent dans un mouvement de pendule et qu'il importe de pratiquer les deux dans sa vie à des moments différents (et parfois simultanément). Les gens sacrifient souvent des plaisirs immédiats – manger un dessert ou aller à une fête – en faveur d'un objectif lointain auquel ils attachent plus de sens, par exemple participer à un triathlon ou passer un examen de fin d'études. Souvent, lorsque vous êtes disposé à renoncer temporairement à un plaisir, c'est en faveur d'une activité prenante, telle que préparer un examen, courir par un après-midi pluvieux ou travailler à un rapport tard dans la nuit. En pareils cas, vous optez pour l'absence de plaisir. Vous ne voulez certes pas que ces activités dominent votre vie, mais elles vous renforcent et amènent souvent une plus grande réussite.

Le hic est de changer de mode de pensée et de passer de ce que l'on aime éprouver à ce qui est fonctionnel. Vous voulez incarner dans votre vie quelque chose d'important, mais vous voulez aussi prendre du bon temps. Devenir quelqu'un aimant le plaisir ou voué à la recherche de sens dépend de votre perspective temporelle. Considérez les questions suivantes.

- Dans l'heure qui suit, préférez-vous mener une vie agréable dénuée de sens ou une vie pleine de sens et dépourvue de plaisir ?
- Dans la semaine à venir, préférez-vous mener une vie agréable dénuée de sens ou une vie pleine de sens et dépourvue de plaisir ?

– Dans le mois à venir, préférez-vous mener une vie agréable dénuée de sens ou une vie pleine de sens et dépourvue de plaisir ?
– Dans l'année à venir, préférez-vous mener une vie agréable dénuée de sens ou une vie pleine de sens dépourvue de plaisir ?

Lorsque les chercheurs posèrent ces questions, ils relevèrent une tendance prévisible dans les arbitrages entre recherche du plaisir et quête de sens. Les gens étaient attirés à la fois par l'idée d'un plaisir immédiat et par celle d'un sens à long terme (voir le graphique ci-dessous). Comme s'ils se disaient : « Je veux donner un sens à ma vie, mais pas tout de suite ! » Nous sommes apparemment des hédonistes à court terme et des sages à long terme. De plus, personne ne peut être rangé dans la catégorie exclusive des jouisseurs ni dans celle des quêteurs de sens.

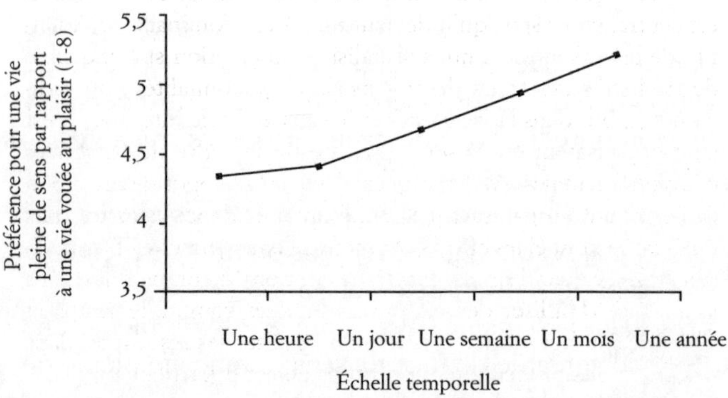

Une vie consacrée à la recherche de sens et dépourvue de plaisir n'a rien de très excitant. À l'inverse, une existence exclusivement vouée au plaisir risque fort d'être privée des bienfaits procurés par la poursuite d'un but ou le fait d'accomplir quelque chose dans sa vie. Pour concevoir ce qu'est une personne entière, imaginez-la un pied dans le présent, appréciant en toute conscience ce qu'il a à lui offrir, l'autre pied tourné vers l'avenir et ses sources de sens encore à découvrir. Cette dynamique peut se visualiser comme suit[1] :

---

1. Pour comprendre comment les gens gèrent le va-et-vient entre le plaisir et le sens donné à leur vie, le psychologue Michael Steger a suggéré que ce dernier soit divisé en *compréhension* (lorsque nous trouvons un sens à notre vie) et *poursuite d'un but*. L'une des raisons pour lesquelles on choisit arbitrairement entre plaisir et quête de sens est que l'on ne saisit pas très bien ce qu'on entend par « but dans la vie ». Nous utilisons ici la définition que nous en avons donnée dans un ouvrage précédent.

C'est un objectif central et auto-organisateur de l'existence. Il est central en ce sens qu'il devient un aspect dominant de l'identité de la personne. Si nous visualisions la position sur une cible de fléchettes des traits descriptifs de la personnalité d'un individu, son but dans la vie se situerait dans le cercle intérieur. Il est auto-organisateur en ce sens qu'il fournit le cadre de tendances comportementales systématiques dans la vie quotidienne. Son caractère auto-organisateur apparaît avec évidence dans les buts que l'on se donne, les efforts consacrés à leur poursuite et les décisions prises quand on est face à des options incompatibles dans la manière d'utiliser des ressources limitées comme le temps et l'énergie. Un but motive la personne à utiliser ses ressources dans des directions particulières et vers des objectifs particuliers à l'exclusion des autres.

$$\frac{\text{Plaisir}}{\text{1 heure}} + \frac{\text{Développement + Sacrifice}}{\text{1 mois}} = \text{Plénitude}$$

Mettons donc fin au conflit entre plaisir et sens. Allez de l'avant, investissez-vous dans des objectifs chargés de sens et cherchez à découvrir le but de la vie, la nature de l'existence humaine et de l'univers dans son ensemble. (Soyez-en averti, Douglas Adams, auteur du *Guide du voyageur galactique*, a peut-être raison, le but pourrait être tout simplement le nombre 42.) En même temps, accordez au plaisir une large place dans la vie de tous les jours, profitez des agréments sensoriels, intellectuels, sociaux qui vous sont offerts, dans la mesure où cela n'entre pas en contradiction avec vos valeurs les plus hautes. Au lieu d'être esclave de ce que vous croyez devoir être, laissez-vous aller à être entier et à bien vivre.

Équilibre entre nouveauté et stabilité

Lorsqu'on pense à sa retraite, on s'imagine s'adonner à des passe-temps aussi divers qu'agréables. Nager avec masque et tuba au milieu de poissons tropicaux. Se balancer dans un hamac au bord de la

---

Kashdan, T.B., & McKnight, P.E. (2009), « Origins of purpose in life : Refining our understanding of a life well lived », *Psychological Topics*, 18, p. 303-316.

Kashdan, T.B., & McKnight, P.E. (2013), « Commitment to a purpose in life: An antidote to the suffering by individuals with social anxiety disorder », *Emotion*, 13 (6), p. 1150-1159.

mer. Boire l'apéritif avec son épouse. Il est tentant de voir la retraite comme une succession sans fin de passe-temps futiles mais gratifiants. On a tendance à oublier qu'il faudra toujours sortir les poubelles, changer les ampoules électriques et aller chercher le linge au pressing. Le chercheur Shigehiro Oishi et ses collègues ont demandé à des retraités et à des personnes encore actives d'évaluer l'importance qu'avaient à leurs yeux la nouveauté et la familiarité du lieu de la retraite. Les non retraités donnaient la priorité à la nouveauté. Ils voulaient que leur retraite offre la possibilité de rencontrer des gens et de se découvrir des talents cachés. Les retraités, au contraire, préféraient un milieu familier. Ils voulaient garder le contact avec les membres de leur famille et leurs amis. Ils voulaient conserver leur médecin traitant, au fait de leurs antécédents médicaux. Pour eux, l'idée d'être confronté à la nouveauté et à des défis inhabituels afin de croître en tant que personne, de développer leur plein potentiel et d'élargir le cercle de leurs relations n'avait rien à voir avec le fait d'être heureux.

Cette étude met en évidence un autre mouvement de va-et-vient, d'alternance. Tous les humains aspirent à rechercher les avantages psychologiques de la nouveauté et de la stabilité. La nouveauté est inédite et excitante. Notre évolution personnelle exige des expériences stimulantes, complexes, mystérieuses et incertaines. Sans elles, nous cessons d'apprendre et de progresser. D'un autre côté, la stabilité apporte la prévisibilité et la paix que celle-ci procure. Lorsque nous avons le sentiment d'être bien informés et maîtres de la situation, sentiment qu'offre la stabilité, nous nous sentons en sécurité et libres d'être nous-mêmes.

Les deux extrêmes de ce mouvement de va-et-vient sont nécessaires pour bien vivre. À titre d'illustration, considérons l'expérience de pensée suivante. Lequel de ces deux scénarios préférez-vous ? Dans le scénario A, vous devrez conserver votre salle de séjour en l'état jusqu'à la fin de vos jours. Vous ne pourrez jamais agencer les objets autrement, acheter de nouveaux meubles, exposer de nouvelles photos et de nouveaux objets d'art, embellir la pièce avec des fleurs. Elle devra rester exactement la même. Dans le scénario B, votre séjour changera quotidiennement tout le restant de votre vie. Un jour, elle sera moderne, le lendemain, style Bauhaus, le surlendemain Art déco. Tous les jours, vous pourrez vous attendre à ce que quelque chose de nouveau orne ses murs. Mardi, un paravent coréen du XVIIIe siècle aura la place d'honneur. Mercredi, chaque côté de la pièce sera formé d'une cloison de verre. Quel genre de vie préférez-vous ? La réponse à cette question traduit vos penchants personnels : peut-être êtes-vous aventurier dans l'âme ou au contraire attaché à la stabilité. Quelles que soient vos préférences personnelles, vous pouvez vous rendre compte que les deux scénarios risquent de devenir oppressants au bout d'un moment. Le changement et la prévisibilité sont tous deux nécessaires pour bien vivre.

La nouveauté et la stabilité ont l'une et l'autre leurs côtés négatifs. Lorsque les choses nous sont familières, le sentiment de paix éprouvé alors nous incite à baisser la garde et exige beaucoup moins de ressources mentales. Mais trop de stabilité et l'on commence à se sentir comme un animal en cage; on prend souvent cet état pour de l'ennui, car on s'ennuie quand la situation est monotone, pesante et sans beaucoup de sens. Là encore, l'ennui est une expérience émotionnelle à laquelle les gens répugnent. Non seulement parce qu'il est difficile d'y trouver un semblant de plaisir et de sens, mais aussi parce qu'il peut être considéré comme un signe de déficience personnelle. On a tendance à croire que les gens intelligents ou dynamiques ne s'ennuient pas et sont capables de se distraire tout seuls (« Si vous vous ennuyez, c'est que vous êtes ennuyeux »).

Une étude récente montre que des dizaines de directeurs généraux et autres cadres supérieurs considèrent l'ennui comme contre-productif dans le travail. Ils y voient le signe d'un manque d'ambition chez leurs subordonnés. Un petit nombre d'entre eux reconnaissent cependant sa valeur adaptative.

En quoi l'ennui peut-il être bénéfique ? Dans les traditions hindoue et bouddhique, il est interprété comme un précurseur de l'illumination et de la découverte de la vérité. Les parents sont parfois contents de voir leurs enfants s'ennuyer car ils ont intuitivement l'impression que c'est en se colletant avec cet état déplaisant qu'ils découvrent ce qui les intéresse, apaisent leur esprit et apprennent à canaliser leur énergie. Nous aimerions que plus de parents soient persuadés que lorsque leurs enfants éprouvent de l'ennui, ils trouvent par eux-mêmes le moyen d'en sortir, que plus de parents résistent à la tentation de prévoir des activités du matin au soir pour leur progéniture. Confirmant nos dires, l'Académie américaine de pédiatrie a publié en 2007 une déclaration consensuelle selon laquelle les jeux improvisés par les enfants sont bien supérieurs sur le plan du développement émotionnel et social, et sur celui de l'agilité mentale, aux activités structurées, organisées par les adultes. Dans son autobiographie, Oscar O. Wilson montre en quoi l'ennui est précieux :

> Les adultes oublient les abîmes de langueur dans lesquels plonge si aisément l'esprit de l'adolescent. Ils ont tendance à déprécier la croissance mentale qui se produit durant le rêve éveillé et l'errance sans but. [...] je passais souvent de longs moments assis à scruter les bords de l'étang et la végétation pour y repérer quelque ondulation écailleuse, une vaguelette révélatrice à la surface de l'eau, un bruit d'éclaboussure cachée.

Notre manière de réagir à cet état psychologique détermine si l'ennui exerce ou non une saine influence. Vous pouvez ainsi essayer de le chasser en vous servant de votre Smartphone, toujours et partout à portée de main. Quand rien ne vous intéresse, chaque fois que vous éprouvez une émotion indésirable, vous pouvez vous mettre immédiatement à envoyer des SMS, des courriels ou à appeler des amis ; si personne ne répond, vous pouvez toujours surfer sur le Net, jouer à des jeux vidéo et éviter ainsi de vous retrouver seul face à vous-même. Mais à vouloir se distraire à tout prix, nous nous enfermons dans un cercle vicieux d'évitement, toujours sur la défensive, et éludons par là l'inconfort psychologique. En nous autostimulant de force chaque fois que point l'ennui, nous laissons systématiquement passer les occasions heureuses de développer notre intériorité, qui se présentent lorsque l'esprit flâne sans but précis.

Comme c'est le cas dans d'autres états non mentaux, quelque chose de spécial peut survenir dans les moments d'ennui. Lorsqu'on laisse le cerveau fonctionner en roue libre, au pire on peut traverser une courte période de relâchement, au mieux c'est un tremplin vers la créativité et la croissance. L'ennui peut aussi être un état de faible énergie signalant que le travail est terminé et acceptable. Il n'y a plus rien à faire, de sorte qu'on a l'impression d'être sans but, mais cette absence de direction est associée à l'achèvement satisfaisant des tâches. Enfin, l'ennui peut avoir un effet motivant et nous pousser à rechercher la nouveauté, à sortir de l'état de complaisance envers nous-mêmes pour s'aventurer sur un terrain difficile où ni la sécurité ni le succès ne sont garantis.

Si la stabilité engendre parfois un ennui oppressant, la nouveauté a aussi ses inconvénients. En excès, elle provoque de l'anxiété. Le changement constant impliqué par le suivi d'un test de produit, d'un divorce ou même d'un voyage éclair est difficile à gérer. La nervosité qu'on éprouve quand tout va trop vite avertit qu'il faut lever le pied et se poser. L'ennui et l'anxiété, quoique déplaisants, sont fort utiles. Ils nous avertissent que nous nous sommes complus trop longtemps dans la nouveauté ou dans la stabilité.

Là encore, la clé permettant de comprendre l'interaction entre ces deux notions est le temps. Le plaisir est de courte durée et la quête de sens de longue haleine, et il en va de même de la nouveauté et la stabilité. Dans la nouveauté, le temps file vite. La nouveauté est ressentie d'une manière intense, absorbante, qui fait que le temps passe rapidement. Nous nous perdons dans l'enthousiasme du moment. Cet état n'est ni négatif ni positif, mais un mélange émotionnel qui procure une sensation de vitalité telle qu'on se sent pleinement présent et vivant. La stabilité, au contraire, est affaire de lenteur et elle offre amplement le temps de réfléchir, évaluer, jauger ce qui se passe et de réagir. Cela peut être agréable, comme lorsque nous apprécions ce que nous avons, ou désagréable, comme lorsque la vie nous semble trop répétitive.

La perception du temps permet de juger s'il faut accélérer ou ralentir. Lorsqu'il semble s'arrêter, ce qu'exprime le mot allemand *Langeweile*, on cesse de faire la distinction entre passé, présent et futur. Quand on est en proie aux « longs ennuis », le temps se traîne. Par contre, quand tout va trop vite et qu'on est sous un déluge ininterrompu d'impressions sensorielles, la panique n'est pas loin.

La beauté du temps ralenti tient à ce qu'il laisse le loisir de bien voir les gens, activités et milieux qui nous sont familiers. Peut-on trouver de l'inédit dans ce qui est familier ? Est-on capable de voir ce qu'a d'unique le moment présent, bien que de prime abord tout soit exactement à la même place que la veille ? On ne peut pas être toujours heureux, mais on peut presque toujours être profondément conscient et curieux.

Le passage rapide du temps stimule. L'important est d'affecter l'énergie acquise à ce qui compte le plus pour nous, à ce qui est en accord avec nos valeurs.

Si vous voulez comprendre en quoi consiste une vie fondée sur des valeurs, pensez au GPS. Lorsque nous nous trompons de direction, le GPS nous remet dans la bonne voie sans émettre de jugement. Nous recevons instantanément l'information indiquant le trajet à suivre, si et seulement si nous voulons toujours atteindre la même destination. Une vie fondée sur des valeurs fonctionne à peu près de la même manière. De même que le GPS ne nous oblige pas à suivre le trajet prévu au départ, être conscient de ses valeurs ou du but qu'on s'est assigné ne veut pas dire qu'il y ait un seul chemin à suivre pour leur donner une réalité. Ainsi, peut-être votre système de valeurs vous pousse-t-il à être un parent aimant et attentif, mais cela n'empêche pas que vous ayez de temps en temps envie de vous échapper pour vous retrouver seul, avoir une conversation entre adultes ou vous offrir un bon massage. S'écarter de son but ou de ses valeurs ne signifie pas y renoncer. Il n'est pas raisonnable de rester imperturbablement dans le droit chemin (nous avons vu au chapitre précédent que nous sommes tous hypocrites une partie du temps).

Le Mahatma Gandhi était souvent pour ses fils un père dur, sévère dans ses jugements et négligent, et pourtant son but – inspirer les gens à se montrer compatissants, même envers leurs ennemis – restait le même. C'était un grand homme, mais il avait des défauts et des difficultés comme tout le monde. Brosser de lui un tel portrait n'a rien de sacrilège, mais exerce un effet libérateur. Tushar Gandhi, son arrière-petit-fils, l'exprime de cette façon :

Gandhi était tenu en otage par son titre de Mahatma. Il est facile de dire qu'on ne peut imiter un homme comme lui, lorsqu'on le met sur un piédestal. Mieux vaut voir en lui un être humain normal, fragile, qui s'efforçait de réaliser quelque chose. Nous devrions imiter des gens comme lui, et non leur vouer un culte.

Écouter Tushar nous soulage d'un poids. Difficile d'essayer de maintenir un équilibre parfait entre amour, travail et loisirs. Le parfait équilibre n'est pas ce qu'on entend par être entier. Être entier, c'est être ouvert et faire bon accueil à toutes les facettes de notre personnalité : les sombres comme les lumineuses, les forces et les faiblesses, les succès et les échecs. À cela, nous ajoutons une vie dans laquelle la recherche du plaisir et la quête de sens, comme la nouveauté et la stabilité, ont leur place. Le fait de reconnaître les aspects apparemment contradictoires de notre personnalité augmente le pouvoir et l'influence que nous exerçons dans le présent et la vitalité, l'agilité mentale et la persévérance que nous pourrons mettre dans les tâches qui nous attendent.

À grands coups de pinceau ou au peigne fin ?

Lorsque les avions ont percuté les tours jumelles de New York le matin du 11 septembre 2001, nous avons compris que le monde venait de changer. Pour connaître les réactions de l'homme de la rue, des reporters du *New York Times* et d'autres médias ont parcouru la ville et interviewé les passants. Deux d'entre eux ont répondu très différemment :

> Ma première réaction fut une immense tristesse… Mais la seconde a été la colère, parce qu'on ne peut rien faire avec la tristesse.

> J'ai ressenti un tas de choses sans pouvoir mettre le doigt dessus. Peut-être de la colère, de la confusion, de la peur. Le 11 septembre, je me sentais tout simplement mal. Vraiment mal.

Lequel des deux, selon vous, tolérait le mieux le stress et a continué à poursuivre ses objectifs malgré sa consternation ? La première personne décrit avec une grande précision l'enchaînement de ses sentiments, d'abord une grande tristesse, puis un sursaut d'énergie et le désir de tirer parti de sa colère pour agir. La deuxième personne s'efforce de dépeindre le bouillonnement d'émotions qui l'a envahi, sans finalement pouvoir dire autre chose que le fait de ne pas se sentir bien du tout.

Ces réactions, saisies sur le vif par un reporter, sont typiques de la manière dont les New-Yorkais expriment leurs sentiments par des mots. Comme nous, vous supposez sans doute que les personnes capables de comprendre mieux et plus clairement ce qu'elles éprouvent sont moins accablées par les situations stressantes. Et vous avez raison. La première personne, qui a pu distinctement identifier ses sentiments en cette période de grande tension, perçoit bien sa réaction (un sentiment de culpabilité la poussera à mieux se comporter à l'avenir, la honte l'inciterait à se cacher des autres). Cette connaissance peut servir à prendre des décisions intelligentes quant à l'opportunité de laisser les choses en l'état ou d'améliorer la situation. Si, en revanche, quelqu'un ne sait pas trop s'il éprouve un sentiment de culpabilité, de la honte, de la colère ou de la peur, il aura plus de mal à gérer son malaise. Il sera plus enclin à réagir par réflexe pour tenter de se sentir mieux, en buvant de l'alcool ou en giflant la personne qui l'interrompt. Les recherches menées dans notre laboratoire le confirment.

La capacité de différencier clairement ses émotions est un outil précieux et, qui plus est, on peut apprendre à mieux s'en servir. Il se peut, par exemple, que vous ayez peur des araignées. Ou, comme la plupart des gens, que vous trouviez répugnante une araignée dotée d'un abdomen bulbeux et violacé de dix centimètres de long. S'il y a quelque chose que la psychologie réussit à guérir, c'est bien la peur des araignées. En quoi consiste cette thérapie ? Tout simplement à se familiariser avec l'insecte. Lors de la première séance, vous lirez ce qui est dit dans un livre sur les arachnides en regardant attentivement les photos. Une fois surmontée cette première épreuve, vous pourrez regarder un documentaire sur les araignées et observer attentivement comment elles grimpent aux murs, comment elles prennent au piège dans leur toile grillons, sauterelles et papillons pour s'en nourrir.

Ensuite, vous franchirez un pas de plus pour dominer votre peur avec une araignée vivante, d'abord enfermée dans un bocal derrière une porte close, puis en entrant dans la pièce où est posé le bocal, au début à distance respectueuse, puis de plus en plus près. Finalement, vous tiendrez le bocal entre vos mains et, quand vous serez prêt, vous l'ouvrirez. Au bout de quelques séances supplémentaires, vous laisserez courir l'araignée sur vos bras et vos jambes sans aucune appréhension. Après quatre à six semaines, nous avons même des clients capables de conduire sur un parking avec des dizaines d'araignées en liberté sur la banquette avant et le tableau de bord. Le processus paraît plus redoutable qu'il ne l'est car nous avons insuffisamment insisté sur le fait qu'on ne passe jamais à l'étape suivante avant que votre anxiété se soit stabilisée à un niveau tolérable et que vous soyez prêt à aller plus loin. Cette thérapie porte ses fruits. De fait, plusieurs équipes de recherche, dont la nôtre, ont constaté qu'elle permet de vaincre la peur des araignées en moins de trois heures.

Nous avons en outre trouvé un moyen de l'améliorer en recourant à ce qu'on appelle l'« étiquetage des émotions ». Pourquoi vouloir améliorer une méthode efficace ? Parce qu'on a constaté que l'étiquetage des émotions donne des résultats étonnants. Voici comment ont procédé trois psychologues de l'université de Californie à Los Angeles. Ils ont fait suivre à des personnes ayant la phobie des araignées la thérapie qui vient d'être décrite, sauf qu'à certaines ils donnaient la possibilité d'utiliser une stratégie supplémentaire, comme, par exemple, entretenir des pensées optimistes (« Il y a devant moi une petite araignée et c'est sans danger »), adopter une attitude d'évitement (« Toi là, depuis combien de temps n'as-tu pas utilisé de fil dentaire ? ») ou clarifier et étiqueter les émotions ressenties. En étiquetant ses émotions, on décrit chacune de celles que l'on éprouve, par exemple de la curiosité à propos de la façon dont les araignées s'accrochent aux murs, du dégoût à cause de leurs poils ou la crainte qu'elles montent sur vous et vous mordent.

Lorsqu'on évalua quelle intervention marchait le mieux, on constata que les personnes formées à penser de manière optimiste ou à adopter une attitude d'évitement avaient finalement encore plus peur des araignées qu'au départ, alors que l'amélioration la plus nette était observée chez celles qui étiquetaient leurs émotions. En adoptant cette dernière stratégie, leur peur diminuait de 18,1 % et leur réaction physiologique de 27,5 % quand on leur montrait des araignées, et elles allaient plus loin dans les étapes de domination de la peur, passant de la perception d'une menace à celle d'une opportunité.

Ce qui frappe dans ces découvertes, c'est que l'étiquetage des émotions est une technique simple, qui s'acquiert facilement, que beaucoup d'entre nous négligent. Pourquoi ? Parce que nous la jugeons puérile. Dans un jardin d'enfants, on voit des affiches montrant en quoi l'expression faciale de la tristesse diffère de celles de la colère, de la frustration, du sentiment de solitude, de la suspicion et de la perplexité. Eh bien, nous aussi, les adultes, devons améliorer notre capacité à lire les émotions, surtout si nous voulons disposer d'un atout supplémentaire pour assurer notre succès et notre bien-être. Oui, il est utile de distinguer les émotions positives des négatives et de chercher à augmenter la fréquence des premières dans la vie quotidienne. Mais cela, vous le savez déjà. Notre but est de vous amener au stade suivant.

Par-delà notre obsession du confort mental, notre rapport aux émotions, la manière dont nous les décrivons et les distinguons a son importance. Si on vous demande comment vous vous sentez maintenant, il se peut que vous donniez une réponse simple, semblable à celle d'un enfant : « super », « ça va », « pas bien du tout ». Lorsque les gens ont du mal à mettre en mots leurs sentiments, sans guère dépasser l'opposition bien/mal, ils sont plus facilement en proie au stress, qui se traduit en définitive par des problèmes de santé. Lorsque nous devenons plus habiles et précis dans la différenciation des émotions éprouvées dans une situation donnée, les émotions négatives ne sont plus aussi problématiques. Voici quelques découvertes faites dans notre laboratoire qui sont susceptibles de vous être utiles.

- Lorsqu'elles sont stressées, les personnes capables de décrire ce qu'elles éprouvent de façon précise et nuancée consomment 40 % de moins de boissons alcoolisées quand elles vont dans un bar ou à une fête que les personnes qui ont des difficultés à clarifier ce qu'elles ressentent.
- Lorsqu'elles sont en colère contre quelqu'un, les personnes capables de mettre une étiquette sur leurs sentiments en recourant à un vocabulaire riche décrivant avec précision les émotions sont 40 % moins agressives, physiquement et verbalement, envers celle qui les a provoquées

ou malmenées que les personnes ayant du mal à définir clairement ce qu'elles ressentent.

– Quand elles sont battues par un inconnu au cours d'une partie de jeu vidéo en réseau, les personnes capables de décrire et différencier leurs émotions à un moment donné présentent une activité moins intense dans les régions du cerveau associées à la souffrance physique et affective. Autrement dit, les gens qui savent clarifier et distinguer nettement leurs émotions montrent de l'équanimité dans les situations contrariantes, et leur activité neuronale en témoigne.

Nous avons découvert qu'en comprenant et distinguant les émotions négatives, nous les transformons et nous désintoxiquons notre mental et notre organisme. Nous sommes moins enclins à nous tourner vers des stratégies malsaines de régulation, comme les excès de boisson et de nourriture, l'agressivité ou les comportements masochistes. Savoir si quelqu'un ressent beaucoup d'émotions négatives ne nous dit pas s'il va réussir ou s'il court à l'échec. *Tout dépend de son efficacité dans la différenciation de ce qu'il ressent.* Cette aptitude représente un pas en avant par rapport au fait de considérer que la positivité est bonne et la négativité mauvaise ; elle résulte de notre attitude envers les émotions que l'on éprouve et de la mesure dans laquelle on est capable d'identifier ce qui est ressenti.

Ruminer plus longuement ses émotions négatives n'est-il pas problématique ? Tout dépend si cette pensée devient obsessionnelle ou non. Les personnes ayant tendance à ressasser risquent de s'apesantir sur l'origine des pensées et émotions négatives, auquel cas la rumination les plonge dans la souffrance et les empêche d'imprimer à leur vie un tour plus gai ou plus productif. Mais la rumination, la pensée obsessionnelle, est très différente de la différenciation des émotions, qui consiste à observer et décrire ce qu'on ressent ou pense sans s'empêtrer dans ces événements mentaux. Considérer les émotions comme de l'information à différencier nous rend plus avisés, plus sages et avertis dans la vie de tous les jours. C'est toute la thématique de ce livre.

L'une des raisons pour lesquelles les gens n'adoptent pas les tactiques de différenciation émotionnelle, aussi utiles soient-elles, tient à notre tendance naturelle à penser en termes de catégories. On économise de l'espace de stockage cérébral en regroupant les choses de la vie quotidienne en fonction de leurs traits communs. On pense, par exemple, aux arbres en général, aux employés municipaux ou aux hommes. Dans chaque cas, les membres de ces catégories partagent un caractère essentiel. La notion d'essentialisme fait un peu penser à un puzzle. Un éléphant peut-il être assimilé à un pin parasol ? La réponse est non, car l'éléphant et le pin possèdent des essences distinctes qui ne permettent pas aux deux notions de se chevaucher. La question « Un médecin peut-il être une personne âgée ? » appelle une réponse affirmative car les deux catégories se chevauchent, les médecins et les personnes âgées étant tous des personnes.

Il apparaît que cette tendance à regrouper les choses vaut aussi pour les émotions. Faites le test sur vous-même. Par exemple, la colère peut-elle se confondre avec la gêne ? Les personnes enclines à essentialiser les émotions – c'est-à-dire à croire que les émotions négatives peuvent être regroupées – auront beaucoup moins de chances de faire la distinction entre elles et, par conséquent, à ressentir toute la palette des émotions au cours de la journée. « La langue dicte la conscience », a dit Nietzsche.

Nous proposons une nouvelle manière de voir des aspects de la personnalité trop vite écartés. Grâce à cette façon d'envisager les choses, vous avez la possibilité d'élargir votre sentiment du Moi. Vous n'avez plus à choisir entre les aspects positifs et les négatifs, car l'approche exclusiviste inhérente à tout choix est trop rudimentaire pour saisir la complexité et la beauté du monde. Soyez aussi différencié que vos émotions et vous aurez la joie de découvrir des sommets encore plus hauts et des chemins pour parcourir des vallées plus profondes.

Au-delà du bonheur

Nous éprouvons tous un besoin quasi impérieux d'améliorer notre qualité de vie. Ambition, santé, savoir, legs, beaucoup de nos objectifs prioritaires se résument à une maximisation des gains et des succès. Ces dernières décennies, ce penchant naturel à l'amélioration de notre condition s'est confondu avec le désir de confort. On a de plus en plus débattu de la valeur de la positivité, les gens cherchant à éviter la souffrance en courant après le plaisir. Blogs, magazines, cabinets d'expertise, livres, tous vantent les mérites d'une attitude positive. Elle nous vaut des revenus supérieurs et facilite les rapports humains. Ceux que cette manière de voir rend sceptiques la rejettent comme étant de l'optimisme naïf, comprenant fort bien qu'un culte inconditionnel de la positivité est déphasé par rapport aux difficultés, à la complexité et à l'incertitude de la vie quotidienne. Chacun de nous, pour reprendre les mots de Jung, marche avec Dieu et lutte contre le diable.

On ne peut bannir les aspects malins et peu flatteurs de notre personnalité. Le faire ne serait ni sain ni utile. Éluder les expériences négatives est psychologiquement dévastateur car cela coupe de la richesse entière de la vie réelle. Pour progresser sur la voie du développement personnel, il faut être conscient de toutes les facettes de notre Moi, y compris ses penchants les plus sombres, et se montrer assez agile pour les intégrer à notre répertoire si nécessaire. Ne refoulez, n'ignorez ni ne dissimulez ces dons obscurs. Soyez-en conscient, appréciez-les à leur juste valeur et, lorsque vous serez prêt, exploitez-les. Ce faisant, vous constaterez une augmentation de votre bien-être. Procéder autrement, c'est être esclave de la peur, c'est fixer une limite artificielle à votre expérience de l'existence et à ce que vous accomplissez dans cette vie, la seule et unique que nous sommes certains d'avoir. Tirez-en le meilleur parti. Devenez entier.

REMERCIEMENTS

Ce livre est l'aboutissement d'une vie d'expérimentation. J'ai perdu ma mère au début de mon adolescence. Elle ne m'a donc pas connu à l'âge adulte. Lorsque j'ai découvert sa personnalité et ses centres d'intérêt, il m'est incontestablement apparu que j'étais son descendant direct. Ma grand-mère a dû toute seule essayer de dompter ma nature rebelle, tâche bien ingrate. Elles me manquent toutes les deux et tout ce que je fais leur est dédié.

Comme ma famille biologique était réduite, j'ai décidé d'en former une plus grande. Pendant plus de dix ans, j'ai eu la chance dans mon laboratoire d'étude sur l'anxiété sociale, la force de caractère et les phénomènes associés, de diriger des étudiants tout à la fois intelligents, curieux et non conformistes. Sans William Breen, Patty Ferssizidis, Nina Farmer, Leah Adams, Evan Kleiman, Alex Afram, Kevin Young, Jessica Yarbro, Fallon Goodman, Sam Monfort, Daniel Blalock, Kyla Machell et bien d'autres, je serais moins productif, moins créatif et trouverais beaucoup moins gratifiantes les tâches quotidiennes. Pour ce livre, Kevin Young et Fallon Goodman ont été indispensables en rebondissant d'une idée à l'autre, synthétisant les recherches et m'aidant à penser comme un être humain et non pas comme un scientifique.

Le métier de scientifique et d'écrivain exige beaucoup de temps en solitaire. Aussi gratifiants que soient ces moments de solitude, je suis reconnaissant aux amis et collègues qui, grâce à leur vitalité, leur soutien, leur intelligence, leur sagesse et leur enthousiasme m'ont permis d'être moi-même au fil des années.

L'espace manque pour citer tous les scientifiques qui ont apporté leur contribution à ce livre en partageant leurs travaux de recherche non publiés et en répondant à un déluge de questions par courriel, au cours de conversations téléphoniques ou en face-à-face. L'espace manque également pour exprimer ma gratitude aux amis, parents, relations et étudiants qui, à leur insu, ont apporté des idées, des témoignages et des critiques améliorant ce livre.

J'ai eu la chance d'avoir des collègues et des administrateurs d'un grand soutien à l'université George-Mason ; ils m'ont laissé poursuivre mes recherches passionnées et variées. Mais trois personnes en particulier en sont venues à occuper rapidement une place essentielle dans ma vie et ont formé le noyau de mon conseil des sages.

Nance Lucas, la directrice du Centre pour l'amélioration du bien-être, attentive et émotionnellement intelligente, incarne ce que représente la fonction primordiale de direction. Je souris chaque fois que je la vois, elle m'inspire chaque fois que je l'écoute et je suis impressionné par la façon dont elle tire le meilleur de tous ceux et celles qu'elle rencontre. Voir à quoi ressemble la grandeur dans un certain domaine a quelque chose de fascinant et le monde serait meilleur s'il y avait davantage de dirigeants de cette envergure.

D'après un sondage Gallup, si quelqu'un peut cocher la case « Oui » correspondant à l'affirmation : « J'ai un excellent ami au travail », il sera appliqué et productif. Avec Patrick McKnight à mes côtés, j'ai pu cocher « Oui » pendant des années et les événements stressants n'ont pas eu de prise sur moi. Nos séances de remue-méninges de sept heures du matin sont aussi agréables que n'importe quelle fête du samedi soir.

Quant à Paul Rogers, c'est mon âme sœur. Si tout le monde était aussi aimant, intéressant, intelligent, ouvert et fidèle à ses valeurs, je n'arriverais jamais à faire mon travail. Il inspire le respect quand il parle et c'est le meilleur des pères que je connaisse. Si je mourais prématurément, c'est le seul homme que je voudrais voir élever mes enfants. Cela dit tout.

Merci à mon éditrice, Caroline Sutton, et à toute l'équipe de Hudson Street Press d'avoir soutenu ce projet éditorial, avec son lot de plaisirs et de contrariétés rencontrés aux détours du chemin. Ce livre ne ressemble guère à ce qu'il devait être au départ et nous sommes reconnaissants de la possibilité qui nous a été donnée d'évoluer selon les besoins.

Merci à mon autre éditeur, Peter Guzzardi. Son aura intellectuelle stimulante, ses contributions créatives et son travail d'édition ont transformé ce livre. On ne saurait trop insister : ce que cet ouvrage a de meilleur n'existerait pas sans lui.

Et puis il y a mon bien-aimé agent, Richard Pine. Tenace, perspicace, digne de confiance, encourageant, il constitue la base solide qui permet les grandes explorations, la prise de risques et les découvertes. À mes yeux, il n'y a pas de meilleur agent que lui. C'est notre deuxième livre et je parie que notre collaboration ne va pas s'arrêter là.

Quiconque écrit un livre sait que le travail est ponctué de moments d'exaltation et de périodes difficiles et nauséeuses. J'ai eu la chance d'écrire celui-ci avec l'un de mes amis les plus intimes, Robert Biswas-Diener. Alors que j'ai passé plus de temps à parler avec lui depuis deux ans qu'avec n'importe qui d'autre, notre seule prise de bec n'a duré que trois minutes et demie.

D'autres membres de mon conseil des sages m'aident à garder le cap. Barry et Marylin Spitz sont pour moi comme des seconds parents. Il est aisé de proclamer son amour inconditionnel, difficile de le manifester. Ce sont d'excellents parents, des grands-parents encore meilleurs, et ils feront toujours partie de mon cercle d'intimes.

Quant à ma femme, Sarah, rien n'arrive sans elle. Elle m'a appris à être un homme, un père et à exercer une influence saine sur le monde extérieur. Elle est sensible aux émotions de ceux qui l'entourent, anticipe et satisfait leurs besoins ; tout le monde est attiré par elle… comme moi. Lorsque je la vois élever nos trois filles, j'ai la certitude apaisante qu'elles auront tout ce qu'il leur faut pour être heureuses, satisfaites et, surtout, entières.

J'ai écrit ce livre pour mes trois filles, Raven, Chloé et Violet. Grâce à elles, je me sens plus fort, plus éveillé mentalement, et je comprends mieux ce qui compte le plus dans la vie.

L'une de mes ambitions est de les aider à faire de même.

Todd B. Kashdan, Ph.D.

Ce livre, en projet depuis des années, n'aurait pas été possible sans le soutien et les conseils de beaucoup de gens. Je suis d'abord reconnaissant à mon coauteur, Todd, de m'avoir aidé à donner le jour à un ouvrage bien meilleur que ce que j'aurais pu écrire seul.

J'exprime aussi ma gratitude à Caroline Sutton et à toute l'équipe de Hudson Street Press. Caroline, tu as réussi à voir un diamant brut et je te remercie d'avoir bien voulu le polir. De même, Peter Guzzardi a assuré une excellente direction éditoriale. Peter, tu as un don particulier : me dire tout ce que j'ai fait de travers, et me faire sourire et te remercier de me l'avoir dit ! Un grand merci également à Nadia Lyubchik pour son travail inestimable sur nos références.

Merci à Richard Pine, agent extraordinaire, pour son aide dans la conception et la publication de ce livre.

Toute ma gratitude enfin à ma femme, Keya, qui a soutenu mon travail d'écriture pendant des années.

Robert Biwas-Diener, Dr. Philos.

Table

PAPIER À BASE DE FIBRES CERTIFIÉES

Le Livre de Poche s'engage pour l'environnement en réduisant l'empreinte carbone de ses livres. Celle de cet exemplaire est de :
250g éq. CO_2
Rendez-vous sur
www.livredepoche-durable.fr

Composition réalisée par Belle Page

Achevé d'imprimer en février 2023 en Espagne par
Liberdúplex - 08791 Sant Llorenç d'Hortons
Dépôt légal 1re publication : mars 2023
LIBRAIRIE GÉNÉRALE FRANÇAISE
21, rue du Montparnasse – 75298 Paris Cedex 06